Matthias Freitag · Christiane Müller
Gebhard Rusch · Thomas Spreitzer

Projektkommunikation

D1719379

VS RESEARCH

Matthias Freitag · Christiane Müller
Gebhard Rusch · Thomas Spreitzer

Projekt-
kommunikation

Strategien für temporäre
soziale Systeme

VS RESEARCH

Bibliografische Information der Deutschen Nationalbibliothek
Die Deutsche Nationalbibliothek verzeichnet diese Publikation in der
Deutschen Nationalbibliografie; detaillierte bibliografische Daten sind im Internet über
<http://dnb.d-nb.de> abrufbar.

1. Auflage 2011

Alle Rechte vorbehalten
© VS Verlag für Sozialwissenschaften | Springer Fachmedien Wiesbaden GmbH 2011

Lektorat: Dorothee Koch | Britta Göhrisch-Radmacher

VS Verlag für Sozialwissenschaften ist eine Marke von Springer Fachmedien.
Springer Fachmedien ist Teil der Fachverlagsgruppe Springer Science+Business Media.
www.vs-verlag.de

Umschlaggestaltung: KünkelLopka Medienentwicklung, Heidelberg
Gedruckt auf säurefreiem und chlorfrei gebleichtem Papier
Printed in Germany

ISBN 978-3-531-17720-5

Vorwort

Der vorliegende Band ist das Ergebnis einer mehrjährigen Zusammenarbeit von Marketing- und Kommunikationsexperten aus der betrieblichen Praxis von T-Systems, der ICT-Tochter der Deutschen Telekom, und dem Institut für Medienforschung der Universität Siegen. Diese Zusammenarbeit erstreckte sich auf gemeinsame Lehrveranstaltungen zu kommunikativen Instrumenten und Maßnahmen im Kontext des Projektmanagements, zu Fragen der Evaluation von Kommunikation in Unternehmen und Projekten bis hin zur kommunikativen Konzeption und Instrumentierung konkreter Einzelprojekte. Flankiert wurden diese Seminare von gemeinsamen Forschungs- und Entwicklungsvorhaben.

Dienstleistungen machen heute etwa 70 Prozent der in der EU erzielten Wertschöpfung aus.[1] Diese Zahl ist auch im Jahr 2010 aktuell. Inzwischen entfallen auch fast 70 Prozent aller Arbeitsverhältnisse auf den Dienstleistungssektor. Ein wesentlicher Teil dieser Dienstleistungen wird in Form von Projekten erbracht, thematisch, zeitlich und finanziell sehr eng begrenzten Formen der Leistungserbringung.

Dennoch wird „Projektarbeit von der überwiegenden Mehrzahl der Befragten als sehr positiv und befriedigend empfunden", so das Ergebnis einer Studie der FH-Fulda. „Projektarbeit erlaubt die unmittelbare Zusammenarbeit von Spezialisten aus unterschiedlichen Fachabteilungen, [...] Man hat die Chance, voneinander zu lernen, gemeinsam ein Problem zu lösen und ist vor allem nicht an die bürokratischen, zeitraubenden und als ineffizient empfundenen Abläufe der Linienorganisation gebunden. Man fühlt sich weniger eingebunden in eine oft als willkürlich entscheidend wahrgenommene Hierarchie. Der Spielraum für Selbststeuerung und die Beteiligung an Entscheidungen erscheinen [...] deutlich erhöht. Man hat das Gefühl, sachbezogen miteinander arbeiten zu können und ganzheitlicher an der Gestaltung von Produkten oder Teilprodukten beteiligt zu sein. Vor allem in jüngeren Unternehmen kommt oft hinzu, dass die Verkehrsformen als

---

1 Vgl. EU-Kommission, KOM (2005) 24, MITTEILUNG FÜR DIE FRÜHJAHRSTAGUNG DES EUROPÄISCHEN RATES: Zusammenarbeit für Wachstum und Arbeitsplätze. Ein Neubeginn für die Strategie von Lissabon. Mitteilung von Präsident Barroso im Einvernehmen mit Vizepräsident Verheugen. http://europa.eu.int/growthandjobs/pdf/COM2005_024_de.pdf (25.04.2006)

angenehm empfunden werden, weil sie als kollegial, gleichberechtigt und wenig formell erscheinen."[2]

Belastungen entstehen für Projekt-Mitarbeiter, Projekt-Auftraggeber und alle anderen Projekt-Partner vor allem aus der enormen Leistungsverdichtung, Zeitdruck und Zeitnot sowie aus Teamkonflikten und dem Aufeinanderprallen unterschiedlicher Unternehmenskulturen.

Diesem Belastungsprofil entspricht die Erfahrung, dass die Mehrzahl der Projekte nicht uneingeschränkt erfolgreich verläuft. Über zwei Drittel aller Projekte in der IT-Branche scheitern in der einen oder anderen Form. Wie eine Studie der Unternehmensberatung mm1 Consulting & Management aus dem Jahr 2009 belegt, „gelingt es nur 20 Prozent der Firmen, ihre IT-Projekte durchgängig zeitgerecht durchzuführen. Nur ein Viertel erreicht das innerhalb des vorgesehenen Budgets und lediglich 10 Prozent können bestätigen, dass die Software auch zuverlässig ihren angestrebten Zweck erfüllt."[3]

Aus diesem Befund wird sofort ersichtlich, dass Projekte einen enormen Bedarf für Koordinations-, Konsensualisierungs- und Kooperationskommunikation erzeugen. Damit Projekte erfolgreich sein können, ist zusätzlicher kommunikativer Aufwand notwendig und unverzichtbar, wenn nicht zusätzliche Kosten in Gestalt von Verzögerungen, Nachbesserungen, faulen Kompromissen, Reputationsverlusten und Unzufriedenheit aller Beteiligten entstehen sollen.

Diesen Kommunikationsaufgaben widmet sich der vorliegende Band mit Beiträgen zu sozial- und medienwissenschaftlichen Grundlagen der Arbeitsform des Projekts und der daraus entstehenden besonderen kommunikativen Anforderungen, zu Erfahrungen aus dem Kommunikationsmanagement von IT-Projekten und zu strategischen Konzepten der Projektkommunikation, speziell der User-Communications, die auf Kundenseite die Prozesse der Implementierung und Aneignung neuer IT kommunikativ höchst wirksam unterstützen.

Zunächst gibt Matthias Freitag einen kritischen Überblick zum Forschungsstand von Projektmanagement und Projektkommunikation. Daran schließt Gebhard Rusch mit Überlegungen zur sozialen ‚Natur' von Projekten und den Bedingungen für Projektkommunikation an. Das Thema wird dann unter dem Aspekt des Kommunikationsmodells im Projektmanagement theoretisch weiter vertieft. Die beiden folgenden Artikel betrachten das Feld aus der Perspektive betrieblicher Praxis und auf einer profunden Erfahrungsbasis aus dem kommuni-

---

2 Pressestelle FH-Fulda , „Lust und Leiden an Projekten. Überlegungen zum Arbeitsschutz bei Projektarbeit", http://www.fh-fulda.de/index.php?id=3733 (02.11.2010)
3 Wolf, Tanja (2009): „Viele IT-Projekte scheitern", Dynamic IT.de. http://www.cio.de/dynamicit/ aktuelles/870724/index.html (02.11.2010)

kativen Management zahlreicher IT-Projekte. Christiane Müller richtet ihren Beitrag explizit auf die Unterstützungsleistung durch User Communications mit Blick auf die Mitarbeiter in Kundenunternehmen aus. Und Thomas Spreitzer identifiziert User Communications als Erfolgsfaktor in ICT-Projekten von T-Systems. In dieser Reihenfolge vermitteln die Beiträge einen differenzierten Überblick über und einen tieferen Einblick in das noch junge Forschungs- und Praxisfeld der Projektkommunikation, das für Studierende und Forscher in Management-, Medien- und Kommunikationsdisziplinen ebenso interessant sein dürfte wie für gestandene Praktiker im Alltag des Projektmanagements und der Unternehmens- bzw. Organisationskommunikation.

An dieser Stelle ist all jenen zu danken, die an diesem Buchprojekt aktiv oder indirekt teilgenommen und ihre Ideen in Präsentationen, Diskussionen und Arbeitspapieren eingebracht haben, den Seminarteilnehmerinnen und -teilnehmern, den Mitarbeitern in den Forschungsprojekten, vor allem aber natürlich den Partnern aus dem Hause T-Systems, Christiane Müller und Thomas Spreitzer, auch Karl-Heinz Görken, die mit großem Engagement dazu beigetragen haben, die Theorie-Praxis-Barriere zu überwinden und die Zusammenarbeit zu einer für alle Beteiligten höchst kreativen und produktiven Erfahrung werden zu lassen. Eine Sonderstellung nimmt hier Matthias Freitag ein, der als Doktorand am Institut für Medienforschung und zugleich beruflich bei T-Systems mit einem Bein in jeder dieser beiden Welten steht. Ohne seine Doppelexpertise und Doppelperspektive wäre die Zusammenarbeit von Praxis und Theorie in dieser Form gar nicht möglich gewesen. Und ohne seine stetige und umsichtige Moderation hätte die Kooperation sicher nicht diese Intensität und Qualität erreicht. Das vorliegende Buch darf deshalb getrost auch als Dokumentation seines persönlichen Erfolges gelesen werden. Schließlich, aber nicht zuletzt, ist Henrike Steiner zu danken, die das Manuskript dieses Buches so umsichtig und mit so viel Gründlichkeit erstellt und bearbeitet hat. Dass die Autoren dem VS-Verlag und den Lektorinnen danken, die sich im Laufe der Zeit mit diesem Buchvorhaben befasst haben, ist ebenfalls ausdrücklich festzuhalten. Als Letztes bleibt dem Mentor des Ganzen noch Gelegenheit zu der Versicherung, dass alle trotz größter Umsicht verbliebenen Fehler oder Unzulänglichkeiten allein zu seinen Lasten gehen.

Rietzel, im November 2010 Gebhard Rusch

Inhaltsverzeichnis

Projektmanagement und Projektkommunikation – zum Forschungsstand[1]

Matthias Freitag

1   Einleitung

Die Welt von morgen ist eine Welt der Projektwirtschaft. Laut einer Studie der Deutschen Bank[2] wurden im Jahr 2007 etwa 2 Prozent der Wertschöpfung in Deutschland über die Projektwirtschaft erbracht. Im Jahr 2020 werden es bereits 15 Prozent sein. Diese Entwicklung hat mehrere Ursachen: Wissen multipliziert sich immer schneller und früher getrennte Wissensgebiete wachsen zusammen. Die Nachfrage nach komplexen Produkten und Leistungsangeboten steigt. Gleichzeitig bleibt der Kostendruck hoch und Innovationen sind weiter risikobehaftet. Unternehmen stellen sich diesen Herausforderungen, indem sie in wissensintensiven Bereichen zunehmend mit anderen Unternehmen kooperieren. Das können Mittelständler sein, die sich auf Spezialgebiete konzentriert haben, oder auch große Unternehmen, die auf den gleichen Märkten aktiv sind und außerhalb des Kooperationsbereichs als Wettbewerber auftreten.

Um Spitzentechnologien und neue, wissensintensive Dienstleistungen zu entwickeln und zu vermarkten, gehen die Unternehmen zeitlich befristete Kooperationen ein, oft in Form rechtlich selbstständiger Organisationen. Diese temporären Projektorganisationen existieren entlang der gesamten Wertschöpfungskette. Sie zu steuern stellt nach Ansicht der Deutschen Gesellschaft

---

1 Dieser Beitrag ist Teil einer Dissertation, die 2011 veröffentlicht wird.
2 Vgl. die Studie von Deutsche Bank Research (Hofmann et al. 2007) zu den Trends in Deutschland im Jahr 2020. Reinhard Wagner, Vorstand der Deutschen Gesellschaft für Projektmanagement, diskutiert die Konsequenzen für das Projektmanagement (vgl. Steeger 2008).

für Projektmanagement (GPM) eine der zentralen Aufgaben für das Projektmanagement der Zukunft dar. Damit verstärkt sich ein Trend, der zu Beginn der 1990er Jahre bereits das traditionell eher methodenorientierte Projektmanagement ergänzte und hinterfragte: die Auseinandersetzung mit dem Faktor Mensch.

Projektmanagementpraktiker hatten bereits damals den Eindruck, bei der Optimierung der ‚harten' Faktoren wie Zeit- und Ressourcenplanung, Finanzierung, Projektsteuerung und Projektmanagement-Werkzeuge an eine Obergrenze zu stoßen. Das eigentliche Potenzial sahen sie in Themenbereichen wie Zusammenstellung und Führung von Teams, Motivation, Sozialkompetenz, Projektkultur und Lernen, kurz: der Projekt-Soziologie und -Psychologie. Deren Bedeutung und Attraktivität als Forschungsgebiet dürfte mit der Entwicklung zu einer immer mehr von Projektarbeit geprägten Wirtschaft auch in Zukunft hoch bleiben.[3]

In den Empfehlungen der Projektmanagementexperten zur Gestaltung der weichen Faktoren tritt mit erstaunlicher Regelmäßigkeit immer wieder ein Thema in den Vordergrund: die Projektkommunikation. In der Ratgeberliteratur wie auch in wissenschaftlichen Aufsätzen wird ihr eine hohe, wenn nicht die entscheidende Bedeutung für den Projekterfolg beigemessen.[4] Hierzu exemplarisch Gerd Diethelm:

> „Projekte jeglicher Art, aber insbesondere interdisziplinäre Projekte, sind in starkem Maße kommunikationsabhängig. Projektmanagement ist insofern auch Kommunikationsmanagement, da bei ungenügender Versorgung mit Informationen und mangelnder Förderung des Austausches von Informationen im Rahmen der Kommunikation Projekte kaum realisierbar sind".[5]

---

3 Vgl. de Marco / Lister (1991; 5), Dommert (1993; 3f.), Benner (1996; 11 u. 18), Schelle (2002; 3), Steeger (2002; 38), Seibert (2004; 4, 10), Zahrnt (2005; 6f.). Auch die empirische Untersuchung zu Erfolgsfaktoren im Projektmanagement von Lechler (1997; 279) bestätigt, wie wichtig weiche Kriterien wie z.b. die Fähigkeiten des Projektteams für Projekterfolge sind (für eine Zusammenfassung der Studie vgl. Schelle et al 2005; 93). Eine Ausnahme stellen allerdings rechtliche Fragen in Bezug auf temporäre Organisationsformen in der Projektwirtschaft dar, die als ‚harte' Faktoren in Zukunft noch an Bedeutung gewinnen. Selbiges gilt für Erfolgsbeteiligungsmodelle (vgl. Hofmann et al. 2007; 28f.). Für eine allgemeine Unterscheidung harter und weicher Faktoren vgl. Diethelm (2001; 165).

4 Benner (1996; 12f.), Benner (1999; 254), Cleland / Ireland (2006; 401f.), Feyhl (2004; 7), Hansel / Lomnitz (2003; 4 u. 13), Homberg (2005; 545), Kerzner (2003; 199), Keßler / Winkelhofer (2004; 16), Kuster et al. (2008; 172), Mende / Bieta (1997; 33), Pritchard (2004; 1), Süß / Eschlbeck (2002; 196), Weaver (2007; 8) sowie Bührer (2004; 27f.) und Chiocchio (2007; 98) und die dort angegebenen Quellen.

5 Vgl. Diethelm (2001; 164, 171f.).

Laut der Zertifizierung zum PMI Project Management Professional bestehen 90 Prozent der Arbeit eines Projektmanagers aus Kommunikation. Ein Großteil davon entfällt auf die tägliche Koordination im Projektteam und den Kontakt zum Kunden.[6]

Im „Project Management Body of Knowledge" (PMBOK), einem weltweiten Standardwerk, das Best Practices im Projektmanagement enthält und vom Project Management Institute seit 1987 herausgegeben wird, stellt Communications Management ein eigenes Wissensteilgebiet dar. Es widmet sich Fragen der Erzeugung, Dokumentation und Verteilung von Informationen.[7]

Der hohe Stellenwert von Kommunikation im Projektmanagement wird gerne mit Metaphern aus der Biologie illustriert: Kommunikation wird als ‚zentrales Nervensystem in der Projektarbeit'[8] oder als ‚Lebensblut der Organisation'[9] gesehen.

Mehrere Studien zu Erfolgsfaktoren von Projekten bestätigen, dass unzulängliche Kommunikation einer der Gründe für das Scheitern von Projekten ist. So gaben 60 Prozent der 82 befragten Unternehmen in einer Studie von PA Consulting und GPM an, dass „schlechte Kommunikation" die Ursache für den Misserfolg ihres Projekts gewesen sei. Ähnliche Aussagen aus verschiedenen Branchen bestätigen dies.[10]

In Bezug auf Projekte in der Automobilindustrie, die sich nach Ansicht der Studie von Deutsche Bank Research als Speerspitze der deutschen Projektwirtschaft positioniert hat, stellen Gerhard Hab et al. fest:

> „Ein Großteil der fehlgeschlagenen Projekte scheiterte nicht an der Technik, Organisation oder fehlenden Teamfähigkeit, sondern schlichtweg an der Kommunikation. Damit ist die Kommunikation zu einem der größten Risikofaktoren in der Projektarbeit geworden."[11]

---

6 Vgl. Pritchard (2004; 2) sowie Spreider (2004; 3). PMI steht für Project Management Institute. Zusammen mit der International Project Management Association (IPMA), zu der auch die Deutsche Gesellschaft für Projektmanagement (GPM) gehört, ist das PMI einer der großen internationalen Verbände, die Projektmanagementinteressen fördern und vertreten.

7 Vgl. PMI (2003; 10).

8 Vgl. Hansel / Lomnitz (2003; 9).

9 Vgl. Spreider (2004; 42).

10 Vgl. PA Consulting / GPM (2008). Kommunikation und Zusammenarbeit im Team sieht auch Thomas Lechler (1997; 279) in seiner Studie an 448 Projekten als einen zentralen Erfolgsfaktor. Kommunikation ist demnach vor allem in kleineren Projekten bedeutend. Für Aussagen zu IT-Projekten siehe CIO (2004) sowie Buschermöhle et al. (2006), für Veränderungsprojekte CapGemini (2005; 47) und (2008; 40) sowie Jorgensen et al. (2007; 8). Einschränkend ist anzumerken, dass die verschiedenen Studien offenbar von unterschiedlichen Kommunikationsbegriffen ausgehen. Ebenso finden sich bezüglich der Erfolgsfaktoren im Projektmanagement mehrere Studien, welche die Rolle der Kommunikation gar nicht thematisieren.

11 Hab et al. (2006; 52).

Konkrete Studien zur Rolle der Kommunikation erwähnen Hab et al. jedoch nicht. Die ebenfalls stark projektorientierte IT-Branche haben Claus Herbolzheimer und Benedikt Lüthi untersucht. Sie bemerken, dass sich vor allem in langfristig laufenden IT-Großprojekten die Anzahl der Kommunikationsschnittstellen sowie die Stakeholderinteressen enorm multiplizieren. Entsprechend wachsen die Anforderungen an das Kommunikationsmanagement im Projekt. Laut Joe McDonagh dominiert in Unternehmen bei der Implementierung neuer Informations- und Kommunikationstechnologien oft eine ökonomisch-technische Sichtweise. Menschliche und organisationale Aspekte werden marginalisiert. McDonagh sieht darin einen der Hauptgründe für den mangelnden Erfolg vieler Informations- und Telekommunikationsprojekte und fordert eine Integration der vier Teilperspektiven.

Ähnlich unterscheiden Kötter und Longmuss eine eher technisch geprägte von einer verhaltenswissenschaftlichen Projektmanagementperspektive. Beide gelte es, einander wieder anzunähern. Das gelingt nach Ansicht der Autoren u.a. durch Projektmarketing und Regelkommunikation im Projekt.[12] Offenbar besitzt Kommunikation eine integrationsstiftende Funktion, die es möglich macht, unterschiedliche Perspektiven zusammen zu bringen.

Dass Kommunikation im Projekt kein Selbstläufer ist, wird niemand anzweifeln. Nur wenn Kommunikation bewusst gestaltet und zielgerichtet eingesetzt wird, kann sie zum Projekterfolg beitragen.[13] Das spiegelt sich nicht zuletzt an der beachtlichen Menge an Ratgebern zum Projektmanagement wider, die Empfehlungen geben, wie sich Kommunikation verbessern und steuern lässt. Darüber, was sich genau hinter Kommunikation verbirgt und welche Themen mit ihr zusammenhängen, herrscht allerdings Uneinigkeit.

Nicht jeder Autor legt sein Kommunikationsmodell offen und auch hinsichtlich der Auswahl und dem Zusammenspiel der Kommunikationsmedien beklagen Cleland / Ireland:

> „Project managers and professionals often fail to recognize that communication on a project takes many forms: verbal in-group and individual exchanges of information, and documenta tion such as design drawings, reports, contracts, work orders, and the like".[14]

---

12 Vgl. Herbolzheimer / Lüthi (2008; 15f.), McDonagh (2001; 15), Kötter / Longmuss (2004; 47-50).
13 Vgl. Kuster et al. (2008; 172), Homberg (2005; 548), Ohlig (2006; 38).
14 Cleland / Ireland (2006; 402).

Gemanagt werden können aber nur die Kommunikationsmedien und -beziehungen, die man als solche erkennt. Bevor man folglich Aussagen zur Verbesserung von Projektkommunikation machen kann, sollte man Ordnung in die damit verbundenen Themen bringen. Heute legt jeder Projektmanagementautor andere Schwerpunkte, wenn er sich zu Kommunikation äußert. So unterschiedliche Elemente wie Akteure, Botschaften, Medien, Ergebnisse, Wahrnehmungen, Verhaltensempfehlungen oder ganze Managementansätze werden im Rahmen von Kommunikation betrachtet. Zueinander in Beziehung gesetzt werden diese Teilaspekte nur selten.[15]

Ein weiterer Aspekt, der bislang erst in Ansätzen herausgearbeitet wurde, ist die Spezifik der Kommunikation im Projektmanagement. In ihrer Form und ihren Funktionen unterscheidet sich Projektkommunikation beträchtlich von anderen Kommunikationsformen im Rahmen der Unternehmenskommunikation wie z.B. Marketing-, Change- oder Interner Kommunikation. Zwar bestehen zu den drei genannten Kommunikationsarten Überschneidungen, doch lässt sich Projektkommunikation keiner von ihnen unterordnen.

Unser Artikel macht es sich zum Ziel, das noch wenig erforschte Gebiet der Projektkommunikation theoretisch aufzuarbeiten. Dabei gehen wir in drei Schritten vor. Zunächst untersuchen wir den Forschungsstand zur Projektkommunikation. Wir konzentrieren uns auf zwei Disziplinen, die sich dem Thema Projektkommunikation von unterschiedlichen Seiten nähern. Das sind zum einen die Projektmanagementlehre im Rahmen der Betriebswirtschafts- bzw. Managementlehre und zum anderen die Kommunikations- und Medienwissenschaften.

Im zweiten Schritt analysieren wir den Kommunikationsbegriff, wie er in der Praxis verbreitet ist. Wir zeigen, dass sich fast alle Autoren der Projektmanagement-Ratgeberliteratur, aber auch der Betriebswirtschaftslehre im Kern auf das klassische Sender-Empfänger-Schema der Kommunikation beziehen. Häufig wird das Modell um zusätzliche Variablen erweitert. Wir kritisieren die zentrale Grundannahme des Modells, die Tauschmetapher, und ersetzen das Modell durch ein konstruktivistisches Kommunikationsverständnis, das uns eine neue Perspektive auf Funktionsweise und Funktionen der Kommunikation eröffnet.

Schritt drei setzt sich zunächst mit den Erscheinungsformen der Projektkommunikation auseinander. Wir machen deutlich, dass sich Projektkommunikation von der klassischen Unternehmenskommunikation unterscheidet und dass sie sich neuen Herausforderungen zu stellen hat. Dazu gehören fehlende organisatorische ‚Aufhängung‘, eine problematische Trennung in interne und externe

---

15 Vgl. Spreider (2004; 62f.).

Kommunikation, ein hoher Anteil kollaborativer und dialogischer Mediennutzung sowie die begrenzte Existenz des Projekts.

Anschließend beschreiben wir die Funktionen der Projektkommunikation anhand der drei Phasen eines Projekts (Beginn, Umsetzung und Abschluss) und in Abgrenzung zur Unternehmenskommunikation. Ergebnis ist eine Definition und Eingrenzung des Phänomens Projektkommunikation aus konstruktivistischer Perspektive.

2   Projektmanagementpraxis und Wissenschaft – eine fruchtbare Ergänzung?

2.1. Ausgangsbasis: der Projektbegriff

Das Project Management Institute (PMI) versteht ein Projekt als „a temporary endeavor undertaken to create a unique product, service, or result".[16] ‚Temporary' bedeutet, dass ein Projekt als Vorhaben einen Anfang und ein Ende hat. Zeitlich begrenzt sind laut PMI auch der Anlass eines Projekts (z.B. das Marktfenster) und die Zusammenarbeit des Teams. Die Ergebnisse, die Projekte hervorbringen, können hingegen auf Dauer ausgelegt sein (z.B. neue Produkte oder Organisationsstrukturen). ‚Unique' heißt, dass etwas in dieser Form noch nicht getan wurde. Die Einmaligkeit muss sich laut PMI jedoch nicht ausschließlich auf das Projektziel (Produkt, Dienstleistung oder Ergebnis) beziehen, sondern kann auch die Konstellation der Umfeldfaktoren kennzeichnen.

Als ein drittes Kriterium für Projektarbeit nennt das PMI ‚progressive elaboration', was für „developing in steps, and continuing by increments"[17] steht. Dieses Vorgehen vom Groben zum Detail erfordert, Inhalt und Umfang des Projekts von Beginn an bereits so zu definieren, dass der Aufwand während der progressiven Herausarbeitung möglichst konstant bleibt. Alle drei Charakteristika illustriert das PMI anhand von Projektbeispielen.

Etwas ausführlicher fällt die Definition der Deutschen Industrienorm (DIN) aus. Die DIN 69901 versteht ein Projekt als „ein Vorhaben, das im Wesentlichen durch die Einmaligkeit der Bedingungen in ihrer Gesamtheit gekennzeichnet ist, z.B. Zielvorgabe, zeitliche, finanzielle, personelle und andere Begrenzungen, Abgrenzung gegenüber anderen Vorhaben, projektspezifische Organisation".[18]

---

16 PMI (2004; 5).
17 Vgl. PMI (2004; 5) sowie für eine deutsche Übersetzung PMI (2003; 5).
18 DIN 69901 (1987; 1) in: Bechler / Lange (2005; 56).

Damit benennt die DIN ähnliche Projekteigenschaften wie das PMI, setzt jedoch andere Schwerpunkte. Das Merkmal Einmaligkeit stellt sie in den Vordergrund und bezieht es auf alle übrigen Projekteigenschaften gleichermaßen. Zeitliche Begrenztheit versteht sie als eine dieser Eigenschaften, sieht darin für sich genommen jedoch kein hinreichendes Merkmal für Projektcharakter.

Im Gegensatz zum PMI spezifiziert die DIN ihre Definition nicht über Projektbeispiele, sondern flexibilisiert sie: Um Projektcharakter zuzuschreiben, müssen gemäß DIN nicht alle genannten Bedingungen vorliegen, es genügt eine Auswahl. Wie viele der Bedingungen (in einmaliger Konstellation) vorhanden sein müssen und ob es gegebenenfalls weitere Bedingungen geben kann, lässt die DIN offen. Diese ‚Nachlässigkeit' aus wissenschaftlicher Perspektive hat aus praktischer Sicht durchaus Vorteile, lässt sie doch den Projektbegriff offen genug, um mehrere verschiedene Vorhaben in der Praxis abzudecken.[19]

Die Projektdefinitionen des PMI wie auch der DIN sind verbreitet und werden oft zitiert. Dennoch haben viele Autoren eigene Definitionen, in denen sie weitere Eigenschaften von Projekten ergänzen.[20] Diese Eigenschaften lassen sich den DIN-Merkmalen ergänzend zuordnen (siehe Tabelle 1, nächste Seite):

---

19 Vgl. Schelle et al. (2005; 28).
20 Vgl. PMI (2003; 5f.), Patzak / Rattay (2004; 18f.), Schelle et al. (2005; 28), Burghardt (2007; 23) sowie ausführlich Schelle (2004; 3) und die dort angegebenen Quellen. Die Eigenschaften im Überblick:
- Projekte haben es oft mit neuartigen Aufgaben zu tun. Diese bringen Unbestimmtheit, Unsicherheit und eine unübersichtliche Informationslage mit sich.
- Die Aufgabenstellung bzw. die Bedingungen sind häufig komplex und können sich im Zeitverlauf ändern (dynamische Zielsetzung).
- Die zeitliche Begrenzung bedingt, dass Projekte einen Anfang und ein Ende haben.
- Meist erfordern Projekte eine interdisziplinäre bzw. fachbereichsübergreifende Zusammenarbeit.
- An Projekten sind immer mehrere Personen beteiligt, sie bilden das Projektteam.
- Auch organisatorisch und mitunter rechtlich sind Projekte abgegrenzte Einheiten.
- Der effektive Umgang mit begrenzten Ressourcen stellt eine Teilaufgabe des Projekts dar, die es jedoch nachhaltig prägt.
- Schließlich sind Projekte noch von einer hohen Bedeutung für die Beteiligten gekennzeichnet.

Merkmale von Projekten gemäß DIN 69901	weitere Merkmale, die Projekte häufig prägen
Einmaligkeit seiner Bedingungen	• Neuartigkeit der Aufgabe • Unbestimmtheit und Unsicherheiten (Risiken)
Zielvorgabe	• Komplexe, im Zeitverlauf ggf. veränderliche Aufgabenstellung
Zeitliche Beschränktheit	• Anfang und Ende
Finanzielle / personelle Beschränktheit	• Orientierung nicht nur an Sachzielen, sondern auch an Formalzielen
Abgrenzung zu anderen Vorhaben	• Eigenständiges soziales System, ‚Unternehmen auf Zeit'
Eigene Organisation	• Interdisziplinäre Zusammenarbeit • Mehrere Beteiligte (Team) • Organisatorische und rechtliche Einheit
	• Hohe Bedeutung für die Beteiligten

Tab. 1:   Merkmale von Projekten
(Freitag 2010)

Folgt man Heinz Schelle, ist die Projektdefinition der DIN aus dem Jahre 1987 damit für heutige Zwecke noch immer geeignet. Lediglich den Hinweis, dass an Projekten mehrere Menschen, Abteilungen oder Institutionen beteiligt sind, hält Schelle für ergänzenswert.[21]

Der Projektbegriff schließt sowohl große und kleine als auch interne und externe Vorhaben ein. Projekte gibt es traditionell in den Bereichen Forschung und Produktentwicklung, organisationaler Wandel, M&A und Outsourcing, Angebotserstellung und Auftragsabwicklung (Investitionsprojekte), Marketing usw. und in verschiedenen Branchen (Bau, Luft- und Raumfahrt, Automobil, Film und Medien, IT etc.). Die vielfältige Begriffsverwendung unterstreicht die heutige Bedeutung projektbasierter Arbeitstechniken. Sie hat den Projektbegriff, wie Wolfgang Kötter und Jörg Longmuss beklagen, heute aber auch unscharf werden lassen. Um die notwendige Klarheit wiederherzustellen, fordern beide Autoren, sich darauf zurück zu besinnen, dass Projekt nicht gleich Projekt sei. Aussagen und Empfehlungen, die auf einen Projekttyp zuträfen, seien auf einen anderen unter Umständen gar nicht sinnvoll anwendbar. Projekte sollten nach verschiedenen Kriterien geclustert werden. Neben den bereits benannten Kennzeichen

---

21 Vgl. Schelle (2004; 9), Schelle et al. (2005; 28).

eines Projekts können das der Projektinhalt, die Vorhersehbarkeit des Ergebnisses, Art und Stellung des Abnehmers bzw. des Auftraggebers, organisatorische oder soziale Komplexität sowie Umfang, Dauer oder die Häufigkeit der Wiederholung des Projekts sein.[22] Sich diese Unterschiede bewusst zu machen und Projektmanagementansätze entsprechend zu differenzieren, hält auch Reinhard Wagner für wichtige Anforderungen an die zukünftige Projektmanagementpraxis. Dieselbe Forderung stellt aus wissenschaftlicher Perspektive auch Jonas Söderlund, der Voraussetzungen für die Entwicklung einer Theorie des Projektmanagement formuliert.[23]

2.2. Wissensebenen des Projektmanagement

Hintergrund der Diskussion, ob ein Vorhaben als Projekt gilt, ist nicht zuletzt die Frage, welches Management es erfordert. Ein wenig komplexes Vorhaben, für das nur ein begrenztes Budget zur Verfügung steht, bereits nach allen Regeln des Projektmanagement zu planen, zu realisieren, zu kontrollieren, zu dokumentieren etc., dürfte zu viel des Guten sein. Nach DIN 69901 ist Projektmanagement „die Gesamtheit von Führungsaufgaben, -organisation, -techniken und -mitteln für die Abwicklung eines Projekts".[24] Unter Führung verstehen Schelle et al. in Anlehnung an Erich Frese die „Steuerung der verschiedenen Einzelaktivitäten in einem Projekt im Hinblick auf die Projektziele".[25] Beiden Definitionen lassen sich mehrere grundlegende Aussagen entnehmen: Projektmanagement ist zum einen eine Führungsaufgabe und zum anderen eine Menge von Hilfsmitteln für die Realisierung dieser Aufgabe. Der Begriff ‚Führung' selbst bezeichnet eine Aktivität, nämlich das Führen bzw. ‚Managen' eines Projekts. Projektmanagement ist damit auch eine Handlung.

---

22 Vgl. Kötter / Longmuss (2004; 45f.). Zur Systematisierung verschiedener Projektarten siehe Patzak / Rattay (2004; 19-22), Kuster et al. (2008; 6f.), Schelle et al. (2005; 35-39), Witschi / Schlager / Scheutz (1998; 79-82), Diethelm (2000; 12-19).
23 Vgl. Wagner in (Steeger 2008; 7f.) sowie Söderlund (2004; 185).
24 DIN 69901 (1987; 1), in: Bechler / Lange (2005; 56). Ganz ähnlich definiert auch das PMI (2004; 8): „Project management is the application of knowledge, skills, tools and techniques to project activities to meet project requirements. Project management is accomplished through the application and integration of the project management processes of initiating, planning, executing, monitoring and controlling, and closing".
25 Schelle et al. (2005; 30) mit Bezug auf Frese (1971; 227).

Jürg Kuster et al. verstehen Projektmanagement als eine operative Form des Management.[26] Im Gegensatz zu Projektarbeiten, wo es um die Bearbeitung inhaltlicher Teilaufgaben oder Aufgabenpakete geht, betreffen Projektmanagementaufgaben die Planung und Steuerung der Zusammenarbeit. Auch Georg Angermeier sieht im operativen Umsetzen von Projektmanagementaufgaben den Kern des Projektmanagement. Allerdings verschwimmt bei ihm die Trennung zu Projektarbeit, da er operatives Projektmanagement als Synonym zur Abwicklung eines Projekts versteht.[27] Vom operativen Projektmanagement abgegrenzt wird mitunter ein strategisches Projektmanagement. Dessen Aufgabe ist nicht das Management des einzelnen Projekts, sondern die strategische Auswahl, Budgetierung, Freigabe, das Monitoring und ggf. der Abbruch von Projekten. Werden mehrere Projekte gemeinsam im Hinblick auf ein übergeordnetes Ziel gesteuert, spricht man auch von Programmmanagement.[28] In diesem Buch steht das Einzelprojekt im Vordergrund. Strategische Aufgaben bzw. Aktivitäten auf Programmebene (z.B. die Einrichtung eines projektübergreifenden Wissensmanagementsystems) werden jedoch berücksichtigt, insofern sie Auswirkungen auf die Kommunikation der Einzelprojekte haben.

Projektmanagement als Ansatz besitzt drei grundlegende Merkmale: a) Es geht ganzheitlich, d.h. bereichs- und hierarchieübergreifend sowie b) prozess- bzw. phasenorientiert vor und c) wendet eine universale Methodik auf spezifische Einzelfälle an.

Die ganzheitliche Sichtweise ist nach Gerd Diethelm das wichtigste Merkmal des Projektmanagement.[29] Ein Vorhaben ganzheitlich zu betrachten ist dann sinnvoll, wenn es sich nicht angemessen in einzelne, getrennt bearbeitbare Funktionsbereiche untergliedern lässt. Projektmanagement kommt, so bringen es Peter Heintel und Ewald Krainz auf den Punkt, bei allen größeren Vorhaben in Frage, die ausreichend komplex sind, um die funktional-hierarchische Organisation zu überfordern oder zumindest vor Probleme zu stellen.[30]

Der Prozess, also das Vorgehen bis zum Erreichen des Ziels, steht im Mittelpunkt des Projektmanagement.[31] Das hat mehrere Gründe: Projekte haben einen Start- und einen Endtermin. Dazwischen sind eine Reihe von Aufgaben zu

---

26 Vgl. Kuster et al. (2008; 3). Die institutionelle Perspektive, aus welcher der Begriff Management mit der Führungsinstanz Manager bzw. Führungskraft gleichgesetzt wird, ist im Projektmanagement weniger verbreitet. Wenn es um das Management als Subjekt geht, ist in der Regel vom Projektleiter oder Projektmanager die Rede.
27 Vgl. Angermeier (2005; 262).
28 Vgl. Motzel (2006; 144 u. 157f.).
29 Vgl. Diethelm (2001; 7, 23ff.).
30 Vgl. Heintel / Krainz (2000; 34).
31 Vgl. Kuster et al. (2008; 8).

erledigen, die sich jedoch nicht – wie beispielsweise in einem Produktionsbetrieb – als Gesamtprozess wiederholen und entsprechend standardisieren lassen. Die einzelnen Schritte des Projekts bauen zwar aufeinander auf, doch muss ihre Anschlussfähigkeit mitlaufend sichergestellt sein. Mit jedem Prozessschritt entsteht eine neue Situation und mit ihr neue Rahmenbedingungen für den folgenden Schritt. Das gesamte Vorhaben kann allenfalls grob im Vorfeld geplant werden. Verantwortlich dafür sind die Komplexität und Neuartigkeit des Projektziels, die Risiken und einen erhöhten Steuerungsbedarf mit sich bringen. Projekte müssen viel intensiver als Routineaufgaben mitlaufend kontrolliert und nachjustiert werden. Vor allem bei langfristig laufenden Projekten beschränken sich Entscheidungen nicht auf den Projektbeginn, sondern können oft erst im Zeitverlauf getroffen werden. In diesem Fall wird der Projektplan mitlaufend verfeinert und auch neu geschrieben.

Wie Kuster et al. ausführen, kommt Projektmanagement vor allem bei der Problemlösung und der Neu- und Umgestaltung von Systemen zum Einsatz.[32] Projektmanagement ist hier mit einem Veränderungsauftrag verknüpft. Veränderungen stellen Situationen dar, die sich nicht nach einem vorhandenen Handlungsschema abarbeiten lassen. Mit den verfügbaren Skills und Ressourcen etwas Neues zu bewältigen, ist deshalb eine der großen Herausforderungen an Projekte. Immerhin stellt das Projektmanagement zahlreiche universale Prinzipien und Tools bereit, die es einfacher machen, komplexe Situationen projektspezifisch zu strukturieren. Projektmanagementwissen heißt, dieses Set an Instrumenten und Methoden zu beherrschen und ihre Erfolgsbedingungen zu kennen. Projektmanagementwissen heißt aber auch, beurteilen zu können, wann eine neuartige Aufgabe die Abkehr von den bewährten Werkzeugen und Überzeugungen erfordert.

An dieser Stelle ist es sinnvoll, den Begriff des Projektmanagementwissens genauer zu betrachten. In Anlehnung an Heinrich Keßler und Georg Winkelhofer[33] differenzieren wir in eine konzeptionelle und eine operative Ebene des Projektmanagement. Die konzeptionelle Ebene betrifft die Art, wie ein Unternehmen Projektmanagement versteht und welche projektübergreifenden Methoden und Instrumente es einsetzt. Repräsentiert ist sie z.B. in PM-Handbüchern und PM-Richtlinien, aber auch in Unternehmensleitbildern und Verhaltenskodizes. Über das Einzelunternehmen hinaus zählen zur konzeptionellen Ebene auch diverse PM-Normen (z.B. DIN) und PM-Standards (z.B. PMBOK). Mitunter wird

---

32 Vgl. Kuster et al. (2008; 8).
33 Vgl. Keßler / Winkelhofer (2004; 11).

die konzeptionelle Ebene bereits als ‚Project Theory' bezeichnet[34], wir verstehen sie jedoch als praktisches Konzept- und Methodenwissen. Zur konzeptionellen Ebene zählen wir auch das strategische Projekt- und Programmmanagement eines Unternehmens. Die operative Ebene demgegenüber steht für die praktische Ausführung, also den konkreten Anwendungsfall. Sie umfasst die Definition der Ziele und der inhaltlichen Aufgaben, die Planung und Umsetzung der Arbeitsschritte, die Gestaltung der Projektbeziehungen und die Steuerung bzw. Leitung eines konkreten Projekts. Wir verstehen sie deshalb als Ebene des ‚Könnens' oder des ‚angewandten Wissens'.

Operative und konzeptionelle Ebene sind eng miteinander verzahnt: Projektmanagementstile, -strategien und -tools werden in konkreten Praxisfällen angewendet und müssen sich dabei an Kriterien wie Umsetzbarkeit, Wirtschaftlichkeit und Effektivität messen lassen. Erfolgreiche Anwendungsformen werden wiederholt und beibehalten und gelangen schließlich in den formalisierten Wissensfundus, d.h. die konzeptionelle Ebene.[35] Beispiele sind Handbücher, Formulare und Arbeitsanweisungen oder Best-Practice-Datenbanken.

Die konzeptionelle Ebene bietet Orientierung für zukünftiges Handeln. Interne Schulungen, Anreizsysteme oder ‚Training on the job' halten ihre Verbindlichkeit aufrecht und stellen sicher, dass bereits erarbeitetes Wissen auch weiterhin zur Anwendung kommt. Die konzeptionelle Ebene aufzubauen, verspricht Schnelligkeits- und Effizienzgewinne. Im Projektmanagement lohnt es sich jedoch nicht im gleichen Maße wie bei unternehmerischen Produktions- und Unterstützungsprozessen, auf Optimierung und Standardisierung zu setzen. Zum einen existieren Projekte nicht lange genug, damit es sich lohnt, in die inkrementelle Verbesserung projektspezifischer Prozesse zu investieren. Zum anderen wirft die operative Umsetzung eines Projekts oft Fragen auf, die mit dem verfügbaren, dokumentierten Wissen nicht erschöpfend zu klären sind. Beides spricht dafür, die Ressourcen der konzeptionellen Ebene nicht in gleichem Maße auf jedes Projekt anzuwenden. In unbekannten Situationen hängt viel vom Projektleiter und den Projektteammitgliedern und ihrem Können ab. Ihnen obliegt es, in Unsicherheitszonen Entscheidungen zu treffen, um arbeitsfähig zu bleiben. Dank ihrer Kompetenz und ihrer Kreativität gelingt es ihnen, konzeptionelles Wissen und bestehende Methoden selektiv und situationsadäquat einzusetzen und weiterzuentwickeln. Über die Bearbeitung

---

34 Vgl. Söderlund (2004; 185).
35 Parallel dazu wachsen Wissen und Erfahrungen der Projektbeteiligten, und es ist davon auszugehen, dass die Menge des individuell verfügbaren Wissens die des schriftlich im Unternehmen dokumentierten deutlich übersteigt.

praktischer Fragestellungen und Probleme aktualisieren Menschen ihr Wissen. Sie lernen hinzu und bauen ihre Kompetenzen aus. Lassen sich die neuen Erkenntnisse generalisieren, finden sie wiederum Eingang in die konzeptionelle Ebene des Projektmanagement. Diesen Kreislauf zwischen explizitem Wissen einerseits und seiner Aktualisierung und konkreten Anwendung im Handeln andererseits meinen wir, wenn wir sagen, dass sich die konzeptionelle und die operative Ebene des Projektmanagement wechselseitig beeinflussen. Um nun Aussagen über die wissenschaftliche Fundierung von Projektmanagement und Projektkommunikation zu machen, fügen wir eine dritte, theoretische Ebene hinzu. Wir bezeichnen sie als *wissenschaftliche Ebene*. Sie erarbeitet mit Hilfe wissenschaftlicher Verfahren fundiertes theoretisches sowie empirisch gesichertes Wissen über Projektmanagement. Damit entsteht ein dreistufiges Modell:

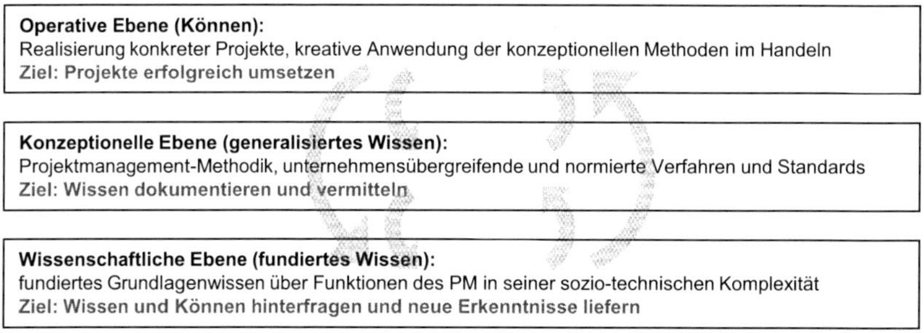

Operative Ebene (Können):
Realisierung konkreter Projekte, kreative Anwendung der konzeptionellen Methoden im Handeln
Ziel: Projekte erfolgreich umsetzen

Konzeptionelle Ebene (generalisiertes Wissen):
Projektmanagement-Methodik, unternehmensübergreifende und normierte Verfahren und Standards
Ziel: Wissen dokumentieren und vermitteln

Wissenschaftliche Ebene (fundiertes Wissen):
fundiertes Grundlagenwissen über Funktionen des PM in seiner sozio-technischen Komplexität
Ziel: Wissen und Können hinterfragen und neue Erkenntnisse liefern

---

Abb. 1:   Wissensebenen von Projektmanagement
(Freitag 2010)

Die Grafik verdeutlicht die drei Abstraktionsgrade des Projektmanagement: Die *operative Ebene* steht für das ‚Können', für Kreativität und Erfahrungswissen. Hier geht es um die konkrete praktische Realisierung von Projekten. Die *konzeptionelle Ebene* betrifft generalisiertes Wissen und hat das Ziel, Erfahrungen zu dokumentieren, projektübergreifend zu standardisieren und zu vermitteln. Beide beeinflussen einander, was die Pfeile symbolisieren. Die *wissenschaftliche Ebene* schließlich stellt eine Meta-Ebene dar. Sie beobachtet und hinterfragt methodisch die Leistungen der beiden anderen Ebenen. Ihr Ziel ist, Fragen zu Form und Funktion des Projektmanagement zu beantworten, die sich auf den beiden anderen Ebenen stellen. Wissenschaftliche Ergebnisse wirken sowohl auf die konzeptionelle als auch direkt auf die operative Ebene ein. Dieser wechselseitigen Leistungs- und Abhängigkeitsbeziehungen zwischen der wissenschaftlichen und den beiden anderen Ebenen – in der Grafik durch Pfeile dargestellt – widmen wir uns im Folgenden. Neben der Frage, welche Projektmanagementthemen Eingang in die Wissenschaft finden, beschäftigen wir uns auch mit der Frage, inwieweit Projektmanagement als Methodik die Wissenschaft zu bereichern vermag. Es geht also um das Verhältnis von Projektmanagement und Wissenschaft.

Nach Urs Dahinden und Walter Hättenschwiler[36] ist die Aufgabe von Wissenschaft, Wissen zu erzeugen, es zu systematisieren und zu objektivieren und für die Gesellschaft nutzbar zu machen. Damit sollen Fortschritt ermöglicht und gesellschaftliche Probleme gelöst werden. Die Besonderheit des wissenschaftlichen Vorgehens erläutern die Autoren anhand einer Gegenüberstellung von wissenschaftlichem Wissen und Alltagswissen. Während im Alltagswissen bzw. in seiner reifsten Form, der Weisheit, Wissen untrennbar mit persönlicher Erfahrung und Reife verbunden ist, versucht Wissenschaft, Wissen von Erfahrung zu entkoppeln. Nicht primär die Person und ihre Integrität, sondern ein methodisch kontrolliertes Vorgehen und in der Scientific Community anerkannte Gütekriterien bestimmen die Qualität des Wissens.[37] Wissenschaftliche Ergebnisse und Aussagen sollen allgemein und nachvollziehbar sein. Das wissenschaftliche Erkenntnisinteresse geht dabei über einzelne, konkrete Situationen hinaus. Der „Schritt vom Besonderen zum Allgemeinen"[38], d.h. die Suche nach, das Auffinden oder Konstruieren von „hinter dem Beobachtbaren liegenden Zusammenhängen"[39] ist für den Kommunikationswissenschaftlicher Roland Burkart die Grundoperation wissenschaftlichen Wissenserwerbs. Thomas S. Kuhn misst den Wert einer wissenschaftlichen Theorie daran, dass sie tatsachengerecht, widerspruchsfrei und einfach ist sowie Neuigkeitswert und eine große Reichweite besitzt.[40] Hauptzweck von Alltagswissen und -theorien ist hingegen, handlungsfähig zu machen. Pragmatische Anwendbarkeit und situationsbezogene Angemessenheit stehen im Vordergrund.[41] Alltagswissen muss sich auch in Einzelfall-

---

36 Vgl. Dahinden / Hättenschwiler (2001; 491, 493), zit. in: Dahinden et al. (2006; 26-28).
37 Lt. Rusch (2001; 98) umfasst dieser Anspruch z.b. die Begründbarkeit und Plausibilität von Konzepten, die Explizierung von Voraussetzungen, Begriffen, Folgerungen usw., die logische Stringenz, intersubjektive Nachvollziehbarkeit des Vorgehens, die Reproduzierbarkeit von Effekten, Anschlussfähigkeit an bzw. Kompatibilität mit bestehenden Wissensbeständen sowie Innovativität.
38 Burkart (2002; 419).
39 Burkart (2002; 421).
40 Vgl. Kuhn (1978; 422-423), zit. in: Ludes (1998; 54). Ludes diskutiert diese Merkmale für die Medien- und Kommunikationswissenschaften. Zur Qualität einer Theorie des Projektmanagement vgl. ferner Koskela / Howell (2002; 2).
41 Vgl. Rusch (2001; 97).

situationen und unter hohem Zeit- und Entscheidungsdruck bewähren. Wissenschaft ist solchen Stresssituationen kaum gewachsen.[42] Ihr Anspruch und ihre Methodik erfordern ein systematisches, reflektiertes Vorgehen, das sich bewusst vom Alltagswissen mit seinen Schemata und Stereotypen zu distanzieren sucht.[43] Pointiert gesagt, macht Wissenschaft dort weiter, wo Alltagstheorien aus pragmatischen Gründen abbrechen und in Handeln münden. Wissenschaft hinterfragt, analysiert, stellt Kontextbezüge her und schlussfolgert. Wo immer es möglich ist, validiert sie ihre Aussagen empirisch. Das macht den wissenschaftlichen Erkenntnisprozess langsam und aufwändig. Auch betreffen die wissenschaftlichen Ergebnisse meist nur ausgewählte, klar abgegrenzte bzw. voraussetzungsreiche Teilaspekte der Wirklichkeit. Diese Einschränkungen sind eine notwendige Bedingung, um ein Thema nach wissenschaftlichen Anforderungen bearbeiten zu können, also die relevanten Elemente eines Wirklichkeitsausschnitts zu erfassen und Aussagen über die Dynamik ihres Zusammenspiels zu machen. Das heißt nicht, dass Wissenschaft Alltagssituationen nicht zu ihrem Untersuchungsgegenstand machen kann. Sie muss jedoch, um wissenschaftlich valide Aussagen und Prognosen zu treffen, die Komplexität ihres Forschungsobjekts stark reduzieren. Das hat zur Folge, dass sich aus den Ergebnissen, die Wissenschaft generiert, nicht ohne weiteres Schlussfolgerungen für Alltagssituationen ziehen lassen. Dafür sind wissenschaftliche Ergebnisse zu spezifisch oder zu abstrakt.[44] Karl E. Weick erklärt diesen Sachverhalt anhand von Warren Thorngates Postulat der angemessenen Komplexität. Thorngates Postulat besagt, dass eine Sozialtheorie nie zugleich allgemein, genau und einfach sein kann.[45] Eine Theorie kann maximal zwei der Attribute erfüllen. Konzepte oder Ideen, die leicht verständlich (einfach) und universal anwendbar (allgemein) sind, sind für konkrete Anwendungssituationen zu ungenau (Weick nennt als Beispiele die organisierte Anarchie oder das Konzept der losen Koppelung). Genaue und allgemein gültige Erklärungen sind meist kompliziert und von multiplen Einflussvariablen gekennzeichnet. Labor- und Feldstudien sind zwar genau und einfach, besitzen jedoch keine allgemeine Relevanz. Das heißt, ihre Aussagekraft ist an Vorbedingungen und Einschränkungen bzw. an ganz spezifische Situationen gebunden. Weick empfiehlt Sozialforschern, sich auf maximal zwei Kriterien zu konzentrieren so-

---

42 Vgl. Scheidt / Wienand (2005; 267).
43 Vgl. Ludes (1998; 58f.).
44 Mit der Frage, wie wissenschaftliche Erkenntnisse in nichtwissenschaftlichen Handlungskontexten aufgegriffen und verwendet werden (z.b. in der Politik, in den Medien etc.), beschäftigt sich ein ganzer Wissenschaftszweig, die soziologische Verwendungsforschung (vgl. hierzu z.B. Ronge 1989).
45 Vgl. W. Thorngate (1976), zit. in Weick (1995; 54-64).

wie mehrere Perspektiven zu kombinieren, anstatt zu versuchen, allen drei Kriterien mit einem Forschungsdesign zu entsprechen.

2.3. Theoriedefizit des Projektmanagement

Projektmanagementpraktiker haben sich der Wissenschaft gegenüber lange Zeit reserviert gegeben. Formen von Projektmanagement gab es zwar bereits in der Antike, beispielsweise den Bau der Pyramiden in Ägypten oder die großen Infrastrukturprojekte der Römerzeit[46], doch wurde das Wissen nicht systematisch aufgearbeitet und in Instrumente und Methoden überführt. Zum Teil wurde es mündlich überliefert, zum Teil ging es mit dem Tod erfolgreicher Projektmanager verloren.[47] In wissenschaftlicher Hinsicht ist die Geschichte des Projektmanagement dieser Zeit kaum erforscht. Der Beginn des modernen Projektmanagement datiert auf die Mitte des 20. Jahrhunderts.[48] Beim Bau der Atombombe ab 1941 und in diversen militärischen Großprojekten im Bereich der US-amerikanischen Luft- und Raumfahrttechnik der 40er und 50er Jahre wurde Projektmanagement als Organisations- und Managementkonzept eingesetzt. Es etablierte sich als Standard in der Branche und wurde z.B. im Luftwaffen-Projektmanagementkonzept 1966 umfassend dokumentiert. In den 60er Jahren gab es zunächst in den USA und später auch in Deutschland das Bestreben, den Ansatz auf andere Industriezweige zu übertragen. Internationale Verbände wie die International Project Management Association (IPMA) oder das Project Management Institute (PMI) gründeten sich[49], um die Verbreitung des Projektmanagementgedankens zu fördern. In den 70er Jahren folgte eine erste Reihe von Publikationen zum Thema. Die schon lange bestehende operative Ebene des Projektmanagementwissens wurde so sukzessive um eine konzeptionelle Ebene ergänzt. Allerdings gestaltete es sich zunächst schwierig, den Ansatz über die Luft- und Raumfahrtbranche hinaus zu etablieren. Die Industrie gab sich zögerlich, da sie den Bedarf für die neuen Methoden nicht sah. Eingeführt wurde Projektma-

---

46 Vgl. Madauss (2000; 12) und Pfeiffer (2004a; 3f.).
47 Peter F. Elzer verweist im Bereich von Bauprojekten auf eine mündliche Überlieferung von Wissen, die sich bis in die Antike zurückverfolgen lässt. Seiner Ansicht nach stellen diese Erfahrungen einen wesentlichen Bestandteil des Standardwissens im Projektmanagement dar (vgl. Elzer, zit. in: Pfeiffer 2004a; 6). Zum Verlust von Projektmanagementwissen vgl. Dommert (1993; 1).
48 Vgl. Pfeiffer (2004a; b; c), Kerzner (2003; 30ff.) Madauss (2004;12ff.).
49 Die International Project Management Association (IPMA) wurde 1965 unter dem Namen INTERNET gegründet. Das Project Management Institute (PMI) wurde 1969 gegründet. In Deutschland war die Gesellschaft für Projektmanagement (GPM, gegründet 1979) maßgeblich an der Etablierung des Projektmanagementgedankens beteiligt.

nagement allenfalls selektiv und nur dort, wo die traditionellen Organisationsstrukturen überfordert waren. Noch bis in die 80er Jahre hinein kam Projektmanagement vor allem bei der Planung von Projekten zum Einsatz. Als wichtigstes
Element galt in Deutschland die Netzplantechnik, eine Methodik zur Zeitpla-
nung, die ihre Wurzeln in den Ingenieurswissenschaften und der angewandten
Mathematik hat. Sie ist durch eine ausgeprägte Werkzeug- und Methodenorientierung gekennzeichnet, die Projekte als plan- und steuerbare Objekte betrachtet.[50] Als zum Ende der 80er Jahre Projektmanagement auch außerhalb der Luft-
und Raumfahrttechnik auf breiter Front zum Einsatz kam, geriet die Methoden-
fokussierung zunehmend in die Kritik. Parallel dazu erfuhren Organisations- und
Verhaltensaspekte, die eingangs geschilderten ,weichen' Faktoren, ein verstärk-
tes Interesse. Eine zweite Publikationswelle schloss sich an. Projektmanagement
stand jetzt auch für ein neues Managementverständnis, das sich im Kern mit den
Herausforderungen eines dauerhaften Wandels im Unternehmen beschäftigt. Die
späten 90er Jahre mit ihrem IT-Boom, kürzer werdenden Produktlebenszyklen,
Unternehmensfusionen und dem Trend zur Globalisierung verstärkten noch einmal die Nachfrage nach Projektmanagement und ließen es zu einer Schlüssel-
kompetenz moderner Unternehmensführung werden:

> „Project organization is a key industrial activity and a key corporate process and management
> without sound knowledge of projects misses a great deal of what management of contemporary
> firms is about".[51]

Der regelrechte Projekt-Boom der letzten beiden Jahrzehnte hat die Verbreitung
von Projektmanagementwissen und -methoden zugleich beflügelt und erschwert.
Zum einen hat sich die Zahl der Ratgeber und Aufsätze und der Wissensumsatz
vervielfacht. Die Berufsausbildung wurde professionalisiert und immer mehr
Unternehmen haben sich mit eigenen Projektmanagementkonzepten auseinan-
dergesetzt. Der große Einfluss der Verbände hat aber auch Schattenseiten. Hal
Macomber beklagt, dass der Ansatz des PMI, aus dem ein Großteil der Projekt-
managementzertifizierungen in den USA und anderen Nationen hervorgeht, an
einem einseitig-planungsorientierten Managementparadigma festhält. Das Projekt ist nicht, wie der PMBOK impliziert, eine zentral plan- und steuerbare Maschine. Indem sie aber an Methoden festhalten, die genau das voraussetzen,
schaffen sich die Praktiker selbst einen Großteil der Probleme, an denen sie sich

---

50 Laut Wischnewski (2001; 20) liegt der Netzplantechnik die Annahme zugrunde, dass ein vorab
definierter Termin- und Zeitplan eine hinreichende Bedingung für den Projekterfolg ist.
51 Söderlund (2004; 186).

später abmühen.[52] Dass Projekte heute als ‚en vogue' gelten, hat noch eine weitere Kehrseite. So diagnostiziert Heinz Schelle mittlerweile eine ausgeprägte ‚Projektitis' in Unternehmen: Allen denkbaren Vorhaben, ob klein oder groß, komplex oder überschaubar, werde das Etikett ‚Projekt' angeheftet. Entsprechende Methoden oder Richtlinien kommen dabei längst nicht immer zur Anwendung[53], was es erschwert, Projektmanagement als besondere Managementaufgabe einzugrenzen. Auch der Titel Projektmanager wird oft kurzerhand allen Personen zugewiesen, die in irgendeiner Weise organisatorische Aufgaben übernehmen. Ob die so Betitelten eine Projektmanagementausbildung oder eine Zertifizierung besitzen, ist zweitrangig.

Angesichts der anhaltenden Popularität von Projektmanagement in der unternehmerischen Praxis und auf dem Weiterbildungsmarkt ist es verwunderlich, dass Wissenschaft und Lehre das Thema Projektmanagement in Deutschland bislang kaum für sich entdeckt haben. Ein Großteil der Autoren verzichtet darauf, Projektmanagement einer Wissenschaftsdisziplin zuzuordnen. Die übrigen platzieren es im Bereich der Betriebswirtschafts- bzw. Managementlehre. Patzak und Rattay beispielsweise verstehen unter Projektmanagement eine spezifische Erscheinungsform des Management und sehen Überschneidungen mit funktionalen, empirischen, verhaltens- und entscheidungsorientierten Managementansätzen. Sie vertreten den Standpunkt, dass „nur ein systemtheoretischer Ansatz der Komplexität und Interdisziplinarität des Phänomens Projektmanagement gerecht wird und somit als Rahmen dienen kann".[54] Die konkreten Aufgaben des Projektmanagement ergeben sich laut Patzak und Rattay aus der Adaption der klassischen Managementfunktionen Planung, Organisation / Kommunikation, Teamführung und Controlling auf das Projekt.[55] Auch für Diethelm stellt Projektmanagement einen Spezialbereich des allgemeinen Management dar. Er hebt vor allem den interdisziplinären Charakter von Projektmanagement hervor und versteht es als Querschnittsfunktion zwischen den betrieblichen Funktionen (Beschaffung, Produktion, Finanzierung, Absatz etc.).[56] Schelle erklärt, dass sich das Erkenntnisobjekt einer allgemeinen Lehre des Projektmanagement aus der besonderen Art der Leistungserstellung ableitet, eben der Leistungserstellung mit Projektcharakter. Aus betriebswirtschaftlicher Perspektive stünden dabei wirtschaftliche Aufgaben und Ziele im Mittelpunkt. Den bisherigen Beitrag der Betriebswirtschaftslehre zu einer

---

52 Vgl. Macomber (2007).
53 Vgl. Schelle (2004; 13f.).
54 Patzak / Rattay (2004; 34).
55 Vgl. Patzak / Rattay (2004; 22f.) sowie ganz ähnlich Kuster et al. (2008; 11).
56 Vgl. Diethelm (2001; 7, 23ff.).

allgemeinen Projektmanagementlehre beurteilt Schelle jedoch als bescheiden. Ein Indiz dafür sei die geringe Anzahl an Lehrstühlen.[57]

Eine Mitschuld für die zögerliche wissenschaftlich-theoretische Aufarbeitung der Projektmanagementthematik gibt Schelle unter anderem in dem bereits geschilderten Theoriedilemma: Da es die Aufgabe einer Allgemeinen Lehre des Projektmanagement ist, universale Erkenntnisse zu liefern, können diese Aussagen entweder einfach (und damit ungenau) oder genau (und damit kompliziert) formuliert werden. Beide lassen sich nur bedingt auf konkrete Projektsituationen in der Praxis anwenden. Sämtliche Projektmanagementkonzepte und -ratschläge haben aber ihren Ursprung traditionell in Fragestellungen ihrer Anwendung. Entsprechend wird auch heute noch jegliches Projektmanagementwissen an seiner Tauglichkeit für das praktische Handeln und an seiner situativen Anwendbarkeit gemessen. Das Wissen der konzeptionellen Ebene hat sich stets unter dem Impetus der operativen Ebene entwickelt. Wissenschaftliche Gütekriterien wie die Objektivierbarkeit von Wissen und intersubjektive Gültigkeit haben für Praktiker im Projektalltag eine untergeordnete Bedeutung. Effektivität und Machbarkeit einerseits, persönliche Leistung und eigene Erfahrung andererseits sind die Leitprinzipien des operativen Projektmanagement. Dafür spricht zum einen die große Anzahl an Praxisratgebern zum Projektmanagement und zum anderen die prominente Stellung, die in ihnen seit jeher der Projektleiter genießt.[58] Der Fülle an Praxisliteratur stehen nur wenige wissenschaftliche Werke gegenüber.

Der beschränkte Theorieradius des Projektmanagement ist mittlerweile von mehreren Autoren kritisiert worden. Schelle sieht einen Ausweg aus dem Universalitätsdilemma darin, branchen- oder projekttypspezifische Projektmanagementlehren zu entwerfen, die sich gegenüber einer Allgemeinen Projektmanagementlehre abgrenzen und positionieren. Spezifische Projektmanagementlehren können ihre Reichweite beschränken und sind leichter auf Praxissituationen anwendbar. Auch Söderlund propagiert ein mehrgleisiges Vorgehen, bei dem sich die Projekttheorie sowohl mit universalen als auch branchen- und kategoriespezifischen Projektaspekten auseinandersetzt. Ganz ähnlich befürworten Sauer und

---

57 Vgl. Schelle (2004; 16-21). Ausnahmen stellen die Forschungen von Hans-Georg Gemünden auf dem Gebiet der empirischen Betriebswirtschaftslehre sowie Überlegungen aus den Bereichen Auftragsführung, Investitionsgütermarketing und Technologiemanagement dar. Laut Söderlund (2004; 189) hat auch die Erfolgsfaktorenforschung in der Projektmanagementforschung bereits eine lange Tradition. Sie brachte einen beachtlichen Korpus an Studien hervor, deren Ergebnisse jedoch, so schränkt Söderlund ein, für die Praxis nur begrenzt anwendbar sind. Zum einen seien die Projekttypen zu unterschiedlich, um universale Erfolgsfaktoren zu identifizieren, zum anderen hätten die bisherigen Forschungen nur unzureichend die Dynamik und die soziale Einbettung von Projekten berücksichtigt).
58 Vgl. Schelle et al (2005; 317), Hansel / Lomnitz (2003; 155-158).

Reich eine parallele Ausarbeitung mehrerer alternativer Theorien mittlerer Reichweite, auf die Praktiker je nach Situation und Aufgabe zurückgreifen können, anstelle ausschließlich auf eine (normative) Master-Theorie zu setzen.[59] Alle drei Vorschläge entsprechen Weicks Empfehlung.

Wie notwendig es ist, nicht zuletzt auch für die Praxis, Theoriearbeit im Bereich des Projektmanagement zu leisten, machen Lauri Koskela und Gregory Howell deutlich. Wie auch Söderlund beklagen beide das Fehlen einer allgemeinen, expliziten Projektmanagementtheorie.[60] Projektmanagement sensu PMI orientiere sich an einigen wenigen, engen Grundannahmen, die es implizit voraussetzt. Eine explizite Theorie aber, so beide Autoren, sei die zentrale Voraussetzung für die weitere Professionalisierung des Projektmanagement. Auf Basis einer Analyse des PMBOK ordnen Koskela und Howell die impliziten Grundannahmen des Projektmanagement der Theory of Production bzw. dem Operations Management zu. Der PMBOK teilt Projektmanagementaufgaben in initiating, planning, executing, controlling and closing processes ein. Die mittleren drei formen als Kernprozesse einen Managementkreislauf:

> „[T]he planning processes provide a plan, that is realized by the executing processes, and variances from the baseline or requests for change lead to corrections in execution or changes in further plans".[61]

Den planning processes, die den mit Abstand größten Anteil im PMBOK ausmachen, liegt die Perspektive eines ‚management-as-planning', oder schärfer noch: ‚management-as-determining'[62] zugrunde. Projektarbeit wird zentral geplant, geprüft und verteilt. Ergebnis ist die Work Breakdown Structure (WBS).[63] Die Umsetzung der Pläne (executing processes), die nur sehr dürftig im PMBOK auftaucht, erfolgt per Befehl. Den Umsetzungsprozessen liegt die Shannon-Weaver'sche Theorieperspektive der Informationsübermittlung zugrunde. Die controlling processes schließlich lassen sich der Kybernetik I. Ordnung (Thermostatmodell) zuordnen. Das Management bewertet hier gleich einem Regler die Leistung des Systems, vergleicht sie mit den vorgegebenen Standards und greift bei zu großen Abweichungen steuernd ein. Koskela und Howell argumentieren sowohl auf theoretischer Basis als auch vor dem Hintergrund empirischer Stu-

---

59 Vgl. Schelle (2004; 23-25), Söderlund (2004; 186), Sauer / Reich (2007).
60 Vgl. Koskela / Howell (2002). Laut Söderlund (2004; 186) sind Projekttheorien „conceptualizations and models that explain and predict the structure and behavior of projects (or temporary organizations)".
61 Koskela / Howell (2002).
62 Macomber (2007).
63 Deutsch: Projektstrukturplan (vgl. Motzel 2006; 177).

dien, dass diese drei Grundannahmen ergänzungsbedürftig sind. Projektmanagement habe sich in der Praxis entlang des gesamten Lebenszyklus eines Projekts als weniger leistungsfähig erwiesen, als es die planungszentrierte Managementsicht suggerierte. So werden Kundenanforderungen zu Beginn eines Projekts oftmals nicht klar genug herausgearbeitet. Zahlreiche Änderungsanträge sind die Folge. Sie führen dazu, dass die Planung fortlaufend aktualisiert werden muss, sollen sich Umsetzung und Plan nicht voneinander entfernen. Wird es zu aufwändig, den ursprünglichen Plan zu aktualisieren, entsteht Raum für individuelle Entscheidungen. Improvisation ersetzt zentralisiertes, planungsorientiertes Vorgehen. Controlling nach dem Prinzip der Kybernetik I. Ordnung wird dann ineffektiv, da es zwar die Differenz zur erwarteten Performance registriert, aber nicht in der Lage ist, die geänderten Rahmenbedingungen zu berücksichtigen. „All in all, systematic project management is transformed to a facade, behind which the job actually gets done, even if with reduced efficiency and lessened value to the customer".[64] Ohne eine Theorie, die diese Abweichungen erklären kann, lassen sich jedoch keine neuen Methoden entwickeln. Praktische Problemlösungsansätze, die die Grundannahmen des impliziten Projektmanagementverständnisses nicht hinterfragen, laufen Gefahr, die bestehenden Probleme zu reproduzieren.

Bei der Theorieentwicklung sei die Wissenschaft gefragt.[65] Koskela und Howell empfehlen, in der Praxis des Projektmanagement alternative Theorien zu berücksichtigen: management-as-organizing statt management-as-planning, tacit-knowledge und Improvisation statt zentraler Aufgabenverteilung, Engagement und Dialog statt Befehlsausführung, Aufstellen und Testen von Hypothesen statt der Kontrolle von Abweichungen. Dass es nicht einfach ist, sich in der Projektmanagementpraxis von den bisherigen Grundannahmen zu lösen, betont Macomber (2007): „Our practices for creating the WBS get in the way of combining theories". Dennoch sei es notwendig, die arbeitspaketbasierte, zentral geplante Work Breakdown Structure durch eine netzwerkbasierte, auf Kommunikation beruhende Verantwortungsstruktur zu ersetzen, in der Projektteams selbstständig den Plan während der Umsetzung anpassen, um die Projektanforderungen zu erfüllen.

Das Fehlen einer allgemeinen Lehre des Projektmanagement wie auch einer grundlegenden Theorie heißt allerdings nicht, dass Projekte und Projektmanage-

---

64 Koskela / Howell (2002).
65 Söderlund (2004; 186) formuliert fünf Kernfragen als Grundlage der zukünftigen Theorieentwicklung im Projektmanagement: Warum gibt es Projekte? Wie unterscheiden sich Projektorganisationen? Wie verhalten sie sich? Was ist die Funktion bzw. der Mehrwert des Projektmanagers und des Projektmanagementteams? Was sind Erfolgsfaktoren von Projektorganisationen?

ment nicht zu Forschungsobjekten geworden sind. Auf internationaler Ebene stoßen Fragestellungen des Projektmanagement verstärkt seit Mitte der 90er Jahre auf wissenschaftliches Interesse, der Reserviertheit der PM-Praktiker zum Trotz. Eine Eigenheit des Forschungsgebiets ‚Projektmanagement' scheint es dabei zu sein, das Interesse diverser Wissenschaftsdisziplinen zu wecken und disziplinübergreifende Forschungsfragen aufzuwerfen. Söderlund begrüßt die Transdisziplinarität des Forschungsgebiets, sieht jedoch auch die Notwendigkeit einer Debatte über Inhalte und Identität der Projektmanagementforschung. So ließen sich künftige Forschungsschwerpunkte umreißen und Projektmanagement als akademische Disziplin etablieren.[66]

Betrachtet man das heutige Forschungsfeld, so befassen sich mit Projekten so verschiedene Disziplinen wie Psychologie, Pädagogik, Organisationstheorie, Soziologie und Ingenieurslehre, die eigene theoretische Hintergründe und Fragestellungen einbringen. Söderlund ordnet die bisherigen Forschungsaktivitäten zwei theoretischen Strömungen zu.[67] Die eine entspringt den Ingenieurswissenschaften und der angewandten Mathematik und beschäftigt sich vorrangig mit Planungstechniken und Methoden, d.h. den ‚hard facts' des Projektmanagement. Hier lassen sich auch die von Koskela und Howell kritisierten Theories of Production und die Operations-Research-Ansätze einordnen.

Die andere Strömung hat einen soziopsychologischen Hintergrund und thematisiert Organisations- und Verhaltensaspekte. Sie orientiert sich häufig an systemtheoretisch-konstruktivistischen Modellen und versucht, eine ganzheitliche Perspektive auf das Projekt einzunehmen.[68] Söderlund hält beide Perspektiven in zentralen Aspekten für unvereinbar: Die Ingenieurssicht klammere Unsicherheiten aus und strebe Determiniertheit an, während die soziologische Sicht von Unbestimmtheit ausgehe und auf systemische Konzepte setze. Die Inkompatibilität beider Perspektiven scheint sich, folgt man Kötter und Longmuss, eher noch zu verstärken. Jede von ihnen verbleibe in ihrem Denkschema und kümmere sich kaum um die Herausforderungen der anderen. Vorurteile und Kommunikationsschwierigkeiten zwischen Technikern, Organisationsentwicklern und Anwendern, wie am Beispiel von IT-Projekten, sind damit programmiert.[69] Um diese Schere wieder zu schließen, fordern Kötter und Longmuss eine Rückbesinnung auf die inhaltlich-fachlichen Herausforderungen und ihre Integration mit der sozialwissenschaftlichen Perspektive. Theoretischer Rahmen sollte im Sinne

---

66 Vgl. Söderlund (2004; 183f.).
67 Vgl. Söderlund (2004; 184-186).
68 Zu den Vorteilen eines systemischen Ansatzes im Projektmanagement vgl. Patzak (1989; 6f.), zu den Nachteilen Drews (2003).
69 Vgl. dazu sehr plakativ Doujak / Endres / Schubert (2004; 56-58).

von Patzak/Rattay die Systemtheorie sein. Sie muss sich jedoch über die einseitig soziologische Perspektive hinaus stärker einem technisch-planerischen Vorgehen öffnen.

2.4. Argumente für eine weitere Annäherung

Was kann die Wissenschaft für das Projektmanagement leisten? Unseres Erachtens liegt die wichtigste Aufgabe in der Explizierung impliziten Wissens. Stärker noch, als es in der konzeptionellen Ebene des Projektmanagement bereits der Fall ist, kann Wissenschaft die Wissensbestände von den handelnden Personen entkoppeln, sie analysieren, systematisieren, verifizieren und wieder in die Praxis einspeisen. Praktisches Handlungswissen wird dokumentiert, objektiviert und transferierbar gemacht. Wissenschaft geht dabei systematisch und hypothesengestützt vor. Sie nimmt sich Zeit und untersucht Zusammenhänge, die nicht zum Fokus der Praxis gehören, sie aber trotzdem betreffen. Während die Praxis versucht, bestehende Methoden und Prozesse zu optimieren, strebt die Wissenschaft vor allem nach Erneuerung. Ihr Ansatz, Grundüberzeugungen zu hinterfragen (z.B. Menschenbilder, Annahmen über die Funktionsweise von Kommunikation) und bekannte Probleme neu zu interpretieren, eröffnet den Praktikern zusätzliche Handlungsmöglichkeiten. Indem wissenschaftliche Forschung individuenunabhängige Erfolgsvariablen im Projektmanagement aufdeckt, leistet sie einer einseitigen Fokussierung auf den Projektmanager als Universaltalent und wichtigsten Garant für den Projekterfolg Vorschub.[70] Die neuen Impulse können in die konzeptionelle Ebene des Projektmanagement einfließen und beispielsweise in Projektmanagementstandards, Handbüchern, Prozessbeschreibungen oder Schulungsinhalten berücksichtigt werden. Umgekehrt kann aufgrund von Wissenslücken oder Legitimationsbedarf in der konzeptionellen Ebene eine Nachfrage nach wissenschaftlicher Forschung entstehen. Befassen sich Projektmitglieder selbst mit wissenschaftlichen Themen, z.B. indem sie einen Lehrauftrag übernehmen, sich weiterqualifizieren oder als Student im Unternehmen ihre Abschlussarbeiten schreiben, können neue wissenschaftliche Erkenntnisse auch direkt in die operative Ebene einfließen. Für die Transformation des wissenschaftlichen Wissens in Handlungen sorgt in diesem Fall der Akteur selbst.

Welche Aspekte des Projektmanagement finden umgekehrt Eingang in die Wissenschaft und beeinflussen sie? Die Art und Weise, wie Projektmanagement

---

70 Die Tendenz, Erfolge und Scheitern an einzelnen Personen festzumachen, ist in der Praxis noch immer sehr geläufig (Vgl. Rüegg-Stürm 1998; 4).

in die Wissenschaft hineinwirkt, ist auf zwei Ebenen zu unterscheiden: Zum einen thematisch, zum anderen methodisch-instrumentell. Thematisch bedeutet, dass die Wissenschaft ihre Fragestellungen sowohl aus der operativen Ebene als auch aus der konzeptionellen Ebene des Projektmanagement generieren kann. Für die Untersuchung jeder der Ebenen gibt es wissenschaftliche Methodiken (Befragungen, quantitative oder qualitative Medienanalysen, Beobachtungen, Fallstudien etc.). Bei vielen Fragestellungen werden gleich beide Ebenen zum Untersuchungsgegenstand. Die Wissenschaft bedient sich der Themen und Herausforderungen der Projektmanagementpraxis, um daraus neue wissenschaftliche Fragestellungen zu entwickeln und sie im Interesse der Gesellschaft zu beantworten. Diese Praxisrelevanz liefert der Wissenschaft zudem Argumente, ihre eigene Alimentierung durch die Gesellschaft zu legitimieren. Sind Themenstellungen von wirtschaftlicher Bedeutung, können auch Drittmittel eingeworben werden (z.B. über Auftragsforschung). In einer internationalen Befragung von 33 Experten aus elf Ländern zur Zukunft des Projektmanagement zeigt Schelle (2002) verschiedene Trends auf. Zwar macht er keine Aussage zur Erforschung von Projektmanagement, doch erwartet er eine zunehmende Professionalisierung der Projektmanagementausbildung.[71] In einem Interview, das Siegfried Seibert im Jahre 2004 mit Vertretern aus Wissenschaft und Praxis führte, erhoben alle drei Wissenschaftler die Forderung nach einer stärkeren Einbindung von Projektmanagement-Basiswissen in die Hochschulausbildung. Die beiden Interviewpartner aus der Praxis maßen der Rolle der Wissenschaft hingegen wenig Bedeutung bei.[72] Sollte die erwartete Professionalisierung des Projektmanagement tatsächlich voranschreiten, ist damit zu rechnen, dass trotz dieser Berührungsängste die Projektmanagementthematik in den kommenden Jahren einen noch stärkeren Eingang in die Lehre findet. Das dürfte sich auch positiv auf das Forschungsinteresse an Projektmanagement auswirken. Neben der thematischen Beeinflussung kann Projektmanagement auch als Methodik und Managementinstrument in Forschung und Lehre zur Anwendung kommen. Daniel Baumann et al. vertreten den Standpunkt, dass auch Forschungsprojekte bei allen Unterschieden zu privatwirtschaftlichen Projekten ein systematisches, geplantes Vorgehen erfordern. Projektmanagement kann helfen, Meilensteine zu planen, Optionen abzuwägen und Verbindlichkeit zu schaffen, auch dann, wenn das Forschungsziel sich nicht von Beginn an fixieren lässt.[73]

---

71 Vgl. Schelle (2002).
72 Vgl. Seibert (2004).
73 Vgl. Baumann, Escher, Witschi (2005).

3 Projektkommunikation als Forschungsgebiet

3.1. Beiträge aus der Betriebswirtschaftslehre

Wenden wir uns nun im Speziellen der Projektkommunikation zu. Projektkommunikation steht für alle Kommunikationsaktivitäten im Projektmanagement. Entsprechend sind von zwei Seiten Vorstöße zu erwarten: Mit Fragestellungen der Kommunikation befassen sich vornehmlich die Medien- und Kommunikationswissenschaften. Fragestellungen des Projektmanagement werden mangels einer eigenen Projektmanagementwissenschaft bislang vor allem aus betriebswirtschaftlicher, ingenieurswissenschaftlicher und sozialpsychologischer Perspektive thematisiert. Während die Ingenieurswissenschaften eher methodische Aspekte fokussieren, setzt die Sozialpsychologie am Menschen und seinem Kommunikationsverhalten an. In der Betriebswirtschaftslehre sind Bestrebungen erkennbar, beide Perspektiven aus einer Managementsicht zu verbinden. Dennoch präsentiert sich dieses Forschungsfeld Projektkommunikation als noch weitgehend unbestellt.[74] Zwar gibt es mehrere Ansätze, Projektkommunikation zu erfassen und zu strukturieren.[75] Sie beschränken sich jedoch auf kürzere Aufsätze, einzelne Buchkapitel oder Thesenpapiere. In der Regel wird Kommunikation als Aufgabenbereich dargestellt, ohne näher darauf einzugehen, was die Spezifik der Projektkommunikation z.B. gegenüber der internen Unternehmenskommunikation oder der Kommunikation im privaten Umfeld ausmacht. Lediglich die Dissertationen von Jürgen Dommert (1993), Wilfried Benner (1996) und Marco Spreider (2004) setzen sich eingehend mit dem Thema Projektkommunikation auseinander. Sie werden im Anschluss kurz vorgestellt.

Empirische Untersuchungen oder Fallstudien, die sich Fragestellungen der Projektkommunikation widmen, sind kaum vorhanden. Einige Untersuchungen, die sich im Kern anderen Forschungsfragen widmen, geben zumindest implizit Hinweise auf die Funktionen von Kommunikation im Projektmanagement.[76] Nützliche Hinweise für das Projektmanagement lassen sich auch der Literatur über Kommunikation in Wandelprozessen entnehmen.[77] Im Bereich der Methoden der Projektkommunikation sind neben dem einschlägigen Wissensgebiet ‚Communications Management‘ des PMBOK zwei weitere Werke hervorzuhe-

---

74 Spreider (2004; 9 u. 62f.).
75 Vgl. z.B. Debus (1999), Gillard/Johansen (2004), Homberg (2002) und (2005), Lehner (2001), Terrell (1999), Weaver (2007).
76 Vgl. z.B. Fiedler (1996), Engwall / Westling (2004), Brown / Eisenhardt (1997).
77 Vgl. z.B. Bührer (2003), Mohr (1997).

ben: Der ‚Project Management Communications Toolkit' von Carl L. Pritchard[78] versammelt Beschreibungen und Vorlagen zu den Kommunikationsinstrumenten im Projektmanagement. Dabei orientiert er sich an den Phasen des PMBOK. Der Ansatz ‚Business Communications Engineering' von Helwig Schmied und Kenneth Brown stellt eine praxisnahe Methodik dar, um Kommunikationsflüsse im Projekt transparent zu machen und den ausführenden Einheiten (Teilprojekten, Teams und Einzelpersonen) mehr Verantwortung zu übertragen.[79]

Betrachten wir im Folgenden die drei Dissertationen zum Thema Projektkommunikation. Die älteste von ihnen stammt aus dem Jahre 1993 und ist von Jürgen Dommert. Dommerts Ziel ist, die formale, computergestützte Kommunikation im Projektmanagement zu verbessern. Er identifiziert insgesamt drei Schwachstellen der Projektkommunikation: kein ausgewogenes Zusammenspiel von formeller und informeller Kommunikation, fehlende Methodik zur strukturierten Beschreibung der Kommunikationsbeziehungen in einer Projektorganisation und Defizite der Projektmanagementsoftware bei der Unterstützung dieser beiden Anforderungen.[80] Dommert erkennt Kommunikation als einen mehrdimensionalen Vorgang an, bei dem neben der syntaktischen auch die semantische und die pragmatische Ebene unverzichtbar sind. Dommert fordert, dass auch diese nichtinhaltlichen Aspekte von Kommunikation (Beziehungen, Relevanz, Feedback etc.) formal abgesichert werden – ein Wunsch, den die bereits angesprochene Methodik des Business Communications Engineering mittlerweile zum Teil einlöst.

Wie Dommert betont auch Wilfried Benner (1996), dass die technische Ebene von Kommunikation, die er als unpersönlich und indirekt ansieht, um die Ebene der direkten und persönlichen Kommunikation ergänzt werden muss. Diese integrierte Sicht auf Projektkommunikation, von Benner als „Ganzheitliches Informations- und Kommunikationssystem" (GIKS) bezeichnet[81], unterstützt den optimalen Informationsfluss und den Kommunikationsprozess im Projekt.

Benner untersucht Kommunikationsverhalten und Medienpräferenzen von Projektmanagern in Unternehmen des Industrieanlagenbaus. Kernstück der Studie ist eine empirische Befragung von 86 Projektmanagern, in der er zu dem Schluss kommt, dass erfolgreiche Projektleiter (1) meist sowohl einen technischen als auch einen kaufmännischen Hintergrund haben, (2) ausgeprägte zwischenmenschliche Kompetenzen besitzen, v.a. in der persönlichen Face-to-Face-

---

78 Pritchard (2004).
79 Vgl. Brown et al. 2002, Brown et al. 2003.
80 Vgl. Dommert (1993; 126f.).
81 Benner (1996; 19).

Kommunikation, und dass sie (3) den Medien-Mix (technische vs. persönliche Medien) strategisch und phasenbezogen einsetzen. Persönliche Kommunikation ist vor allem für Beschlüsse über das gemeinsame Vorgehen, für Verhandlungen, Konfliktmanagement und die Pflege von Projektbeziehungen geeignet, während die Stärken der technischen Kommunikation in der Dokumentation liegen.[82]

Die jüngste und wohl umfangreichste Auseinandersetzung mit Projektkommunikation stammt von Marco Spreider (2004) und nimmt eine Managementperspektive ein.

Spreider kritisiert, dass BWL und Kommunikationswissenschaften der Projektkommunikation bislang wenig und allenfalls fragmentarisch Beachtung gewidmet haben. Er plädiert für ein ganzheitliches, integratives Management von Projektkommunikation, um die Komplexität interdisziplinärer Zusammenarbeit im Projekt zu erfassen.[83] Mehrfach betont er, dass die Einzelinstrumente der Projektkommunikation abgestimmt und integriert werden müssen und dass Projekt- und Unternehmenskommunikation miteinander zu verzahnen seien.[84] Um Aufbau und Einführung eines integrativen Kommunikationsmanagementansatzes im Projekt zu beschreiben, entscheidet er sich im Hauptteil seines Buches für eine prozessbezogene Betrachtung mit den Schritten Kommunikationsplanung, -implementierung und –controlling.[85] Seine Argumentation entwickelt er mit Blick auf die zwei Hauptaufgaben von Kommunikation: In sachrationaler Hinsicht trägt sie zur verbesserten Koordination der einzelnen Projektaufgaben bei, und in personal-mentaler Hinsicht fördert sie Leistung stimulierende Kooperation.[86] Kommunikationsdefizite führt er auf unzureichende Nutzung und Integration der Kommunikationsinstrumente sowie auf begrenzte Ressourcen zurück und verortet die Erscheinungsformen der Defizite auf der Organisations-, der Gruppen- und der Individualebene.[87]

Der Mehrebenenansatz entspricht Spreiders systemtheoretischem Zugang zum Projektmanagement. Aus zwei Fallstudien entwickelt er für jede dieser Ebenen Gestaltungsempfehlungen zur Verbesserung der Projektkommunikation. Auf der Organisationsebene spricht er sich für eine normative Verankerung kommunikationsförderlicher Leitlinien und Kulturen aus. Die Projektgruppe

---

82 Vgl. Benner (1996; 126-129 u. 137f.). Für eine Zusammenfassung siehe Benner (1999).
83 Vgl. Spreider (2004; 3f., 9, 77-79). Unter integrativer Kommunikation versteht er „die zielgerichtete Verknüpfung aller internen und externen Kommunikationsprozesse sowie den Einfluss nehmenden Parameter, die für ein Projekt von Bedeutung sind." (S.78f.).
84 Vgl. Spreider (2004; 80, 84f., 270f.).
85 Vgl. Spreider (2004; 74-77).
86 Vgl. Spreider (2004; 6, 41-49, 88-91).
87 Vgl. Spreider (2004; 80-84).

sieht er als „Vitalisierungszelle" für das gesamte Unternehmen.[88] Auf Gruppenebene sieht er wichtige Stellschrauben in der Projektgruppengröße, im Timing von Besprechungen, in der Wahl der Lokalitäten sowie im Instrumenteneinsatz. Er verweist auf Motivationsaspekte und die Vorteile eines operativen Kommunikationscontrollings, um Kommunikationsdefizite zu hinterfragen. Die individuelle Ebene ist von den Kommunikationsfertigkeiten der Teammitglieder und insbesondere von der Führungsrolle des Projektleiters abhängig. In Feedbackgesprächen sieht er ein wertvolles Instrument, um individuelles Lernen zu fördern.

Fasst man die Arbeiten zusammen, so betonen alle drei Vertreter, wie wichtig es ist, formal-technische und informell-mündliche Kommunikation nicht als voneinander getrennt anzusehen.

Während die ingenieurswissenschaftliche Perspektive von Dommert Überlegungen zur informationstechnischen Abbildung informeller Kommunikationsbeziehungen und -inhalte macht und Benner den Einfluss von Kommunikationsfertigkeiten und Medienpräferenzen auf den Projekterfolg untersucht, ist es vor allem Spreider, der eine konsequent managementorientierte Perspektive einnimmt. Indem er andere Disziplinen wie die biologisch-evolutionäre Systemtheorie und die Kommunikationswissenschaft für das Managementdenken instrumentalisiert, verweist er auf den Anspruch der Betriebswirtschaftslehre als Integrationswissenschaft.[89]

---

88 Vgl. Spreider (2004; 265f.).
89 Vgl. Spreider (2004; 5).

3.2. Anknüpfungspunkte zu den Kommunikations- und Medienwissenschaften

Im Gegensatz zur Betriebswirtschaftslehre haben sich die Kommunikations- und Medienwissenschaften bislang nicht näher mit Projektkommunikation befasst. Das ist zunächst wenig überraschend, galten doch als Forschungsobjekt der Kommunikationswissenschaft bis in die 90er Jahre hinein die Massenmedien und die öffentliche Kommunikation.[90] Beides sind Aspekte von Kommunikation, die im Projektmanagement eine untergeordnete Rolle spielen. Interpersonelle, nicht-öffentliche Kommunikation geriet als Forschungsgebiet erst relativ spät in den Fokus der Kommunikationswissenschaft, zunächst indirekt als notwendige Voraussetzung und als Anschlusskommunikation an Massenkommunikation[91], später auch als direktes Forschungsobjekt.[92] Die klassische Publizistik- und Kommunikationswissenschaft orientierte sich vornehmlich an der Lasswell-Formel „Who says What in Which Channel to Whom with What effect?" und zergliederte ihr Forschungsobjekt in entsprechende Teilbereiche: Kommunikator-, Aussagen-, Medien-, Rezipienten- und Wirkungsforschung.[93] Diese Kategorisierung ist mittlerweile mehrfach kritisiert worden. So wirft Klaus Merten der klassischen Kommunikationswissenschaft vor, dass sie zwar die einzelnen Elemente des Kommunikationsvorgangs untersuche, nicht jedoch deren Zusammenwirken und Dynamik. Damit gelinge es ihr nicht, das Zusammenspiel der Elemente und den Kommunikationsprozess zu erfassen. Weitere Herausforderungen, denen sich die moderne Kommunikationswissenschaft stellen muss, sind Erscheinungsformen informeller Kommunikation, mediale Integration, das System der Medien und sein beschleunigter Wandel sowie Selektivität und Reflexivität in der Kommunikation.[94] In den letzten beiden Jahrzehnten sorgten fortschreitende Verände-

---

90 Vgl. Bentele et al. (2006; 134f.). Diese Eingrenzung findet sich auch heute noch im Selbstverständnis der Deutschen Gesellschaft für Publizistik und Kommunikationswissenschaft (DGPuK). Demnach steht „indirekte, durch Massenmedien vermittelte, öffentliche Kommunikation" im Zentrum der Kommunikationswissenschaft (DGPuK, 2001). Vgl. hierzu auch Brosius (2003; 407 u. 419).

91 Vgl. Burkart (2002; 17), DGPuK (2001). Merten (1999; 456) erhebt zwar ebenfalls „alle Zustände und Prozesse, in denen öffentliche Zeichenverwendung relevant ist", zum Erkenntnisobjekt der Kommunikationswissenschaft. Öffentlichkeit beginnt jedoch für ihn bereits mit der Anwesenheit zweier Personen, die sich wechselseitig aneinander orientieren und umfasst demnach alle Formen von Kommunikation, ob massenmedial oder informell (S. 219f.).

92 Vgl. Löffelholz / Quandt (2003; 26), Karmasin (2003; 53). Krallmann / Ziemann (2001; 9) grenzen sich sogar offen von der klassischen Ausrichtung (publizistisch geprägter) Kommunikationswissenschaft ab. Sie sehen in „gesellschaftlich-kulturellen Mikroprozessen und originär dialogisch strukturierten Kommunikationen" (S. 18) die Grundlage der Selbstbeschreibung der Kommunikationswissenschaft.

93 Vgl. Merten (1999; 456f.), Schmidt / Zurstiege (2000; 59).

94 Vgl. Merten (1999; 457-462).

rungen in der Medienpraxis, Impulse aus anderen Disziplinen wie der Soziologie, der Biologie oder der Informatik und Verschiebungen innerhalb des akademischen Forschungsfeldes, z.b. hin zu sprach-, geistes- oder sozialwissenschaftlichen Ansätzen und Methoden für eine zunehmende Ausdifferenzierung der Kommunikationswissenschaft.[95] Es etablierte sich eine Medienwissenschaft als historisch-kritische Disziplin, die sich vornehmlich mit geisteswissenschaftlichen Methoden dem gleichen Objektbereich widmete, wie die bis dahin eher sozialwissenschaftlich geprägte Kommunikationswissenschaft. Das Forschungsinteresse der Medienwissenschaft richtete sich weniger auf die formalen Elemente und den Prozess der Kommunikation, sondern auf die Gestaltung bzw. Ästhetik von Stoffen und Inhalten.[96] Viele Autoren fordern mittlerweile, dass sich die moderne Kommunikationswissenschaft als eine inter- oder transdisziplinäre Wissenschaft bzw. als Integrationsdisziplin versteht, die multiperspektivisch, problemorientiert und methodenpluralistisch vorgeht und Impulse aus den Geistes- und Sozialwissenschaften, aber auch aus den Natur-, Wirtschafts- und Technikwissenschaften aufgreift.[97] Diese Forderung erwächst aus der Vervielfachung der Forschungsinteressen und Problemstellungen, mit denen sich die Kommunikationswissenschaft befasst und die in der Regel einen interdisziplinären Zugang und neue Kommunikationstheorien erfordern.[98]

Die Situation der Kommunikationswissenschaft ist der des Projektmanagement damit durchaus vergleichbar: Beide versammeln Ansätze verschiedener Wissenschaftsdisziplinen in ihrem Gegenstandsbereich und beiden fehlt eine integrative Grundlagentheorie. Allerdings ist die Selbstfindung und Positionierung der Kommunikationswissenschaft schon seit mehr als einem Jahrzehnt in vollem Gange, während die Überlegungen zu einer Wissenschaft des Projektmanagement erst vereinzelt und in jüngster Zeit begonnen haben. Die kommunikationswissenschaftliche Aufarbeitung von Projektkommunikation steht bislang noch aus, sieht man von Spreiders Brückenschlag einmal ab. Demgegenüber hat sich die Kombination von Kommunikations- und Organisations- bzw. Managementfragestellungen in den vergangenen Jahren bereits als fruchtbar erwiesen. Thematisiert wurden Fragestellungen des Medien- und Kommunikationsmanagement, der strategischen Kommunikationsplanung und des Kommunikations-

---

95 Vgl. Neverla (2003; 62), Burkart (2002; 15).
96 Vgl. Bentele et al. (2006; 134 u. 188), Ludes (1998; 46).
97 Vgl. Burkart (2002; 541), Ludes (1998; 46), Löffelholz / Quandt (2003; 27), Karmasin (2003; 55), Krallmann / Ziemann (2001; 18).
98 Die Kommunikationswissenschaft reagierte darauf, indem sie unterschiedliche Teildisziplinen ausbildete. Bentele et al. (2006; 134) nennen exemplarisch Kommunikations-Geschichte, -Politik, Ethik, -Soziologie sowie Medien-Ökonomie, -Recht, -Psychologie.

Controlling, sowohl für die externe als auch für die interne Unternehmens- und Organisationskommunikation.[99] Deren Teilbereiche sind Marketing, Werbung und Public Relations, Issues Management und Krisenkommunikation, Stakeholder Management, Mitarbeiter- und Change-Kommunikation sowie in jüngerer Zeit auch persönliche und informelle Kommunikation. Hinzu kommen Fragestellungen des Einsatzes neuer Informations- und Kommunikationstechnologien im Unternehmen. Sie haben traditionell einen informationstechnischen Schwerpunkt, öffnen sich jedoch wie die Themen Wissensmanagement oder virtuelle Kollaboration in jüngerer Zeit verstärkt soziologischen und kommunikationswissenschaftlichen Einflüssen. Bei der Erforschung der Rolle von Kommunikation im organisationalen Kontext hat auch die englischsprachige Organizational Communications Research viel Grundlagenarbeit geleistet. Im Gegensatz zu Theorien der Unternehmenskommunikation beschränkt sie sich nicht auf privatwirtschaftliche Unternehmen. Ihre Kernthemen umfassen den Zusammenhang zwischen Organisationsstrukturen und Kommunikation, sozialwissenschaftliche Aspekte wie Beziehungen, Netzwerke und Partizipation, das Zusammenspiel formaler und informeller Kommunikation, organisationale Identitäten und Kulturen, schließlich Macht-, Entscheidungs- und Führungsfragen und nicht zuletzt die Auseinandersetzung mit ihren eigenen theoretischen Grundlagen.[100]

Als Fazit können wir festhalten, dass uns weder in der Organisationskommunikationsforschung noch in den Kommunikations- und Medienwissenschaften ein Werk bekannt ist, das sich speziell mit Projektkommunikation als Themengebiet befasst. Dennoch können diese Wissenschaften aufgrund der Breite ihres Forschungsgebiets wertvolle Impulse für eine Auseinandersetzung mit Projektkommunikation liefern.

Literatur

Angermeier, Georg (2005): Projektmanagement-Lexikon. München: Projekt Magazin, 1. Ausg.

Baumann, Daniel / Escher, Olga Pardo / Witschi, Urs (2005): Projektmanagement in der Forschung. In: Projekt Magazin, No. 12, 1-8.

Bechler, Klaus J. / Lange, Dietmar (2005): DIN Normen im Projektmanagement. Berlin / Beuth / Bonn: Bundesverband Deutscher Unternehmensberater.

---

99 Für einen Überblick im deutschsprachigen Raum vgl. z.B. Klöfer / Nies (2003), Mast (2002), Piwinger / Zerfaß (2007), Zerfaß (2004).
100 Vgl. Putnam (Hrsg.) (2006), Theis-Berglmair (2003).

Benner, Wilfried (1996): Kommunikation in Projekten. Von einseitigen zu ganzheitlichen Informations- und Kommunikationssystemen – eine empirische Analyse im Industrieanlagenbau (UdIab). Konstanz: multimedia GmbH, Dissertation Nr. 1840, Hochschule St. Gallen.

Benner, Wilfried (1999): Kommunikation in Projekten. Von einseitigen zu ganzheitlichen Informations- und Kommunikationssystemen – Empirische Analyse in Unternehmen des Industrieanlagenbaus (UdIab). In: Schwaninger, Markus (Hrsg.) Wissenschaftliche Jahrestagung der Gesellschaft für Wirtschafts- und Sozialkybernetik. Berlin: Duncker und Humblot, Reihe: Wissenschaftliche Jahrestagung der Gesellschaft für Wirtschafts- und Sozialkybernetik, Wirtschaftskybernetik und Systemanalyse, 253-266.

Bentele, Günter / Brosius, Hans-Bernd / Jarren, Otfried (2006): Lexikon Kommunikations- und Medienwissenschaft. Wiesbaden: VS, Reihe: Studienbücher zur Kommunikations- und Medienwissenschaft, 1. Aufl.

Both, Petra von (2006): Ein systemisches Projektmodell für eine kooperative Planung komplexer Unikate. Karlsruhe: Univ.-Verl. Karlsruhe.

Brosius, Hans Bernd (2003): Kommunikationswissenschaft als empirisch-normative Sozialwissenschaft. In: Richter, Helmut / Schmitz, H. Walter (Hrsg.) Kommunikation – ein Schlüsselbegriff der Humanwissenschaften?. Münster: Nodus, Reihe: Signifikation, Bd. 5, 401-420.

Brown, Shona L. / Eisenhardt, Katleen M. (1997): The art of continuous change: linking complexity theory and time-paced evolution in relentlessly shifting organizations. In: Administrative Science Quaterly, Vol. 42, No. 1, 1-34.

Brown, Kenneth / Schmied, Helwig / Tarondeau, Jean-Claude (2002): The Communication Matrix as an Integrative Methodology for Concurrent Enterprising. In: The 8th International Conference on Concurrent Enterprising. Rom (Italien), 17.-19.06.2002.

Brown, Kenneth M. / Schmied, Helwig / Korczak, Jerzy J. / Lipinski, Piotr (2003): The Communigram: Making Communication Visible for Enterprise Management. In: ICEIS (Hrsg.) Proceedings of the 5th International Conference on Enterprise Information Systems. Angers (France). 22.-26. April 2003, 34-42.

Bührer, Roger (2004): Kommunikationsmanagement in Veränderungsprojekten. Eine Methode für die Einführung digitaler Produkte. Hamburg: Kovac, Reihe: Innovative betriebswirtschaftliche Forschung und Praxis, Bd. 152, 1. Aufl.

Burghardt, Manfred (2007): Einführung in Projektmanagement. Definition, Planung, Kontrolle, Abschluss. Erlangen: PUBLICIS KommunikationsAgentur, 5. Aufl.

Burkart, Roland (2002): Kommunikationswissenschaft. Grundlagen und Problemfelder. Umrisse einer interdisziplinären Sozialwissenschaft. Böhlau / Wien [u.a.]: Reihe: UTB Medienwissenschaft, Kommunikationswissenschaft, Bd. 2259, 4. Aufl.

Buschermöhle, Ralf / Eekhoff, Heike / Josko, Bernhard (2006): Success. Erfolgs- und Misserfolgsfaktoren bei der Durchführung von Hard- und Softwareentwicklungsprojekten in Deutschland. Oldenburg, http://www.offis.de/start.html (02.01.2010) (28.09.2006).

Capgemini (2005): Veränderungen erfolgreich gestalten, http://www.de.capgemini.com/m/de/tl/Change_Management_2005.pdf (24.01.2010).

Capgemini (2008): Change Management-Studie 2008, http://www.at.capgemini.com/m/at/tl/Change_Management_Studie_2008.pdf (24.01.2010).

Chiocchio, François (2007): Project Team Performance: A Study of Electronic Task and Coordination Communication. In: Project management journal, Vol. 38, No. 1, 97-109.

[CIO] o.V. (2004): Klare Anforderungen sind das A und O: Gründe für das Scheitern von Software-Projekten. In: CIO, http://www.cio.de/news/802385/index.html (11.12.2006).

Cleland, David I. / Ireland, Lewis R. (2006): Project management. Strategic design and implementation, New York [u.a.]: McGraw-Hill, 5. Aufl.

Dahinden, Urs / Hättenschwiler, Walter (2001): Forschungsmethoden in der Publizistikwissenschaft. In: Bonfadelli, Heinz / Jarren, Otfried / Siegert, Gabriele (Hrsg.) Einführung in die

Publizistikwissenschaft. Bern / Stuttgart / Wien: Haupt, Reihe: UTB für Wissenschaft, Kommunikationswissenschaft, Bd. 2170, 2. Aufl., 487-527.

Dahinden, Urs / Sturzenegger, Sabina / Neuroni, Alessia C. (2006): Wissenschaftliches Arbeiten in der Kommunikationswissenschaft. Bern: Haupt, 1. Aufl.

Debus, Christian (1999): Informationsaustausch in einer Projektorganisation. In: Industrie Management, Vol. 15, No. 4, 32-34.

DeMarco, Tom / Lister, Timothy (1991): Wien wartet auf Dich! Der Faktor Mensch im DV-Management. München [u.a.]: Hanser.

DGPuK (2001): Die Mediengesellschaft und ihre Wissenschaft. Herausforderungen für die Kommunikations- und Medienwissenschaft als akademische Disziplin. Selbstverständnispapier der Deutschen Gesellschaft für Publizistik- und Kommunikationswissenschaft (DGPuK) vom Januar 2001, http://www.dgpuk.de (18.04.2005).

Diethelm, Gerd (2000): Projektmanagement. Band 1: Grundlagen. Kennzeichen erfolgreicher Projektabwicklung; Aufbau und Ablauf des Projektmanagements; Planung, Überwachung und Steuerung von Projekten. Herne [u.a.]: Verl. Neue Wirtschafts-Briefe, Reihe: Betriebswirtschaft in Studium und Praxis.

Diethelm, Gerd (2001): Projektmanagement. Band 2: Sonderfragen. Personalmanagement in Projekten, Qualitätssicherung und Projektkontrolle, Besonderheiten des strategischen und internationalen Projektmanagements. Herne [u.a.]: Verl. Neue Wirtschafts-Briefe, Reihe: Betriebswirtschaft in Studium und Praxis.

Dommert, Jürgen (1993): Mensch-Mensch-Kommunikation im Projektmanagement, Dissertation, TH Leipzig.

Doujak, Alexander / Endres, Thomas / Schubert, Horst (2004): IT & Change mit Wirkung. In: OrganisationsEntwicklung, Vol. 23, No. 3, 56-67.

Drews, Günter (2003): Neuorientierung oder Glasperlenspiel: Kritik der systemtheoretischen Ansätze im Projektmanagement. In: PM aktuell, Vol. 14, No. 2, 16-21.

Engwall, Mats / Westling, Gunnar (2004): Peripety in an R&D Drama: Capturing a Turnaround in Project Dynamics. In: Organization Studies, Vol. 25, No. 9, 1557–1578.

Feyhl, Achim W. (2004): Management und Controlling von Softwareprojekten. Software wirtschaftlich auswählen, entwickeln, einsetzen und nutzen. Wiesbaden: Gabler, 2. Aufl.

Fiedler, Stefan (1996): Bewältigung von Projektkrisen auf der Grundlage eines systemisch-konstruktivistischen Management-Ansatzes, Dissertation, Wien: Wirtschaftsuniversität.

Frese, E. (1971): Ziele als Führungsinstrumente – Kritische Anmerkungen zum ‚Management by Objectives‘. In: Zeitschrift für Organisation, Vol. 40, No. 5, 227-238.

Gillard, Sharlett / Johansen, Jane (2004): Project management communication: A systems approach. In: Journal of Information Science, Vol. 30, No. 1, 23-29.

Hab, Gerhard / Wagner, Reinhard (2006): Projektmanagement in der Automobilindustrie. Effizientes Management von Fahrzeugprojekten entlang der Wertschöpfungskette. Wiesbaden: Gabler / GWV, Reihe: Springer eBook Collection, Business and Economics, Bd. 11775, 2. Aufl.

Hansel, Jürgen / Lomnitz, Gero (2003): Projektleiter-Praxis. Optimale Kommunikation und Kooperation in der Projektarbeit. Berlin [u.a.]: Springer, Reihe: Xpert Press, 4. Aufl.

Heintel, Peter / Krainz, Ewald E. (2000): Projektmanagement. Eine Antwort auf die Hierarchiekrise?. Wiesbaden: Gabler, 4. Aufl.

Herbolzheimer, Claus / Lüthi, Benedikt (2008): Big Bang oder Big Bumm?: Warum große IT-Projekte häufig scheitern – Erfolgsfaktoren zu Risikobeherrschung. In: PM aktuell, Vol. 19, No. 1, 14-19.

Hofmann, Jan / Rollwagen, Ingo / Schneider, Stefan (2007): Deutschland im Jahr 2020. Neue Herausforderungen für ein Land auf Expedition. Frankfurt: Deutsche Bank Research, veröffentlicht am 23.4.2007, http://www.dbresearch.de/PROD/DBR_INTERNET_DE- PROD/ PROD0000000000209595.pdf (10.9.2009).

Homberg, Michael (2002): Profitable Projekt-Kommunikation. Wie das Projekt-Team immer optimal kommuniziert und so viel Zeit und Geld spart. Weidenberg: Homberg.

Homberg, Michael (2005): Erfolgsfaktor Information. Kommunikationsmanagement in Projekten. In: Hans-Dieter Litke (Hrsg.) Projektmanagement. Handbuch für die Praxis. Konzepte – Instrumente – Umsetzung. München [u.a.]: Hanser, 545-577.

Jørgensen, Hans Henrik / Albrecht, Jörg / Neus, Andreas (2008): Making Change Work. Erfolgsfaktoren für die Einführung von Innovationen. IBM Global Business Services, Reihe: Strategy & Change, http://www-05.ibm.com/de/pressroom/downloads/mcw_2007.pdf (24.01.2010).

Karmasin, Matthias (2003): Was ist neu an der neuen Kommunikationswissenschaft?. In: Löffelholz, Martin / Quandt, Thorsten (Hrsg.) Die neue Kommunikationswissenschaft – Theorien, Themen und Berufsfelder im Internet-Zeitalter. Eine Einführung, Wiesbaden: Westdt. Verl., 1. Aufl., 49-57.

Kerzner, Harold (2003): Projekt-Management. Ein systemorientierter Ansatz zur Planung und Steuerung, Bonn: mitp, 1. Aufl.

Keßler, Heinrich / Winkelhofer, Georg (2004): Projektmanagement. Leitfaden zur Steuerung und Führung von Projekten. Berlin [u.a.]: Springer, 4. Aufl.

Klöfer, Franz / Nies, Ulrich (2003): Erfolgreich durch interne Kommunikation. Mitarbeiter besser informieren, motivieren, aktivieren. Neuwied: Luchterhand, 3. Aufl.

Koskela, Lauri / Howell, Gregory (2002): The Underlying Theory of Project Management is Obsolete. In: PMI (Hrsg.) Proceedings of the PMI Research Conference, 2002, 293-302, http://www.leanconstruction.org/pdf/ObsoleteTheory.pdf (27.2.2009).

Kötter, Wolfgang / Longmuss, Jörg (2004): Abschied vom 'Alles ist möglich!' In: Organisations-Entwicklung, Vol. 23, No. 2, 45-50.

Krallmann, Dieter / Ziemann, Andreas (2001): Grundkurs Kommunikationswissenschaft. München: Fink, Reihe: UTB für Wissenschaft.

Kraus, William E. (2006): The 'Cool Hand Luke' Theory of Project Communication. AACE International Transactions.

Kuhn, Thomas S. (1978): Objektivität, Werturteil und Theoriewahl. In: Kuhn, Thomas S. / Krüger, Lorenz / Vetter, Hermann (Hrsg.) Die Entstehung des Neuen. Studien zur Struktur der Wissenschaftsgeschichte. Frankfurt a. M: Suhrkamp, Reihe: Suhrkamp TB Wissenschaft, Bd. 236, 421-445.

Kuster, Jürg / Huber, Eugen / Lippmann, Robert / Schmid, Alphons / Schneider, Emil / Witschi, Urs / Wüst, Roger (2006): Handbuch Projektmanagement. Berlin/ Heidelberg/ New York: Springer.

Lechler, Thomas (1997): Erfolgsfaktoren des Projektmanagements. Frankfurt am Main [u.a.]: Lang, Reihe: Entscheidungsunterstützung für ökonomische Probleme, Bd. 15.

Lehner, Johannes M. (2001): Kommunikation im Projekt. In: Lehner, Johannes M. (Hrsg.) Praxisorientiertes Projektmanagement. Grundlagenwissen an Fallbeispielen illustriert. Wiesbaden: Gabler, 1. Aufl., 207-214.

Löffelholz, Martin / Quandt, Thorsten (2003): Die neue Kommunikationswissenschaft – Theorien, Themen und Berufsfelder im Internet-Zeitalter. Eine Einführung. Wiesbaden: Westdt. Verl., 1. Aufl.

Ludes, Peter (1998): Einführung in die Medienwissenschaft. Entwicklungen und Theorien. Berlin: E. Schmidt.

Macomber, Hal (2007): Notes on The Underlying Theory of Project Management Is Obsolete. In: Reforming Project Management. The Magazine for the Project Age, http://www.reformingprojectmanagement.com/lenses/project-management-theory/notes-on-the-underlying-theory-of-project-management-is-obsolete/ (23.01.2010).

Madauss, Bernd J. (2000): Handbuch Projektmanagement. Mit Handlungsanleitungen für Industriebetriebe, Unternehmensberater und Behörden. Stuttgart: Schäffer-Poeschel, 6. Aufl.

Mast, Claudia (2002): Unternehmenskommunikation: Ein Leitfaden. Stuttgart: Lucius & Lucius.

McDonagh, Joe (2001): Not for the Faint-hearted: Social and Organizational Challenges in IT-enabled Change. In: Organization Development Journal, Vol. 19, No. 1, 11-20.

Mende, Wilfried / Bieta, Volker (1997): Projektmanagement. Praktischer Leitfaden. München [u.a.]: Oldenbourg.

Merten, Klaus (1999): Grundlagen der Kommunikationswissenschaft. Münster [u.a.]: LIT, Reihe: Einführung in die Kommunikationswissenschaft, Aktuelle Medien- und Kommunikationsforschung, Bd. 1.

Mohr, Niko (1997): Kommunikation und organisatorischer Wandel. Ein Ansatz für ein effizientes Kommunikationsmanagement im Veränderungsprozess. Wiesbaden: Gabler, Reihe: Neue betriebswirtschaftliche Forschung, Bd. 217.

Motzel, Erhard (2006): Projektmanagement Lexikon. Begriffe der Projektwirtschaft von ABC-Analyse bis Zwei-Faktoren-Theorie. Weinheim: Wiley.

Neverla, Irene (2003): Kommunikationswissenschaft zwischen Komplexität und Kanonisierung. Überlegungen zu Bedingungsfaktoren und Aufgaben kommunikationswissenschaftlicher Selbstreflexion. In: Löffelholz, Martin / Quandt, Thorsten (Hrsg.) Die neue Kommunikationswissenschaft – Theorien, Themen und Berufsfelder im Internet-Zeitalter. Eine Einführung. Wiesbaden: Westdt. Verl, 1. Aufl, 59-68.

Ohlig, Joachim C. (2006): Sprache und Projekterfolg. In: PM aktuell, Vol. 17, No. 3, 38-40.

PA Consulting; GPM (2008): Kosten und Nutzen von Projektmanagement, http://www.paconsulting.com/locations/germany/in_germany/publications/publication_project-managementsurvey_2007.htm (15.8.2008).

Patzak, Gerold / Rattay, Günter (2004): Projektmanagement. Leitfaden zum Management von Projekten, Projektportfolios und projektorientierten Unternehmen. Wien: Linde, 4. Aufl.

Pfeiffer, Astrid (2004a): Vom Pyramidenbau zum Manhattan Project. 25 Jahre GPM: Projektmanagement im Spiegel der Zeit – Teil 1. In: PM aktuell, Vol. 15, No. 1, 3-9.

Pfeiffer, Astrid (2004b): Der holprige Weg von der Raumfahrt in die Industrie. 25 Jahre GPM: Projektmanagement im Spiegel der Zeit – Teil 2. In: PM aktuell, Vol. 15, No. 2, 3-7.

Pfeiffer, Astrid (2004c): Von der Planungstechnik zur Managementmethodik. 25 Jahre GPM: Projektmanagement im Spiegel der Zeit – Teil 3. In: PM aktuell, Vol. 15, No. 3, 3-7.

Piwinger, Manfred / Zerfaß, Ansgar (2007): Handbuch Unternehmenskommunikation. Wiesbaden: Gabler, 1. Aufl.

Pritchard, Carl (2004): The project management communications toolkit. 100 powerful tools for effective project management. Ready-to-use documents and forms, project templates and reports, expert guidance. Boston, Mass. (USA) [u.a.]: Artech House, Reihe: Effective project management series.

Project Management Institute (2003): A guide to the project management body of knowledge. (PMBOK guide). Newtown Square, Pa (USA): PMI, Reihe: PMI standard, Ausg. 2000, dt. Übersetzung.

Project Management Institute (2004): A guide to the project management body of knowledge. (PMBOK guide). Newtown Square, Pa (USA): PMI, Reihe: PMI standard, 3. Aufl.

Putnam, Linda L. (2006): Organizational communication. London [u.a.]: Sage, Reihe: SAGE library in business and management.

Ronge, Volker (1989): ‚Verständliche Wissenschaft'. Probleme eines prima vista plausiblen Postulats. In: Bammé, Arno / Kotzmann, Ernst / Reschenberg, Hasso (Hrsg.) Unverständliche Wissenschaft. Probleme und Perspektiven der Wissenschaftspublizistik. München: Profil, Reihe: Technik- und Wissenschaftsforschung, Bd. 8, 235-250.

Rüegg-Stürm, Johannes (1998): Neuere Systemtheorie und unternehmerischer Wandel. Skizze einer systemisch-konstruktivistischen ‚Theory of the Firm'. In: Die Unternehmung, Vol. 52, No. 1, 3-17.

Rusch, Gebhard (2001): Was sind eigentlich Theorien? Über Wirklichkeitsmaschinen in Alltag und Wissenschaft. In: Hug, Theo (Hrsg.) Wie kommt Wissenschaft zu Wissen? Band 4: Einfüh-

rung in die Wissenschaftstheorie und Wissenschaftsforschung. Hohengehren / Baltmannswei-
ler: Schneider, Reihe: Wie kommt Wissenschaft zu Wissen?, 93-116.

Sauer, C. / Reich, B.H. (2007): What do we want from a theory of project management? A response
to Rodney Turner. In: International Journal of Project Management, Vol. 25, No. 1, 1-2.

Scheidt, Katja / Wienand, Edith (2005): Nichts ist praktischer als eine gute Theorie? Oder: Wie
viele theoretische Türen lassen sich praktisch öffnen?. In: Wienand, Edith / Westerbarkey,
Joachim / Scholl, Armin (Hrsg.) Kommunikation über Kommunikation. Theorien, Methoden
und Praxis. Festschrift für Klaus Merten. Wiesbaden: VS, 1. Aufl., 265-271.

Schelle, Heinz (2004): Die Lehre vom Projektmanagement: Entwicklung und Stand. In: Schelle,
Heinz / Reschke, Hasso / Schnopp, Reinhardt / Schub, Adolf (Hrsg.) Projekte erfolgreich
managen. Köln: TÜV, Bd. Loseblattsammlung, Kap. 2.5, 1. Aufl., Stand: 21. Erg.-Lfg, 1-56.

Schelle, Heinz / Ottmann, Roland / Pfeiffer, Astrid (2005): ProjektManager. Nürnberg: GPM, 1.
Aufl.

Schmidt, Siegfried J. / Zurstiege, Guido (2000): Orientierung Kommunikationswissenschaft. Was
sie kann, was sie will, Reinbek: Rowohlt, Reihe: Rororo – Rowohlts Enzyklopädie, Bd. 55618

Seibert, Siegfried (2004): Auf dem Weg zum projektorientierten Unternehmen: PM-Experten zur
Zukunft des Projektmanagements. 25 Jahre GPM: Projektmanagement im Spiegel der Zeit –
Teil 4. In: PM aktuell, Vol. 15, No. 4, 3-11.

Söderlund, Jonas (2004): Building theories of project management: Past research, questions for the
future. In: International Journal of Project Management, Vol. 22, No. 3, 183-191.

Spreider, Marco (2004): Integratives Kommunikationsmanagement in Projekten. Konzept, Fallstudien, Gestaltungsempfehlungen. München [u.a.]: Hampp, Reihe: Schriften zum Management,
Bd. 21, 1. Aufl.

Steeger, Oliver (2002): Den ‚Soft Skills‘ gehört die Zukunft. In: PM aktuell, Vol. 13, No. 4, 38.

Steeger, Oliver (2008): ‚Die Projektwirtschaft wird 15 Prozent der deutschen Wertschöpfung
liefern‘: GPM-Vorstand Reinhard Wagner über das Projektmanagement im Jahr 2020. In: PM
aktuell, Vol. 19, No. 4, 3-8.

Süß, Gerda / Eschlbeck, Dieter (2002): Der Projektmanagement-Kompass. So steuern Sie Projekte
kompetent und erfolgreich. Braunschweig [u.a.]: Vieweg, 1. Aufl.

Terrell, Michael S. (1999): Project communication management: five steps. In: PM Network, Vol.
13, No. 10, 71-77.

Theis-Berglmair, Anna Maria (2003): Organisationskommunikation. Theoretische Grundlagen und
empirische Forschungen. Münster / Hamburg / London: Literatur Verlag, 2. Aufl.

Thorngate, Warren (1976): ‚In general‘ vs. ‚it depends‘: Some comments on the Gergen-Schlenker
debate. In: Personality and Social Psychology Bulletin, No. 2, 404-410.

Weaver, Patrick (2007): Getting the ‚soft stuff right‘ – Effective communication is the key to successful project outcomes!. Previewed as ‚Communicating for effect – the art of communicating
successfully‘ – PMI Melbourne Chapter July 2007 event, PMI Global Congress North America
2007, 6.-9.10.2007, Atlanta, Georgia (USA),
http://www.mosaicprojects.com.au/PDF_Papers/P055_Getting_the_Soft_Stuff_Right.pdf
(24.1.2010).

Weick, Karl E. (1995): Der Prozeß des Organisierens. Frankfurt am Main: Suhrkamp, Reihe:
Suhrkamp TB Wissenschaft, Bd. 1194, 1. Aufl.

Wischnewski, Erik (2001): Kooperatives Projektmanagement. Das neue Projektmanagement.
Versuch eines holistischen Ansatzes unter Verwendung von Gedanken zur Nachhaltigkeit und
inneren Selbstbewegung. Kaltenkirchen: Wischnewski.

Witschi, Urs / Schlager, Gerwig / Scheutz, Uwe (1998): Projektmanagement in komplexer werdenden Situationen: Vom Nutzen des systemischen Ansatzes beim Projektmanagement. In:
OrganisationsEntwicklung, Vol. 17, No. 1, 76-88.

Zahrnt, Christoph (2009): IT-Projektverträge: erfolgreiches Management. Heidelberg: dpunkt, 1.
Aufl.

Zerfaß, Ansgar (2004): Die Corporate Communications Scorecard – Kennzahlensystem, Optimierungstool oder strategisches Steuerungsinstrument?. Auf: prportal.de, No. 57, 1-8, http://www.cmgt.uni-leipzig.de/fileadmin/cmgt/PDF_Publikationen_download/Corporate_Communications_Scorecard__A._Zerfa__-_prportal.de_22.06.04.pdf (22.6.2004).

(IT-) Projekt-Kommunikation –

Kommunikation in Prozessen sozialer Strukturierung, soziotechnischen und multiplexen Systemen

Gebhard Rusch

1   Setup

Projekte machen viel Ärger, schaffen selten Freunde, tendieren zur Kostenexplosion und Engstirnigkeit. Warum sollte man sich und anderen so etwas antun?

Projekte stellen Sonder- oder Spezialfälle sozialer Organisationen dar, Gemeinschaften auf Zeit, die kaum eine echte Chance zur Entwicklung haben. Funktionieren sie einigermaßen, sind sie auch schon am Ende. Und oft hinterlassen sie verstörte Mitarbeiter und Kunden, denen die Übersetzung ihrer „alten Arbeitswirklichkeit" in eine veränderte Struktur nur mühsam gelingt.

Der Zugang über systemische Konzepte eröffnet den Blick sowohl auf die Gemeinsamkeiten als auch auf die spezifischen Differenzen von Projekten und anderen sozialen Organisationen.

Er lässt darüber hinaus deutlich werden, welche besonderen Probleme Projekte als soziale bzw. soziotechnische Systeme unvermeidbar aufweisen, und bietet Ansätze für die Erklärung solcher Probleme sowie für das Projektmanagement.

2   Projekte als soziotechnische Systeme: Paradoxien der sozialen Strukturierung

Projekte stellen einen Spezial-Typ soziotechnischer Systeme dar, weil sie anders als z.b. alle Unternehmen oder großen Sozialsysteme

- von Beginn an auf eine begrenzte Dauer angelegt (Termination)
- personell und kulturell inhomogen zusammengesetzt (Heterogenität)
- mit einem befristeten und begrenzten Budget ausgestattet (Limitierung) und
- einzig der Erledigung einer konkreten (soziotechnischen) Aufgabe wie z.b. der Implementierung von IT-Lösungen bei einem Kunden gewidmet sind (Dedikation).

Diese Umstände allein bedeuten für die Etablierung, Formierung und Stabilisierung eines sozialen Systems bereits den absoluten Ausnahmezustand.

2.1. Termination

Die Befristung bzw. die zeitliche Begrenzung der Zusammenarbeit sozialer Akteure in einem Projekt hat mehrere Aspekte: die verfügbare Zeit für die Etablierung sozialer Beziehungen, für das Kennenlernen, das Aneinander-Gewöhnen, die Akklimatisierung in einem neuen sozialen Raum, insbesondere für die Etablierung von Verhaltenskonventionen, Routinen, stabilen Erwartungen an andere, kurz gegenseitige Sozialisation, ist sehr viel knapper als unter „normalen" Bedingungen. Die temporalen Bedingungen des Projekts behindern die soziale und kulturelle Integration der Beteiligten. Dieser Umstand wird noch verstärkt durch die personelle Heterogenität und die potentielle Fremdheit aller beteiligten Akteure; soziales und arbeitsbezogenes Lernen am Modell der Interaktionen älterer und erfahrener Kolleginnen oder Kollegen im Team erscheint nur schwer möglich. Die gegenseitige Sozialisation erstreckt sich daher unvermeidbar über die Startphasen und Vorstellungsrunden im Mitarbeiterkreis hinaus bis in die Phasen höchster Belastungen durch die Projektarbeit. Das bedeutet: wenn das soziale System in der Projektarbeit Höchstleistungen erbringen soll, sind die Akteure noch immer dabei, dieses System durch ihr Verhalten und Handeln überhaupt erst entstehen zu lassen. Die Terminierung von Prozessen der sozialen Strukturierung widerspricht bestimmten psychischen Dispositionen, sozialen Erfahrungen und Gewohnheiten. Dies hat zwei mögliche Konsequenzen: (1) die soziale Strukturierung wird erst gar nicht ernsthaft betrieben, weil die hohen psychischen und sozialen Investments in die Herstellung und Pflege von kurzzeitigen Beziehungen unverhältnismäßig erscheinen. Die Folge sind z.b. rein geschäftsmäßige Beziehungen, die in Krisenlagen und unter Belastung aus Mangel an Vertrauen, Loyalität und sozialer Kompetenz zusammenbrechen. (2) die Terminierung bedeutet mit einer gewissen Zwangsläufigkeit Frustration, jedenfalls dann, wenn im Projektverlauf ‚gute' soziale Beziehungen entstanden sind, die dann abgebrochen werden müssen. Die Folge bzw. der Ausdruck des damit verbundenen Inkonsistenz- bzw. Dissonanzmanagements ist, dass der Abbruch – meist unbewusst – hinausgezögert wird z.b. durch Verschleppung von Leistungen, durch die Verabredung von Zusatzleistungen, durch Reklamationen, durch die Fortsetzung der Zusammenarbeit in einem Folge-Projekt o.ä. Auch ist unter solchen Voraussetzungen die Akzeptanz für Verzögerungen kontraproduktiv erhöht.

Was sich im Manager-Training als Erfolgsrezept erweist, nämlich eine Anzahl von ‚Egomanen' in einer Art Gemeinschafts-Projekt durch Dick und Dünn gehen zu lassen, damit sie eine Gruppe werden, erweist sich für Projekte am Ende als fatal. Wenn nämlich am Ende des Projekts die sozialen Bedingungen geschaffen sind, die eigentlich für die Durchführung des Projekts Voraussetzung gewesen wären, hat das Projekt seine Schuldigkeit getan. Der aufgabenbezogen erfolgreiche Projektabschluss ist daher sozial immer eine Katastrophe: die Desintegration eines sozialen Systems.

Was folgt daraus? Zunächst verlangt Projektarbeit eine gewisse Professionalisierung, mindestens aber eine Qualifizierung, die das Handling der projektinduzierten sozialen Probleme gestattet. Projekte stellen ganz spezifische Anforderungen im Rahmen einer Organisationsentwicklung für Kurzzeitsozialsysteme. In diesem Sinne muss man sich z.b. klarmachen, dass (1) die Etablierung des sozialen Gefüges im Projekt sich in einem ungünstigen, nämlich paradoxalen Verhältnis zum Profil der erwartbaren Belastungen des Team-Ganzen verhält. (2) Gerade wegen der begrenzten Dauer des Projekts sollte jeder Mitarbeiter noch intensiver und nachhaltiger in die Etablierung des sozialen Projekt-Netzwerks investieren. Dies wird allerdings nur dann möglich sein, wenn gewisse sozialpsychologische Voraussetzungen gegeben sind (z.b. Sympathie, Interesse, kulturelle Kompatibilität etc.). (3) Die Probleme der Terminierung könnten dadurch gedämpft, vielleicht sogar Motivationsreserven mobilisiert werden, dass zu Beginn deutliche Perspektiven für ‚die Zeit danach' eröffnet werden. (4) Das Projekt sollte über die gesamte Laufzeit als sozial konfigurierbar und flexibel betrachtet werden, als ‚fluide' Organisation, die von Beginn an auf Vorläufigkeit bei maximaler Aufgaben-Effizienz setzt.

Professionalisierung schützt hier sicher vor falschen Erwartungen an Möglichkeiten, Arbeitsbedingungen und deren Voraussetzungen, kann also die ‚gefühlten' Probleme der sozialen Konfiguration von Projekten in ihrer Intensität dämpfen. Professionalisiert werden müssten aber insbesondere die ‚Soft Skills' des Beziehungs- und Kommunikationsmanagements auf der Ebene der Team-Mitglieder, um vor der Routinisierung von Erfahrungen problematischer Sozialstrukturen zu schützen.

2.2. Heterogenität

Personelle und kulturelle Heterogenität sind Folgen des Umstands, dass Projekt-Teams aufgabenabhängig (1) immer wieder neu personell zusammengestellt werden, oder (2) mit jeder neuen Aufgabe immer wieder neue Geschäfts- bzw. Projektpartner und Mitarbeiter aus neuen Kundenunternehmen ins Boot geholt werden, und (3) in der Regel Projekt-Beteiligte aus mindestens drei kulturell eigenständigen Organisationen stammen, nämlich aus den Häusern der Auftragnehmer, der Auftraggeber und von einer der beiden Seiten hinzugezogenen Dienstleistern (z.B. Spezialisten, Agenturen, Berater, Controller etc.). Diese Ausgangslage hat verschiedene Aspekte und Folgen.

Betrachtet man die personelle Heterogenität von Projekt-Teams zunächst auf der Ebene der einzelnen beteiligten Organisationen, so zeigt sich schon in deren Zusammensetzung aus Mitarbeitern verschiedener Abteilungen (z.B. technische Entwicklung, Marketing, Controlling) ein mögliches Konfliktfeld. Abteilungen konkurrieren um Budgets und Kompetenzen, um Einfluss auf die höheren Managementebenen oder um Partizipationschancen in Planungs- und Entscheidungskontexten. Entsprechend fühlen sich Mitarbeiter gewöhnlich in erster Linie ihren Kollegen in der eigenen Abteilung verpflichtet. Überdies können Karriereinteressen einzelner Mitarbeiter gerade unter der Bedingung verschärfter Anforderungen (wie dies im Kundenkontakt und in Projekten immer der Fall ist) zur Diskreditierung von Kollegen motivieren, besonders dann, wenn diese anderen Einheiten im eigenen Hause zugehören.

Schließlich ist auch die Beziehung von Projekt-Teamleitung und Mitarbeitern eine potentielle Quelle von Irritationen. Die Position der Projekt- bzw. Teamleitung ist hier durch ein ebenfalls paradoxes Anforderungsprofil gekennzeichnet: Den Mitarbeitern gegenüber erscheint ein Vorgesetzter unweigerlich

unsozial, unglaubwürdig, entscheidungsschwach und inkompetent, der die soziale Konfiguration seines Projekts flüssig und disponibel hält, um die Aufgaben-
Effizienz des Projekts zu fördern. Was also den Vorgesetzten der Projekt-
Leitung gefällt, missfällt den Mitarbeitern. Das ist leider gar nichts Ungewöhnli-
ches, und deshalb auch nicht spektakulär. Es ist aber – was erschwerend hinzu
kommt – zugleich auch so, dass ein Projekt als soziotechnisches System aus sozialen und kognitiven Gründen nur gut ‚laufen' kann, wenn es sich als Organisation und soziales Gebilde individuiert, d.h. unter anderem auch, sich von den
‚Mutter'-Organisationen zu distanzieren bzw. emanzipieren. Die Kopplung an
das eigene Haus ist im Außendienst naturgemäß geschwächt. Dies fördert zwar
die Individuierung und Emanzipation (mit den bekannten Risiken zunehmender
Verselbstständigung), gefährdet aber die Aufgabenerfüllung. So ist die Position
der Projektleitung stets prekär: Läuft das Projekt als soziales System gut, ist die
Leistungserbringung eventuell gefährdet; arbeitet das Projekt aufgaben-effizient,
steht es unter Umständen als soziales System und als soziale Einheit zur Disposition.

Betrachtet man den Aspekt der Heterogenität in Hinsicht auf die Beteiligung von Mitarbeitern aus verschiedenen Organisationen, so verstärken sich im
Prinzip die bereits angesprochenen Effekte, und vermehren sich die möglichen
Konfliktquellen bzw. Konflikttreiber um die entsprechenden kulturellen und sozialen Dimensionen. Das Zusammentreffen von Personal (als Einzelpersonen
und als Teams) aus verschiedenen Unternehmen konfrontiert sowohl (1) Unternehmenskulturen (und deren spezifische Ausprägungen in Kommunikation, Ar-
beitsstil, Ethos etc.) als auch (2) Rollenerwartungen, Rollenzuweisungen, Rol-
lenverständnisse wie diese sich aus dem Verhältnis von Auftraggeber, Auftragnehmer und weiteren Dienstleistern verstehen. Während die Auftraggeber sich
als Spezialisten der ‚Alten Ordnung' einerseits, zugleich als ‚Inhaber der Auf-
trags- und Orderhoheit' sowie andererseits als ‚Kenner und Wahrer der maßge-
benden Veränderungsinteressen und -ziele' präsentieren, verstehen sich die Auftragnehmer als Spezialisten der ‚Neuen Ordnung', die sich als ‚Kompetenz und
Instanz der Auftragserfüllung' begreifen. In dieser Konstellation schlummern
explosive Potentiale: Wer in diesem Spiel die Macht hat, dem fehlt zugleich die
Kompetenz. Wer die Kompetenz hat, Veränderungen zu bewirken, kann auf
Interessenlagen und Zielvorstellungen aus einer alten Ordnung kaum Rücksicht
nehmen. Wer Veränderungen tatsächlich auslöst, hat dort, wo dies geschieht,
keine Autorität.

Zusätzliche Dienstleister wirken in dieser Gemengelage unausbalancierter
Kompetenzen und Autoritäten oft nur noch als Katalysatoren des Chaos.

2.3. Limitierung

Dass Ressourcen endlich und begrenzt sind, ist eine Binsenweisheit. Es ist allerdings die Frage, ob gerade Projekte ein rigides Ressourcenmanagement vertragen. Schließlich sind Projekte soziotechnische Gebilde, die sich notorisch im Zustand ihrer Entstehung bzw. Verfertigung befinden, also – thermodynamisch gesprochen – in einer Phase extremen Energiebedarfs und Energiedurchsatzes. Dieser hohe Mitteleinsatz ist erforderlich, um den gegebenen komplizierten Verhältnissen eine funktionstüchtige und effiziente Struktur und Ordnung abzutrotzen. Diese Charakterisierung ist deshalb angemessen, weil die Installierung und Durchführung eines Projekts praktisch gegen und quer zu den Ereignisströmen erfolgt, die in den beteiligten Organisationen das Geschehen wesentlich bestimmen. Entsprechend ist der Aufwand (Energieeinsatz) im personellen und sächlichen Bereich hoch. Die Verhältnisse in der Phase der Bildung einer solchen Struktur sind nämlich durch extreme Ungleichgewichtigkeit und Instabilität gekennzeichnet.

Wie bereits deutlich geworden ist, stellen Projekte an die Geschwindigkeit und Qualität sozialer Strukturierung ganz besondere Ansprüche. Das Personalmanagement in Projekten verlangt entsprechend flexible Antwortmöglichkeiten. Ähnlich verhält es sich mit der gesamten Support- und Infrastruktur, die ein Projekt benötigt, um in vertretbarer Zeit und mit vertretbaren ‚Nebenwirkungen' zu einem erfolgreichen Abschluss zu gelangen.

Der Auftragnehmer agiert in Projekten fern der eigenen Organisationsbasis (Außendienst). Das bedeutet nicht nur einen zusätzlichen Orientierungsaufwand in unbekanntem Terrain. Es müssen auch benötigte Arbeitsmittel in größerem Umfang mitgeführt oder an fremdem Ort z.B. durch weitere Dienstleister beschafft oder durch den Auftraggeber zur Verfügung gestellt werden. Die Abläufe und das Qualitätsmanagement werden dadurch komplizierter und störungsanfälliger.

Werden Projekte, die gewissermaßen ‚Business im Ausnahmezustand' sind, zudem unter rigiden Kostendruck gesetzt, sind sie nicht mehr fähig flexibel auf wechselnde Anforderungen zu reagieren.

2.4. Dedikation

Projekte sind vielleicht die am stärksten auf die Erfüllung einer konkreten singulären Aufgabe fokussierten Organisationen. Während sich Unternehmungen nicht nur einem einzigen Kunden gegenüber aufstellen, sich nicht nur auf die in diesem einen konkreten Fall gegebenen Bedingungen einstellen können, sondern den Markt im Blick haben müssen mit einer vielfältigen Produkt- oder Leistungspalette, kann und muss sich ein Projekt vollständig dem Einzelfall und den damit gegebenen Bedingungen verschreiben bzw. widmen (dedizieren).

Zwischen Standardisierung und Einzelfall-Lösung werden in der Praxis Wege gesucht, die wie die Modularisierung (kleinteilige oder kleinschrittige Standardisierung) oder die Customization (Anpassung einer Standard-Lösung für einen Einzelfall) Zeit, Kosten, Leistung und ‚Nebenwirkungen' sowohl für Auftragnehmer wie für Auftraggeber in ein günstiges Verhältnis bringen sollen.

Die Fokussierung auf eine einzige Aufgabe bietet scheinbar zunächst viele Vorteile: Konzentration von Aufmerksamkeit und Arbeit, Klarheit von Zielstellungen und Aufgaben, Nutzung daraus entspringender Synergien etc.

Tatsächlich können diese Vorteile aber oft kaum genutzt werden, weil es (1) in der verfügbaren Zeit nicht gelingt, die Voraussetzungen dafür überhaupt zu schaffen, und weil (2) die scheinbare Klarheit des Ziels oder der Aufgabe von drei wesentlichen Umständen ablenkt: erstens impliziert die Klarheit eines Ziels in keiner Weise die Klarheit des Weges dorthin, zweitens mag zwar die Zielbeschreibung (Vertragsgegenstand) denotativ klar sein hinsichtlich des zu erreichenden Zielzustandes, sie bleibt aber dennoch konnotativ mit möglicherweise verschiedenen Vorstellungen und Erwartungen bei den Projektpartnern verbunden, und drittens verschleiert die Dedikation die Komplexität der Aufgabe durch die Suggestion, es handele sich ‚lediglich' darum, eine einzelne Aufgabe zu bewältigen, z.B. die Implementierung einer Fakturierungssoftware in der Verkaufsabteilung eines Unternehmens.

In der Umsetzung geht es also darum, den Vorteil der Fokussierung durch die Schaffung entsprechender Voraussetzungen nutzbar zu machen, insbesondere durch die Klärung der ‚Bedeutungen des Auftrages' für die Beteiligten und durch die Verständigung über die wesentlichen Schritte, die zur Erfüllung der Aufgabe als nötig erachtet werden.

Dies sind originäre Aufgaben von Projektkommunikation sowohl mit Blick auf Projekt-Mitarbeiter als auch hinsichtlich der Zielgruppen auf Seiten des Auftraggebers (Management, Mitarbeiter).

3 Soziotechnische Systeme vor dem Hintergrund der handlungs- bzw. akteurbasierten Systemtheorie

Wer schon am Anfang die Differenzen und Ausnahmebedingungen von Projekten im Vergleich mit anderen soziotechnischen Gebilden diskutiert, zäumt den Prozess der Begriffsklärung offenkundig vom falschen Ende her auf. Aber was definitionstechnisch widersinnig erscheinen mag, könnte ja motivationstechnisch durchaus Sinn machen, oder?

Wenn Projekte als soziotechnische Systeme im Ausnahmezustand betrachtet werden, dann muss genauer bestimmt werden, was hier mit der Begrifflichkeit ‚soziotechnischer Systeme' essentiell verbunden wird.

Dazu soll ein Ansatz skizziert werden, der sich explizit als handlungs- bzw. akteurbasierte Systemtheorie positioniert und damit an Überlegungen anschließt, wie sie von Norbert Elias, Anthony Giddens, Bruno Latour und Peter Hejl vertreten wurden bzw. vertreten werden. In Verbindung mit dem arbeits- und organisationswissenschaftlichen Begriff des soziotechnischen Systems im Anschluss an F.E. Emery und E.L. Trist kann so ein allgemeines Modell von IT-Projekten als soziotechnischen Systemen gewonnen werden.

3.1. Akteur- und Systembedingungen sozialer Strukturierung

Norbert Elias hat Individuum und Gesellschaft nie als Gegensätze begriffen. In seinem Aufsatz ‚Die Gesellschaft der Individuen' macht er seine Vorstellungen in dankenswert klarer Weise deutlich: „Und dieser Zusammenhang der Funktionen, die die Menschen füreinander haben, er und nichts anderes ist das, was wir «Gesellschaft» nennen" (Elias 1939, 34). Elias spricht deshalb auch vom „Geflecht der Menschen", von „Verflechtungen" als „Formen der Selbststeuerung" von Menschen in ihren Beziehungen zu anderen (ebd., 57). Zugleich stellt er dieses „Netzgeflecht" als in höchstem Maße modellierbar und wandelbar dar, von jedem einzelnen im Beziehungsnetz mit anderen gestaltbar in dem Maße wie eben dieses Netzwerk der Selbststeuerung der einzelnen Raum gibt. Elias entwickelt ein – auch noch für unsere Tage – höchst aktuelles Modell sozialer Selbstorganisation durch das Handeln von Individuen und deren Prägung durch Beziehungen zu anderen. In diesem Sinne kann das im Customer- oder Stakeholder-Relationship-Management und im Community-Marketing praktizierte Beziehungsmanagement direkt an die Gesellschaftstheorie von Elias anknüpfen. Mit der Fokussierung auf die Entwicklung und das Management von Beziehungen setzt es direkt an der Wurzel soziogenetischer Prozesse an. Wir haben schon gesehen, was eine extreme Dynamisierung dieser Prozesse in der Projektkommunikation und im Projektmanagement bedeutet.

Der Begriff der Strukturierung ist von Anthony Giddens in ähnlicher Absicht konturiert worden, nämlich mit Blick auf „Bedingungen, die die Kontinuität oder Veränderung von Strukturen und deshalb die Reproduktion sozialer Systeme bestimmen" (Giddens 1995, 77). Dabei stehen Akteure im Vordergrund, die zugleich sozial strukturiert agieren, durch ihr Handeln aber gerade jene Sozialstruktur reproduzieren, in der dieses Handeln erst möglich ist.

Soziale Selbstorganisation ist daher angewiesen auf Regeln bzw. Regularitäten. Hier wäre der Konventionenbegriff passend, den Giddens leider nicht verwendet, aber in seinen Überlegungen zum Regelbegriff gewissermaßen insinuiert. Durch regelgeleitetes Handeln reproduzieren Akteure jene Institutionen (soziale Strukturen), die über größere Raum- und Zeitspannen hinweg das Sozialleben integrieren (soziales System).

Der Begriff der Strukturierung verzeitlicht bzw. dynamisiert die Muster der Interaktionen auf den Ebenen der Sozial- und Systemintegration. Diese Temporalisierung lenkt den Blick auf die (kognitiven und sozialen) Konstitutionsbedingungen zwischenmenschlicher Interaktion, auf deren faktische Abläufe und auf die Konstitutionsfolgen und -konsequenzen (Sozial- und Systemintegration). Jede Interaktion – und dadurch jede soziale Handlung – verkörpert gewissermaßen diese Struktur- bzw. Systemmomente, indem sie (1) ein kognitives Schema zur Handlungsausführung mobilisiert, das zugleich (2) als Referenzrahmen für die Zuschreibung von Bedeutung und Sinn und (3) für die Legitimation im Sinne von Verantwortbarkeit und Begründbarkeit als normative Basis verfügbar ist. Durch ihre Realisierung instantiiert – und im Falle der Wiederholung ´reproduziert` - diese Interaktion zugleich jene (4) Bedingungen, unter denen die Handlungsausführung sinnvoll und legitim bzw. sozial angemessen war, also (5) die Verteilung von Macht und (6) die Regulation von Sanktionen.

Diese „Mechanik" vermittelt – so Giddens (ebd., 81) „die Bewusstheit der Akteure mit den strukturellen Momenten sozialer Systeme". Und gerade darin besteht, so kann man zusammenfassen, das Credo der Theorie der Strukturierung.

Bruno Latour, neben Steven Woolgar einer der Begründer des Labor- oder Sozialkonstruktivismus, hat mit der gemeinsam mit Michael Callon entwickelten Actor-Network Theorie (cf. Latour 1997) und deren Anwendung auf ICT-Technologien stark beachtete Beiträge zur Konzeptualisierung von soziotechnischen Systemen – i.e. die Überwindung der Mensch-Maschine-Differenz – geleistet (cf. dazu z.B. Werle 2000, 74-96). Die Radikalität des Akteur-Netzwerk-Ansatzes besteht darin, als Aktanten, alle Entitäten zuzulassen, denen Aktivitäten zugeschrieben werden können, also z.B. auch Maschinen. Analog können durch Abstraktion (Einklammerung) auch Kollektive, Organisationen, Artefakte, Tiere, und alle anderen natürlichen oder kultürlichen Entitäten, das Wetter ebenso wie ein Krieg oder eine Revolution als Aktanten betrachtet werden und ihre Interaktionen mit anderen Aktanten analysiert werden.

Als methodologischer Individualist muss man diese Generalisierung der Akteurinstanz nicht mitvollziehen. Dennoch braucht man auf wesentliche theoretische Einsichten der Actor-Network-Theory nicht zu verzichten, insbesondere nicht auf den Gedanken, dass Kognition, Gesellschaft und Kultur, Natur und Technik Seiten derselben Medaille sein könnten. Aus medienwissenschaftlicher Sicht ist – wie z.B. die Arbeiten von Jack Goody für die Schrift gezeigt haben – die Annahme plausibel, dass Medien erhebliche kognitive und soziale Wirkungen entfalten, also z.B. durch spezifische Repräsentations- und Konzeptualisierungsoptionen den Menschen erweiterte Reflexions- und Handlungsmöglichkeiten bieten und durch deren sich verbreitende Inanspruchnahme soziale Ausdifferenzierungsprozesse verändern. So hat – nach Goody – die Schrift erst solche Entwicklungen wie die Bürokratie, die Wissenschaft, die Historik und selbst bestimmte Formen der Religion (i.e. Buchreligionen) ermöglicht.

Fragt man nun danach, welche Prozesse diese Veränderungen im Einzelnen erbracht haben, so wird man dafür die jeweilige historische kognitive und soziale Praxis, hier insbesondere das kommunikative sowie rezeptive Handeln und dessen Kommerzialisierungen und Organisation anführen können. Die Scharnierstelle ist und bleibt also auch hier – wie bei Elias und Giddens – die Kognition und das Handeln von Individuen unter sozialen und ökologischen Bedingungen sowie – Kehrseite der Medaille – die Ökologie und die soziale Gemeinschaft unter Bedingungen der kognitiven Autonomie der Individuen.

Aus diesem Blickwinkel zeigen sich Natur, Kultur, Technik, Individuen und selbst die Kognition als kognitive, soziale, kulturale, technische oder naturale Konstrukte, die als solche und im gegenseitigen Bezug zugleich die Bedingungen ihrer Möglichkeit explizieren und exekutieren: Es zeigt sich ein polyzentrischer und multiplexer (cf. Rusch 2005) autologischer Prozess, in dem interagierende Individuen epistemische Systeme bzw. Orientierungssysteme mit spezifischen Ontologisierungen, wechselseitigen Referenzen, Begründungs- und Fundierungsrelationen hervorbringen.

⇨ *Fazit*: Auch Projekte sind – wie alle sozialen Gebilde – unter Gesichtspunkten der Strukturierung / Konfiguration zu betrachten. Das lenkt die Aufmerksamkeit auf die Akteure und deren Handeln. Akteure haben nämlich die Aufgabe, Projekte als soziale Strukturen und Prozesse im Hinblick auf die Aufgabenerfüllung als komplexe Arbeitsprozesse zu etablieren, aufrecht zu erhalten, gegebenenfalls zu modifizieren, zu reorganisieren und schließlich abzuschließen. Alle einem Projekt zugeordneten Personen (z.b. Team der T-Systems-Mitarbeiter, Projekt-Support-Personal aus dem auftraggebenden Unternehmen, betroffene Mitarbeiter im auftraggebenden Unternehmen, externe Dienstleister) sind – auf die eine oder andere Weise – als soziale Akteure an der Erschaffung, Erhaltung und Beendigung des Projekts als sozialer Struktur beteiligt. Deshalb sollten – gerade weil Projekte aufgrund ihrer Heterogenität, Terminierung, Dedikation und Limitierung ‚soziale Systeme im Ausnahmezustand' sind – die wesentlichen Faktoren sozialer Strukturierung exploriert und kontrolliert werden, nämlich:

• (Handlungs-) Wissen / Kompetenzen
• Bedeutungen, Sinnhaftigkeiten im Frame bzw. Referenzrahmen ‚Projekt'
• Legitimitäten auf welcher normativen Basis
• ‚Geschäftsbedingungen' für soziales Handeln
• Machtverteilung
• Regulation von Sanktionen.

3.2. Mechanismen soziotechnischer Systeme

Begriff und Ansatz soziotechnischer Systeme gehen auf Arbeiten des Tavistock Instituts in London, insbesondere auf Trist & Bamforth (1951), Rice (1953, 1958, 1963), Emery & Trist (1960), Katz & Kahn (1966) und Emery & Thorsrud (1964) zurück.

Das Konzept (cf. für einen Überblick Trist 1981) ist durch zahlreiche Studien zu Arbeitsprozessen z.B. im Bergbau und in der Industrie im Rahmen der Arbeits- und Organisationswissenschaften empirisch sehr gut fundiert. Es ist von Beginn an aus systemtheoretischen Konzeptualisierungen von Arbeitsprozessen und Organisationen hervorgegangen, die vornehmlich mit dem Begriff des (primären) Arbeitssystems operieren (cf. z.B. Sydow 1985).

Der ganze Ansatz, so wie er in den 1960er Jahren von F. E. Emery, E.L. Trist, Rice und anderen ausformuliert wurde, kann – wie Trist (1981) das auch

selbst tut und wie der Terminus ‚Industrial Democracy' belegt – als Fortsetzung
der Human Relations Bewegung mit systemtheoretischen und arbeitspsychologi-
schen Mitteln betrachtet werden, die sich dem arbeitswissenschaftlichen Anspruch Taylors, zugleich aber auch den sozialen und kognitiven Ansprüchen der
Mitarbeiter in Unternehmen verpflichtet fühlt:

> "The original formulation of social and technical relations had been made in terms of obtaining
> the best match, or ‚goodness of fit', between the two. In conjunction with the Norwegian
> Industrial Democracy project ..., Emery reformulated the matching process (in terms of the
> more advanced systems theory that had become available) as the joint optimization of the
> social and technical systems. The technical and social systems are independent of each other in
> the sense that the former follows the laws of the physical sciences, while the latter follows the
> laws of the human sciences and is a purposeful system. Yet they are correlative in that one
> requires the other for the transformation of an input into an output. This transformation
> comprises the functional task of a work system. Their relationship represents a coupling of
> dissimilars that can only be jointly optimized. Attempts to optimize for either the technical or
> social system alone will result in the suboptimization of the socio-technical whole." (Trist
> 1981)

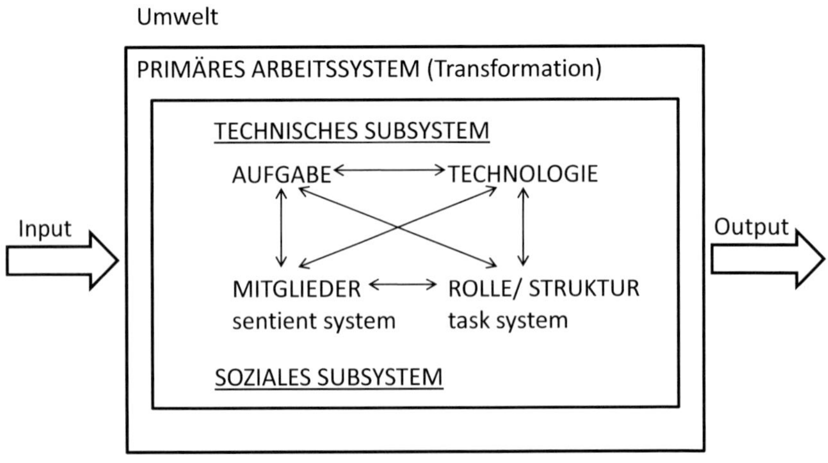

Umwelt

PRIMÄRES ARBEITSSYSTEM (Transformation)

TECHNISCHES SUBSYSTEM

AUFGABE ←————→ TECHNOLOGIE

Input

MITGLIEDER ←——→ ROLLE/ STRUKTUR
sentient system   task system

SOZIALES SUBSYSTEM

Output

Abb. 1:   Das primäre Arbeitssystem
             (Sydow 1985)

Abbildung 1 veranschaulicht die mit dem Konzept soziotechnischer Systeme
verbundene Vorstellung vom Zusammenhang der beiden konstitutiven Ebenen
bzw. Dimensionen.

Aus der Sicht des Strukturierungsansatzes wird hier deutlich, dass technische Komponenten nicht in erster Linie limitierende Faktoren sozialer Strukturierung darstellen, sondern vielmehr selbst als Mittel / Medien sozialer Strukturierung gelten müssen.

Wenn Aufgaben aus Zielstellungen zu Anweisungen, und Tätigkeiten aus explorativem Handeln zu Routinen kondensieren, wenn Denkweisen, Wahrnehmungen und Handlungen, wie sie in Tätigkeitsprofilen zusammengefasst werden, jene mentalen und aktionalen Verbindungen zu Geräten, Apparaten, Maschinen oder Werkzeugen in der Handhabung oder Bedienung, zu Gebäuden, Innenräumen und zur Umgebung in der Bewegung und Lokalisation aufnehmen, herstellen und stabilisieren, dann vollziehen sich Prozesse soziotechnischer Strukturierung. Dabei werden einerseits kognitive und soziale Strukturen aktiv an die Bedingungen der technischen Umwelt (Technotop) adaptiert: Denken, Wahrnehmung und Bewegung etwa in der Synthese von Abläufen zur Bedienung einer Maschine. Andererseits werden Geräte, Werkzeuge und Einrichtungen den physiologischen, kognitiven und sozialen Voraussetzungen und Möglichkeiten der Menschen entsprechend gestaltet und eingesetzt (Ergonomik).

Ein „good fit" oder „best match" von technischen und humanen (kognitiven und sozialen) Komponenten verlangt – wie Emery zeigen konnte – dementsprechend insbesondere die Beachtung einiger grundlegender sozialpsychologischer Prinzipien, nämlich:

"1 variety
2 learning opportunity
3 own decision power
4 organizational support
5 societal recognition
6 a desirable future" (Trist 1981)

In der arbeitssystemischen Umsetzung werden diese Prinzipien dann z.B. durch Job-Rotation, Flexibilisierung von Arbeitsprozessen und -zeiten, Stärkung von Selbstorganisations- und Selbstadministrationsprozessen, Weiterbildungs- und Qualifikationsmaßnahmen, Aufstiegs- und Belohnungssysteme, Eröffnung beruflicher Perspektiven und Angebot langfristig sicherer Arbeitsplätze u.ä. interpretiert.

Für die Erreichung einer möglichst guten Passung von technischer und sozialer Dimension ist auch die Frage von Bedeutung, ob verschiedene soziale Organisationsformen mit derselben technischen Infrastruktur verträglich sind, und ob es eventuell alternative leistungsfähigere Varianten sozialer Organisationsformen für gegebene technische Strukturen gibt.

Die empirischen Studien in Bergbau und Textilindustrie haben dies ein-
drucksvoll bestätigt. Es zeigte sich, dass gruppen- und teambasierte Organisationsformen Linienstrukturen klar überlegen sind (Produktivitätszuwächse von bis
zu 25%, Ausschussverminderungen um bis zu 50%, Senkung von Abwesenheits-
raten um bis zu 100%).

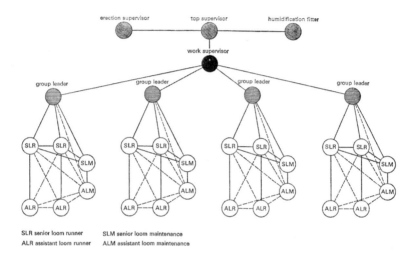

Abb. 2:   Sozial valide Managementstruktur
                  (Emery & Trist 1960)

Es handelt sich hier um Einsichten aus den 1960er Jahren, die allerdings erst in
den 1980er Jahren Eingang gefunden haben in die moderne Arbeitsplanung und
-organisation, die folgenden soziosystemischen Prinzipien folgt:

1) „The work system, which comprised a set of activities that made up a functioning whole,
now became the basic unit rather than the single jobs into which it was decomposable.

2) Correspondingly, the work group became central rather than the individual jobholder.

3) Internal regulation of the system by the group was thus rendered possible rather than the
external regulation of individuals by supervisors.

4) A design principle based on the redundancy of functions rather than on the redundancy of
parts (Emery 1967) characterized the underlying organizational philosophy which tended
to develop multiple skills in the individual and immensely increase the response repertoire
of the group.

5) This principle valued the discretionary rather than the prescribed part of work roles.

6) It treated the individual as complementary to the machine rather than as an extension of it.

7) It was variety-increasing for both the individual and the organization rather than variety-
decreasing in the bureaucratic mode" (Trist 1981, 9)

Wieland (2003) nennt weitere Prinzipien und präzisiert:

„Unabhängig von den Entlohnungs- und Arbeitsbedingungen will eine Gruppe aus der effizienten Organisation und Aufgabenerfüllung Befriedigung beziehen. Deshalb soll eine Gruppe weder mehr noch weniger Mitglieder haben als zur effizienten Aufgabenerfüllung benötigt.
Weil in der Vollendung einer Aufgabe eine wichtige Quelle von Zufriedenheit vermutet wird, soll eine Arbeitsgruppe eine solche Anzahl von Mitgliedern aufweisen, dass diese – soweit praktikabel – die Vollendung ganzheitlicher Aufgaben erleben können.
Wenn die individuellen Aufgaben der Gruppenmitglieder voneinander abhängig sind, sind die Beziehungen zwischen den Gruppenmitgliedern für die Produktivität bedeutsam. Deshalb sollte eine Arbeitsgruppe für befriedigende soziale Beziehungen sorgen.
Weil konkret-praktische Selbstregulation für die Gruppenmitglieder befriedigend sein kann, sollte die Gruppe selbst Kontrolle haben über ihre alltägliche Arbeit und Organisation.
Die physikalische Abgrenzung des Raumes, innerhalb dessen eine Gruppe arbeitet, ermöglicht es ihr, sich mit dem eigenen ‚Territorium' zu identifizieren. Arbeitsgruppen, die ‚ein eigenes Territorium besitzen', entwickeln eher intern strukturierte, stabile Beziehungen mit gutem Zusammenhalt als Gruppen mit unklaren und einander überlappenden Territorien".

Aus strukturationstheoretischer Sicht beschreiben diese Prinzipien und Zusammenhänge die ‚Regeln' der arbeitsbezogenen Institutionalisierung bzw. Bedingungen und Modalitäten arbeitssystemischer Selbstregulation und Strukturbildung. Sie zeigen, wie aus kognitiven und sozialen Dispositionen an den Schnittstellen von Mensch und Umwelt, Mensch und Technik sowie Mensch und Mensch Infrastrukturen zugleich aus intendiertem Handeln einerseits und aus dem Bedingungsgefüge wechselseitiger Begrenzung und Ermöglichung andererseits hervorgehen. Kognitive und soziale Kreativität erzeugen so unter technischen Bedingungen und Umweltbedingungen die Möglichkeiten ihrer eigenen Realisierung, Fort- und Weiterentwicklung.

⇨ *Fazit*: IT-Projekte müssen in einem mehrfachen Sinne als soziotechnische (Arbeits-) Systeme betrachtet werden:

(1) Projekte machen in ihrem Betrieb Gebrauch von zahlreichen technischen Einrichtungen, die als Betriebsmittel, Werkzeuge oder Kommunikationsmittel genutzt werden.
(2) IT-Projekte sind qua Aufgabenstellung mit der Entwicklung, Installation / Implementation, Wartung, etc. informationstechnischer Systeme befasst.
(3) IT-Projekte ersetzen im Kundenunternehmen immer eine ältere IT-Technik durch eine jüngere. Sie haben es deshalb immer mit zwei IT-Technik-Subsystemen im Kundenunternehmen zu tun. Genauer bedeutet dies die Befassung mit zwei soziotechnischen Systemen: einem alten IT-System, eingewoben im Setting

eines etablierten, routinisierten, vertrauten und sozial validierten Arbeitssystem (i.e. die alte Wirklichkeit), und mit einem neuen, für die Anwender noch unvertrauten, fremden technischen System, das noch keine Einbettung in Arbeitsroutinen und keine Kondensation in Tätigkeitsprofilen, also noch keine soziale Evaluation und Validierung im geschäftlichen Alltag und im beruflichen Leben der Mitarbeiter gefunden hat (neue Wirklichkeit).

(4) Mit der Installation eines neuen informationstechnischen Systems sollte idealerweise immer auch eine Innovation des Arbeits-Sozialsystems einhergehen. Aus strukturationstheoretischer Sicht sind – abhängig von der Tiefe, Breite oder Intensität, mit der eine Veränderung technischer Systeme in Arbeits- und Sozialprozesse eingreift – Vorkehrungen zu treffen, die den Mitarbeitern ihre neuerlichen Strukturierungsleistungen (Aneignungen, Kompetenzentwicklungen, Sicherung sozialer Integration, soziotechnische Integration in Arbeitsprozessen, etc.) nicht nur ermöglichen, sondern diese erleichtern und fördern.

4   Der Systembegriff

Der grch. Begriff ,sýstema' bedeutet ein aus Teilen bestehendes Ganzes, eine zusammengesetzte Einheit. In dieser (holistischen) Bedeutung ist der Begriff bis heute geläufig, und aktuelle Entwicklungen in der Systemtheorie – z.B. die Theorie der Autopoiese und der Selbstorganisation – haben das Merkmal der Ganzheit bzw. Einheit wieder sehr nachhaltig betont, nachdem andere Verwendungsweisen lediglich auf das Merkmal eines Zusammenhangs von Teilen (funktionalistischer Systembegriff) bzw. auf das bloße Bestehen aus Einzelteilen (strukturalistischer Systembegriff) reduziert waren.

„Ein ,System' wird üblicherweise definiert als eine endliche, geordnete Menge von miteinander verbundenen Elementen." (Harbordt 1974, 45)

> „Usually one designates by system any aggregate of elements considered together with the relationships holding among them. It will be shown [...] that the type of connexion in a whole is very different from connexions which exist in an aggregate. The term ,system' is used here to denote a *holistic system*. Further, in using this term we abstract *constituents* (,elements') and refer only to the *organization* of the whole. Thus, ,system' for our discussion is holistic organization." (Angyal 1978, 20)

Während also entsprechend bereits beliebige Zusammenhänge von Teilen oder auch nur in irgendwelchen Beziehungen zueinander stehende Teile als Systeme angesprochen werden können, stellt der holistische Systembegriff (wie er vor allem in der Biologie und den Sozialwissenschaften Anwendung findet) höhere

Anforderungen mit Blick auf die Art des Zusammenhangs zwischen den Komponenten bzw. hinsichtlich der Rolle, die einzelne Komponenten für den Gesamtzusammenhang spielen: Sie müssen nämlich einen funktionalen Beitrag leisten, ohne den der Gesamtzusammenhang nicht bestehen oder aufrechterhalten werden könnte.

Auf diese Weise stellt der holistische Systembegriff (1) ein Kriterium für die Bestimmung der einem System zugehörigen Komponenten zur Verfügung, nämlich die Konstitutivität der Rolle von Gegenständen, Ereignissen oder Prozessen für den Gesamtzusammenhang, der seinerseits zugleich durch den funktionalen Bezug und die konstitutiven Beiträge seiner Komponenten erst im Gesamtzusammenhang bestimmt – und vor allem begrenzt – wird. In solchen Systemen stehen also alle Komponenten direkt oder indirekt miteinander in Beziehung, sind miteinander gekoppelt. Jede Komponente trägt durch (mindestens eine ihrer) Eigenschaften bzw. Funktionen zur Konstitution des Systems bei. Komponenten, die auch noch Beziehungen oder Funktionen außerhalb des Systemzusammenhangs haben, stellen die Systemgrenzen dar, an denen Inputs in das System hinein oder Outputs aus dem System heraus gelangen. Die Art und Weise der Vernetzung, des Zusammen- oder Wechselwirkens von Komponenten in einem System bezeichnet man als Systemorganisation. Unter Selbstorganisation ist entsprechend die Etablierung, Aufrechterhaltung und Veränderung eines organisationalen Regimes zu verstehen.

An dieser Stelle ergibt sich (2) ein weiteres Kriterium zur Unterscheidung von Systemen nach dem Vermögen strukturelle oder sogar organisationelle Veränderungen zu tolerieren.

Hierbei geht es um die Unterscheidung struktureller, organisational homogener Veränderungen (z.B. normales Wachstum von Organismen) im Gegensatz zu Veränderungen, die auch die Systemorganisation betreffen (z.B. Reorganisationsmaßnahmen in Unternehmen oder soziale Revolutionen). Diese Unterscheidung markiert zugleich eine bedeutsame Differenz zwischen biologischen und sozialen Systemen. Dazu später mehr.

4.1. Systemfunktionen

Betrachtet man jenseits dieser Unterscheidung die konstitutiven Komponenten und deren funktionale Beiträge bzw. Leistungen im Rahmen eines Systemganzen, d.h. mit Blick auf ihre Wechselwirkungen, so kann man verallgemeinernd einige grundsätzliche Funktionen bzw. Leistungen benennen, die im Systemzusammenhang von Komponenten oder Subsystemen erbracht bzw. erfüllt werden müssen, damit das System als (autonomisierte) Einheit fortbestehen kann, nämlich:

- Wandel
- Integrität
- Strukturierung
- Import von Ressourcen
- Export von Produkten, Leistungen
- Beobachtung
- Ermöglichung

Ad 1. Wandel: Systeme müssen sich verändern können. Sie müssen im Rahmen ihrer strukturellen und organisationellen Variationsmöglichkeiten flexibel und kreativ sein und bleiben, um erforderliche Adaptionen oder Adjustierungen durch Wandel, z.B. in Gestalt von Lernprozessen, strukturellen oder organisationellen Modifikationen, etc. vorzunehmen bzw. zuzulassen.

⇨ *Fazit*: Für Projekte als soziotechnische Systeme ist solche Flexibilität in besonderem Maße nötig, weil sie immer wieder wechselnden Anforderungen von Seiten der Geschäftspartner, wechselnden Umgebungs- und personellen und materiellen Ausstattungsbedingungen, Veränderungen der Aufgabenstellung usw. entsprechen müssen. Veränderungen – so ist also zu erwarten – sind in Projekten die Regel, nicht die Ausnahme. Veränderungsanlässe sollten also produktiv genutzt, und nicht als Planungs- oder Organisationsdefizite betrachtet werden. Weiterhin spielt Wandel für IT-Projekte als Agenten des Wandels in Kundenunternehmen eine ganz besondere Rolle.

Ad 2. Integrität: Trotz aller Veränderung müssen Systeme ihre Integrität als autonomisierte Wechselwirkungszusammenhänge wahren; anderenfalls würden sie desintegrieren, d.h. zerfallen, sich auflösen, sterben. Die Integritätsproblematik betrifft also direkt einerseits die Bedingungen der Existenz-Erhaltung (z.B. durch organisationelle Homöostase), andererseits die Möglichkeit der Wahrung und

Erhaltung der Systemidentität. Auf personaler Ebene wird das Integritätsmanagement als Balance persönlicher und sozialer Identität (Balance von Selbst- vs. Fremdidentität) vollzogen, auf der gesellschaftlichen Ebene als Konstruktion sozialer und kultureller Identität durch Geschichte, Brauchtumspflege, kollektive Symbole, Lokalitäts- oder Regionalitätsbindungen usw.

⇨ *Fazit*: Als soziotechnische Systeme sind auch Projekte auf die Sicherung ihrer Integrität angewiesen. Sie müssen Strukturen ausbilden (Teams etablieren, Kompetenzen mobilisieren und eventuell entwickeln, etc.) und im Projektverlauf gegebenenfalls modifizieren, die der Auftragserfüllung verpflichtet und zugleich sozial valide sind. Dazu müssen sie für ihre Mitglieder und für Außenstehende erkennbar, in ihrer Leistung und Kompetenz und sozialen Konkurrenz kalkulierbar sein. Die Zahl der beteiligten Unternehmen, personale Heterogenität und Aufgabenänderungen führen dazu, dass Projekte in ihrer Integrität besonders gefährdet sind. Gerade bei unsicherer Loyalität von Mitgliedern aus verschiedenen Unternehmen und Kulturen ist die Entwicklung von Integritäts- und Identifikationsstrategien wesentlich. Identitätsstiftende Symbole und soziale Settings können interne und externe Strukturierungsprozesse wirksam fördern.

Ad 3. Strukturierung: Jedes System muss Strukturen bilden und verändern. Es braucht Zeit, Raum und Energie für die Herstellung tragfähiger und belastbarer Beziehungen zwischen den Komponenten. Was im biologischen Organismus Enzyme als Biokatalysatoren schaffen, nämlich einen Zeitvorteil in der Biosynthese, kann im sozialen Bereich nur durch Vertrautheit und Vertrauen erreicht werden, durch gegenseitige Kalkulierbarkeit, durch eine gemeinsame Sprache und Kultur, durch geteiltes Wissen, Anerkennung von Regeln, durch Verständigung auf gemeinsame Ziele.

⇨ *Fazit*: Projekte müssen insbesondere in ihren Konstitutions- und Wandlungsphasen Gelegenheit für kognitive, soziale und soziotechnische Strukturierung bieten. Der Aufbau und die laufende Veränderung von bzw. in Projekten erfordern Zeit und Raum für die Herstellung und Entwicklung sozialer Beziehungen, für die Entwicklung neuer Kompetenzen usw.

Ad 4. Import von Ressourcen: Damit Systeme überhaupt funktionieren können, sind sie auf den ‚Import' von Leistungsträgern, Prozessoren, Komponenten, Betriebsmitteln usw. angewiesen. Personelle Ausstattung und Erneuerung, nötiges Wissen, zweckmäßige Räumlichkeiten, Werkzeuge und Einrichtungen, kurz: alle für das Funktionieren notwendigen Ressourcen müssen nicht nur einmal zur Verfügung stehen, sondern immer wieder erneuert werden. Für alle logistischen Probleme dieser Art müssen im System Strukturen ausgebildet und leistungsfähig gehalten werden.

⇨ *Fazit*: Projekte können selten auf institutionalisierte Strukturen zurückgreifen, weil ihre Lebenszeit für die Strukturierung / Bildung einer eigenen Logistik im jeweiligen Auftragskontext zu kurz ist. Es ist deshalb in Projekten wesentlich, alle für den eigenen Erhalt und die eigene Entwicklung notwenigen Leistungen teils zu improvisieren, teils als ‚ready mades', als fertige Prozesskomponenten aus beteiligten Unternehmen (eigenes Haus, Kunde, etc.) oder von Dritten zu beziehen. Hier entstehen teilweise und zeitlich begrenzte Symbiosen bzw. Projektstrukturen, die an anderen Organisationen schmarotzen … sagen wir besser: von anderen Organisationen, die darin auch ihren Unternehmenszweck sehen können (wie z.B. Caterer) unterstützt werden.

Ad 5. Export von Produkten / Leistungen: Jedes System setzt aus seiner Dynamik und Struktur etwas frei, exportiert Energie in der einen oder anderen Form, ob als motorische Bewegung, als Umweltveränderung o.ä. So können indirekt auch die Bedingungen des eigenen Prozessierens verändert und unter Umständen positiv beeinflusst werden, z.B. in Gestalt von Umweltveränderung als Herstellung von Bekleidung, als Bau von Behausungen oder Stellen von Fallen für Beutetiere. Dass solche Umweltveränderungen auch kommerzielles Potential haben, ist früh entdeckt worden und hat die Ausdifferenzierung unserer Gesellschaften entscheidend gefördert und beschleunigt.

⇨ *Fazit*: Bestimmungsgemäß sollten Projekte zunächst einmal Arbeitsergebnisse freisetzen. Sie sollten die Wirklichkeit im Kundenunternehmen wie gewünscht und geplant verändern. Ihr zweckgemäßer Output sind spezifische, z.B. IT-Dienstleistungen. Es ist offenkundig, dass die Möglichkeit zur Erbringung dieser Leistungen strukturell und funktional abgesichert werden muss. Im Projektverlauf erfordert aber gerade dies oft mehre Restrukturierungen oder Reorganisationen, so dass sich die Dedikation des Projekts selbst als Quelle substantieller Systemveränderungen erweist.

Ad 6. Beobachtung: Selbstorganisation und Selbstregulation beruhen wesentlich auf der Koordination von Systemprozessen, auf der zeitlichen und örtlichen Abstimmung des Ressourcenmanagements, der Strukturbildung, der Leistungserbringung usw. Derart komplexe Koordinationsleistungen sind nur möglich, wenn Komponenten bzw. Akteure ihre eigenen aktuellen Zustände und ihre Umgebungsbedingungen im Lichte ihrer eigenen (und eventuell übergeordneten) Zielstellungen beobachten und aktiv entsprechend verändern. Selbstorganisation und Selbstregulation beruhen primär auf dezentraler Steuerung im Rahmen einer Art symbiotischer Vernetzung der Komponenten. Im Bereich sozialer und soziotechnischer Systeme tritt neben die Koordination des Handelns der einzelnen Mitglieder durch Konventionalisierung, Einsicht, Absprache und kompatible bis produktive parallele Verfolgung jeweils eigener Interessen die Ausübung von Macht bzw. die freiwillige Unterordnung und Befolgung von Anweisungen. Mit diesen Formen entstehen zentralistische und hierarchische Formen der Organisation, die zusätzliche Steuerungsinstrumente zur räumlich und zeitlich distanten Kontrolle und Beeinflussung der Zustände anderer Komponenten erfordern (z.B. Berichtswesen, Delegation von Entscheidungskompetenzen und Verantwortung, intelligente Business-Software und Controlling-Tools, etc.). Deshalb ist die Selbst-Beobachtung, im erweiterten Sinne also auch die interne Organisations- und Prozessbeobachtung, neben der Umwelt-Beobachtung eine notwendige und unverzichtbare Voraussetzung für die Erhaltung und Entwicklung der Leistungsfähigkeit des Gesamtsystems.

⇨ *Fazit*: Die stets fragile und unsichere Verfassung und Lage von Projekten verlangt vom Management ganz besondere Aufmerksamkeit und besondere soziotechnische Organisationskompetenzen. Dafür sind die Entwicklung und der Einsatz von (Selbst-) Beobachtungsinstrumenten und -routinen notwendig, die den aktuellen Zustand von Projekten in ihren internen und externen Beziehungen und Prozessvernetzungen in den relevanten sozialen, technischen, administrativen und ökonomischen Dimensionen dokumentieren. Auf diese Weise können für das Projektmanagement notwendige Informationen beschafft und entsprechende Maßnahmen nach Innen und Außen ergriffen werden. Neben dem ‚klassischen‘ technischen und ökonomischen Controlling schließt dies vor allem auch das Kommunikations- und (soziale) Strukturations-Controlling ein.

Ad 7. Ermöglichung: (Selbst-) Beobachtung bedeutet noch nicht, das Beobachtete mit früheren Beobachtungen zu vergleichen, aus dem aktuell Beobachteten Konsequenzen für das weitere Handeln zu ziehen, Beobachtungen und Handlungen zu systematisieren, kurz: es bedeutet noch nicht zu lernen, Ideen zu kreieren und produktiv umzusetzen, gute Lösungen aus anderen Bereichen im eigenen System zu imitieren bzw. zu adaptieren. Ermöglichung – und das schließt auch die Sicherstellung ein – von Reaktivität, Kreativität und Prosperität ist eine reflexive Leistung bzw. Funktion, mittels derer Systeme sich selbst zur Lösung ihrer Probleme befähigen (Self-Enablement). In diesem Sinne leistet in Organisa-

tionen und Unternehmen vor allen das Management hier die wesentlichen Beiträge. Führung und Steuerung ist nur eine Dimension dieser Systemfunktion,
Auswahl, Bereitstellung und Entwicklung von Ausstattungen und Betriebsmitteln, Personal- und Organisationsentwicklung usf. sind weitere Beispiele. Betrachtet man die verschiedenen ‚angestammten' Managementaufgaben im Rahmen ‚klassischer' Abteilungsstrukturen (Produktion, Personal, Finanzen, etc.), so
ist leicht zu erkennen, dass Befähigungs- und Ermöglichungsstrategien nicht nur
vielfältig und differenziert sind, sondern auf dem operativen Level als konstitutiv
für das Systemganze zu gelten haben. Es ist auch zu betonen, dass das operative
‚Medium' im Spektrum dieser Systemfunktion die Kommunikation, vor allem
die interne Kommunikation ist.

⇨ *Fazit*: Wieder bereitet auch hier die begrenzte Laufzeit von Projekten der
Ausdifferenzierung und Weiterentwicklung von Befähigungs- und Ermöglichungsstrategien, -Instrumenten und -Maßnahmen enge Grenzen. Prinzipiell benötigen Projekte noch dringender als alle anderen soziotechnischen Systeme entsprechende Lösungen, die über das Improvisieren im jeweils aktuellen Fall hi-
nausgehen. Gerade die durch den Zeitdruck entstehenden hohen Anforderungen
die sozialen Integrationsleistungen, an die Flexibilität angesichts wechselnder
Zielstellungen und die multikulturelle Kompatibilität verlangen für Projekte spezifische Enablements.

Deshalb ist es notwendig Erfahrungen in der Projektarbeit systematisch zu dokumentieren und mit Blick auf für Projekte verallgemeinerbare Befähigungs- und
Ermöglichungskonzepte auszuwerten. Wenn einzelne Projekte nicht hinreichende Gelegenheiten zur Entwicklung solcher Lösungen bieten können, müssen
Projekt-Reihen abhängig von Aufgaben und Kontextbedingungen analysiert und
als Basis entsprechender Entwicklungen genutzt werden. Dies erfordert allerdings in projektführenden Unternehmen eine projektübergreifende Instanz, eventuell im Rahmen der Organisationsentwicklung, die sich in Sonderheit der Pro-
jektentwicklung widmet.
    Welches sind nun in Organisationen oder Unternehmen jene Komponenten
oder Subsysteme, die Beiträge zu den genannten basalen Systemfunktionen zu
erbringen haben? Wie bereits angedeutet, spiegeln die ‚klassischen', historisch
gewachsenen Unternehmens- bzw. Organisationsabteilungen mit ihren spezifischen Managementaufgaben im Wesentlichen die Palette der zu erbringenden In-
itiativ-, Steuerungs-, Administrations- und Innovationsleistungen.

SYSTEM-FUNKTIONEN (Projekt als soziotechnisches System)						
Managementaufgaben						
Wandel	**Integrität**	**Strukturierung**	**Import v. Ressourcen**	**Export v. Waren / Diensten / etc.**	**Beobachtung**	**Ermöglichung**
Produkte / Dienste Aufgabe						
Initialisierung „Im Fluss"- Halten Teilziele Abschließen	Identität durch Aufgabe, Teambildung Regeln Konventionen Kultur	(Teil)- Prozesse (Teil)-Systeme Teams als Einheiten Projekt- Gesamtprofil	Qualitäts- kriterien -technisch -sozial -ökologisch Import- Prozesse	Qualitäts- kriterien -technisch -sozial -ökologisch Export- Prozesse	Akzeptanz der Ziele Erreichung von Teilzielen Projekt-Image bei Stakehol- der	F & E Projekt- Forschung
Personal						
Entwicklung Erneuerung Entlassung Fördern von Change Agents Early Adopters Interessierte	Erfahrung Kompetenz Commitments Kontakte Reputation Teamfähigkeit	Pan-Ethnie Mentalitäten Interessen Sympathien als Team- bildner Bedürfnisse	Kompetenz- Profile Kulturprofile Teamprofile Lebensziele Einstellung	Team- Kultur- Kompetenz- Dissonanz Entlassung Umsetzung Free Lancing Experten Berater	Leistung / Kompetenz (- entwicklung) Potentiale Bedürfnisse Soz. / Prozess- Integrativität Assimilativität Kompetenzen- Markt	Aus- und Wei- terbildung Rekrutierung Vorschlags- wesen Beteiligungs- formen

	Thematisieren von Wandel	Verständigung	Prozesse thematisieren	Thematisieren	Thematisieren	Thematisieren	Thematisieren
Kommunikation (Meta-Kommunikation)	Kom. von Erfahrungen mit Wandel / Medieneinsatz K-Modi / Instrumente d. Change Management	Vertrauen Glaubwürdigk. Projekt-Sprache / Begrifflichkeit	Teams thematisieren Kommunikations - Flüsse - Netze - Ketten	K-Technik M-Technik K-KnowHow	Werbung, PR, IK, etc. KnowHow	K-Prozesse K-Strukturen K-Wirkungen K-Effekte	K-Training Verst.-Training
Wissen	Explizieren Erweitern Erneuern Irritieren / Erfahrungen dokumentieren,	Speichern Entwickeln Wissens-Basis / Knowledge Mining (MA)	Semantische Netze ‚Konzepte' als Org.-Kerne, Knowledge-Strukturen	Lernen Knowledge Mining (extern) Knowledge Agents Knowledge Search Research / Uni-Kooperation	Knowledge Marketing Franchising Lizenzen Publikation	Knowledge Base (MA) erheben und pflegen Trendscouts	Zeit- und Knowhow für Denken, Lernen und Dokumentieren Think Tanks

Kultur	Veränderung Multi-Trans-K. Permanter Identitäts-, Ziel-, Strategie-Diskurs	Integritäts-Symbole -Kultur Identitäts-Symbole, CI	Identität durch Wandel / Wandlungsfähigkeit	Best Patterns Beispiele	Kultur-Marketing Publikation	Kultur-Research Folgen, Effekte von Kulturveränderungen	Integritäts-kultur
Führung	Flexibilisieren Kompetenzabhg.	Autorität durch Kompetenz u. Glaubwürdigkeit Eigentum Obligationen ggb. Belegschaft etc.	Fexible Führung, Wechsel in Teams nach Kompetenz für Aufgaben; flache Hierarchien	Best Patterns Lernen Research F-Stile F-Konzepte	Leadership-Marketing Publikation	Leadership-Research Folgen, Effekte von Führung	Führungs-funktion disponibel halten
Finanzen	Risiko-Invest. F&E- Invest. OE-Invest.	Liquidität Rückstellung Nachhaltigk.	Entwicklung nachhaltiger Risikofähigkeit	Beschaffungskosten (Produkte, Prozesse), Grenzkosten minimieren	Absatzkosten (Produkte, Prozesse) Grenzkosten minimieren	ERP, Business Intelligence Systems, Monitoring, Controlling, (Basel II)	Liquidität f. Betrieb und Innovation sichern

Stakeholder	Integrieren Finalisieren Strukturell koppeln	Binden Inkorporieren Citizenship: Org. in Relation zu ... positionieren	Beteiligen Kopplungen organisieren	Einkauf, Finanzen, Eigene Attraktivität als Partner; Präferierung Privilegierung Durch MAs Gewerkschaft etc	Absatz, Finanzen, Organisations-Politische Dissonanz; Schaden Kulturelles Engagement / Soziales u. politisches Engagement	Konsum-, Marktforschung Stakeholder-Research; -Relations / Org. ←→ Umw. Research Umwelt-Relations / Socionics	Stakeholder-Relationships / Alltags-Management der MA unterstützen, Citizenship
Ökologische Umwelt	effektiver nutzen	erhalten	Ressort schaffen	MAs Einkauf Absatz	Ökologisches Engagement	Öko-Research Bionics, Econics Syst.Dynamics	Öko-Mangement
Integration/Systemik	Dynamische Integrationsinnovationen	Prozess-Muster d. Integrationsinnovation pflegen	Prozessierung, Prozess-Design Innovations-Design	Research Benchmarks Konkurrenz	System-Marketing Publikation	Syst.Dynamics	Ungleichgewichtsmanagement

Tab. 1: Systemfunktionen und Managementaufgaben in Projekten (Rusch 2010)

Aus diesen Bereichen heraus sind jeweils substantielle Beiträge zur Erfüllung der basalen Systemfunktionen zu erbringen. M.a.W., die Erfüllung dieser Managementaufgaben ist geeignet auch ohne Einsicht in deren systemische Zusammenhänge und Grundlagen eine Organisation leidlich ‚über Wasser zu halten'. Bei diesen Managementaufgaben handelt es sich um Leistungen in den Bereichen

- Produkte, Dienstleistungen
- Produktion
- Verkauf
- Personal
- Kommunikation (intern – extern)
- Wissen
- Organisation (intern – extern)
- Kultur
- Führung
- Finanzen
- Stakeholder
- Ökologische Umwelt
- Integration

Bildet man nun die Systemfunktionen auf die genannten Managementaufgaben ab, so erhält man eine Matrix von 13 x 7 Zellen, deren jede die Beiträge des Managements zu den basalen System-Anforderungen spezifizieren lässt. Entsprechend zeigt die Tabelle 1 exemplarisch, welche Themen und Arbeitsfelder sich im Bezug auf die Systemfunktionen für jeden einzelnen Bereich von Managementaufgaben eröffnen.

⇨ *Fazit*: Klassische Managementaufgaben bedienen grundlegende Systemfunktionen. Dieser Zusammenhang kann weiter entwickelt und systematisiert werden bis hin zu Aufgabenbeschreibungen und Tätigkeitsprofilen von Managern und Mitarbeitern. Zugleich spannt die Matrix einen Katalog von Themen und Aufgaben für die Organisationskommunikation auf.

4.2. Multiplexität

Der Versuch, die bisherigen Überlegungen zusammenzufassen, mündet in eine mehrdimensionale, prozessorientierte Betrachtungsweise, in ein Modell, das Projekte als multiplexe dynamische Systeme bestimmt. Projekte sind multiplex, weil sie – wie immer unterschiedlich – verschiedene Unternehmen, Akteure, Handlungsbereiche, Mitarbeitergruppen, Abteilungen etc., also stets zahlreiche andere Systemeinheiten zu integrieren haben, die sich in jeweils ‚eigener Art' (im dreifachen Sinne von aufgabenspezifisch, eigenständig und eigensinnig) technisch, ökonomisch, sozial und kulturell organisieren. Es gibt daher im Projekt immer zahlreiche Schauplätze, an denen sich für den Fortgang des Ganzen Wichtiges ereignet, und zwar gleichzeitig sowie räumlich und personell dispers.

Ein weiteres Merkmal der Multiplexität von Projekten ist ihre Einbettung als Komponenten in wiederum komplexere ökologische Systeme bzw. Umwelten. Projekte haben nicht nur selbst Subsysteme, sondern sind auch selbst Subsysteme z.B. von Unternehmen, Staatsgebilden, Volkswirtschaften, Regionen oder Kulturen. Dasselbe Projekt ist unter Umständen Subsystem in drei anderen Unternehmen zugleich, Auftragnehmer, Kunde und ein Dritter als Dienstleister. Schließlich werden Projekte wie alle sozialen Systeme wesentlich geprägt durch ein weiteres Merkmal der Multiplexität, nämlich die Differenz von kognitiven, sozialen, technischen und ökologischen Systemen bzw. Systemeigenschaften. Deshalb sollten wir auch nicht auf allen Ebenen der Betrachtung unseres komplexen Phänomenbereichs mit demselben Systembegriff operieren.

An Stellen wie dieser rasten ins Denken üblicherweise bestimmte wohl etablierte soziologische Theorieelemente ein, vor allem in Gestalt des Gedankens, dass es sich bei Individuen bzw. Akteuren und ihren Handlungen einerseits und bei Gesellschaften und sozialen Prozessen andererseits um kategorial verschiedene Entitäten handele. Würden wir diesem Gedanken folgen, wäre die soziologische Welt auch weiterhin in Ordnung, und wir würden z.B. zu Lösungen greifen, die wir als Mehrebenenmodelle oder Mehrebenenanalysen kennen. Bezeichnenderweise ist es nämlich bisher auch der soziologischen Systemtheorie nicht gelungen, das seit Durkheim und Parsons problematische Verhältnis von Individuum und Gesellschaft für die Theoriebildung produktiv zu machen. Besonders Niklas Luhmanns Theorie sozialer Systeme hat zur Überwindung dieses Theoriegaps nicht nur nichts beigetragen, sondern die Kluft durch die Exklusion der Individuen eher noch vertieft.

Auf der Mikro-Ebene von Akteuren und deren Handlungen ist ein biologisch-psychologischer Systembegriff hilfreich, der Akteure als kognitive Sys-

teme modelliert (Cf. Maturana 1982). Kognitive Systeme sind als lebende Organismen durch eine relativ feste Kopplung ihrer Komponenten gekennzeichnet,
die bei organisationeller Invarianz bzw. Homöostase nur strukturelle Plastizität
zulässt. Die Fixierung auf autopoietische (operational geschlossene) Organisation führt zu kognitiver Autonomie, d.h. Selbstreferenzialität, Selbstregelung und
Selbsterhaltung durch operationale Schließung. Akteure gewinnen dadurch Individualität, d.h. Handlungsmächtigkeit auf der Basis persönlich konstruierten
Wissens, spezifisch individueller Kreativität und Intelligenz mit eigensinnigen
Handlungs- und Lebenszielen. M.a.W.: Jeder Angehörige eines Unternehmens
hat seinen eigenen Kopf, bringt spezifische, unverwechselbar persönliche Eigenschaften und Kompetenzen ein.

Auf der Ebene der sozialen Konfigurationen (Elias), die Akteure in ihrem
Zusammenwirken gemeinsam (teils intentional, teils als unbeabsichtigte Konsequenz ihres Handelns) erzeugen, benötigen wir einen Begriff sozialer bzw. soziotechnischer Systeme, der soziale Phänomene (wie z.b. natürliche Sprachen und
andere Verhaltenskoordinationen) insbesondere unter den Bedingungen der kognitiven Autonomie der individuellen Akteure modelliert. Im Gegensatz zu biologischen, lebenden Systemen (i.e. Organismen) sind soziale Systeme operational
teilweise offen und sogar organisationell plastisch, da ihre Komponenten, nämlich kognitiv autonome Systeme, nur relativ lose miteinander gekoppelt sind.
Deshalb bietet, was für biologische Systeme so gar nicht möglich ist, ihre strukturelle und organisationelle Flexibilität nicht nur erweiterte Spielräume für die
Selbstorganisation, sondern eröffnet überhaupt erst die Möglichkeit der Organisationsgestaltung, der Re-Organisation bzw. des Organisations-Managements.
Der Gedanke der aufgetauten, chronisch flüssigen bzw. fluiden Organisation
setzt diese Eigenschaft sozialer und soziotechnischer Systeme und ihren funda-
mentalen Unterschied zu biologischen Systemen voraus (cf. Hayek 1969; Weick
1977; Weber 1996; Ruegg-Stürm 2001).

4.3. Systemtypen

Soziale Systeme in diesem Verständnis sind gekennzeichnet bzw. gewinnen Individualität durch die spezifische Modalität ihrer Verwirklichung durch die jeweils zugehörigen Akteure, also durch die Form ihrer Organisation (z.B. zentral,
dezentral, hierarchisch, heterarchisch), die Prozess-Struktur der konkreten Verwirklichung dieser Organisation, die konkrete Regelung der Abgrenzung nach
Außen (z.B. durch Konventionalisierung von Verhalten und Handeln mit dem

Ergebnis spezifischer Arbeitsstile, Gepflogenheiten, Gewohnheiten, Standards, Sprachen), durch die für die Akteure handlungsleitenden Normen, Werte und Institutionen (z.b. Leitbild, Corporate Identity), kurz: durch ihre Kultur, i.e. auch die Gesamtheit der Eigenschaften, in denen sie sich von anderen sozialen Systemen unterscheiden.

Bei technischen Systemen wiederum haben wir es zu tun mit trivialen Maschinen (i. S. H.v. Foersters), Geräten und Apparaten, die menschliches Handeln unterstützen, verstärken und – wie im Falle von Robotern – immer öfter auch ersetzen. Insbesondere haben wir es zu tun mit kommunikativen bzw. medialen Infrastrukturen – von Printsektor bis zum Internet, die Bedingungen sozialer Formation und Organisation jeweils tief greifend prägen, so dass – wie Jack Goody es für die Schriftkultur gezeigt hat – kommunikationstechnologische Umbrüche auch nachhaltige soziale und kommunikative Veränderungen zu induzieren vermögen.

Auf der Makro-Ebene der Umwelten sozialer Systeme benötigen wir schließlich einen Begriff ökologischer Systeme, der neben kognitiven und sozialen Systemen als Komponenten auch Wechselwirkungen mit Elementen des politischen und kulturellen Umraumes, des Klimas, der Biosphäre, etc. integriert. Ökologische Systeme zeichnen sich durch eine Mischung ganz verschiedener Komponententypen sowie eine Mischung loser und dichter Kopplungen und durch Mischformen von Organisationstypen und -dynamiken aus.

Betrachten wir diese drei unterschiedlichen Systemtypen im Zusammenhang, so zeigt sich eine wechselseitige Abhängigkeit, oder besser: ein integrierender Wechselwirkungszusammenhang über alle Ebenen hinweg. Als kognitive Systeme unterliegen Menschen ökologischen und sozialen Systembedingungen, die sie zugleich aber auch mitgestalten und verändern. Entsprechend sind soziale Systeme abhängig von den kognitiven und physischen Voraussetzungen und Möglichkeiten, über die ihre Mitglieder unter den gegebenen ökologischen Bedingungen verfügen. Schließlich hängen ökologische Großsysteme wesentlich auch von den kognitiven, sozialen und technischen Lösungen, also den Kulturen ab, die Akteure in ihren Gemeinwesen zu ihrer individuellen und sozialen Selbstverwirklichung einsetzen.

Multiplexe Systeme, und damit kommen wir zur Frage der kategorialen Verschiedenheit von Akteur und System zurück, integrieren Komponenten verschiedenen Systemtyps so, dass ein komplexes organisationales Ganzes mit einer komplexen Dynamik aus deren Zusammenwirken entsteht. Für das Verständnis von Projekten bedeutet dieser Ansatz, dass sie so komplex begriffen werden können, wie es die Aufgaben der Praxis verlangen. Allerdings bedeutet dies

auch, dass es keine einfachen Antworten auf die Frage nach der ‚Natur' von Projekten gibt, weil diese als soziotechnische Gebilde von Menschen im Rahmen ihres kognitiven Vermögens unter ökologischen Bedingungen gemacht werden.

⇨   *Fazit*: Projekte sollten ebenfalls als multiplexe Systeme betrachtet werden.
Neben ihrer internen Komplexität (z.b. personale Heterogenität, soziotechnische
Integration) spricht dafür besonders ihre mehrfache Einbindung in zu- bzw.
übergeordnete Unternehmensstrukturen (ökologische Systemperspektive) und
die komplexe Dynamik (Agent von Innovation bzw. Wandel im Kundenunternehmen, eigener Wandel im Projektverlauf, etc.).

5   Projektkommunikation

5.1. Menschenbildannahmen und menschliche Kommunikation

Das heute aktuelle Menschenbild wird im Wesentlichen von Biologie (Evoluti-
ons- und Soziobiologie) und Kognitions-/ Neurowissenschaften geprägt. Danach
wird der menschliche Organismus als eine Art Biomaschine vorgestellt, die
strukturell an die Umwelt gekoppelt für eine gewisse Zeitspanne selbsterhaltend
und selbstregelnd, man sagt kognitiv autonom agiert. Einer der Entdecker dieser
Eigenschaften kognitiver Systeme, Humberto Maturana, hat die Selbstregelung
menschlicher Organismen einmal mit einem Instrumentenflug verglichen, bei
dem die Piloten niemals aus dem Fenster ihres Flugzeugen hinausschauen können, sondern lediglich die Anzeigen ihrer Instrumente ablesen und anhand dieser
Werte das Flugzeug steuern. Genauer betrachtet bedeutet dies, dass die Piloten
im Flugzeug selbst erzeugte Daten zur Steuerung benutzen, ohne über irgend-
welche ‚direkten' Informationen über ihre Umwelt zu verfügen. Das Flugzeug ist
sozusagen ein informationell geschlossenes Systems. Dieses Verständnis kognitiver Autonomie hat bedeutende Konsequenzen. Einige der wichtigsten Konsequenzen ergeben sich für das Verständnis des Wahrnehmens, Ler-
nens und der Kommunikation.
     Man sieht, was man weiß. Das jeweils einem Subjekt verfügbare Inventar
an Wissen und Fähigkeiten bestimmt seine Wahrnehmungsmöglichkeiten.
Wahrnehmung wird durch das Subjekt bestimmt, durch die Umwelt lediglich
moduliert.
     Man lernt nur, was man selbst denken und tun kann. Lernen ist keine In-
formationsaufnahme von Angeboten, die von außen an das Subjekt herangetra-

gen werden, sondern ein Prozess der Konstruktion von neuen Denk- und Verhaltensmöglichkeiten auf der Basis und mit den Mitteln der jeweils verfügbaren Denk- und Verhaltensmöglichkeiten. Kognitive Autonomie bedeutet auch Lernautonomie.

Wahrnehmungen, Gedanken und Handlungen sind kognitive Konstruktionen, die ein Subjekt jeweils autonom für sich erzeugen muss.

Die Wirklichkeit, in der wir zu leben vermeinen, ist vielmehr unsere jeweils eigene Konstruktion, mit der wir als kognitiv autonome Subjekte – wie mit dem künstlichen Horizont im Instrumentenflug – unseren Lebensweg zu gehen versuchen. Und wir tun dies in Wechselwirkung mit anderen Subjekten und mit der Umwelt, ohne diese Realität jemals anders als in den Begriffen unserer Wirklichkeit wahrnehmen und begreifen zu können. Wirklichkeit ist ein kognitiv-soziales Konstrukt, eine Unterstellung, Setzung, also eigentlich eine Folge von Kognition und Interaktion, und nicht deren logische Voraussetzung. Ob es die objektive Realität gibt, ist von einem solchen Standpunkt aus egal. Einem Subjekt ist nur die eigene Konstruktionsleistung zugänglich.

Kommunikation kann nun nicht mehr so etwas sein wie die Übertragung von Informationen oder Botschaften von einem Sender zu einem Empfänger. Das bis heute die Alltags-Intuitionen und die gängigen Auffassungen selbst in der Kommunikationsbranche und noch in Teilen der Kommunikationswissenschaft prägende informationstheoretische bzw. nachrichtentechnologische Modell der Kommunikation (Shannon & Weaver 1949) ist mit dem Cognitive Turn in den Wissenschaften endgültig obsolet geworden.

Für die Kommunikationstheorie ergibt sich auf konstruktivistischer Grundlage (Rusch 1987; 1999) die Konsequenz, nicht nur den Gedanken der Übermittlung von Botschaften zugunsten der je subjektspezifischen *internen Informationskonstruktion* aufzugeben, sondern das unter den Begriff (eben der Kommunikation) gebrachte und dadurch als Einheit vorgestellte Geschehen analytisch und begrifflich zu dekomponieren in die kognitiv autonom operierenden Akteure und deren jeweiliges Handeln. Dabei geht es einerseits um die Produktion (*Kreations-Aspekt*), Präsentation (*Media-Aspekt*) und Adressierung (*Zielgruppen-Aspekt*) von Kommunikationsmitteln und andererseits um die Beobachtung der Umwelt und die *Rezeption* der als Medienangebote identifizierten Objekte.

Der Gesamtprozess der Kommunikation zerfällt gewissermaßen in *zwei eigenständige Prozess-Einheiten*: das Handeln von Kommunikatoren (i.e. Kommunikation) auf der einen Seite und das Handeln von Beobachtern, Hörern/Lesern/Zuschauern/Usern, Perzipienten oder Rezipienten auf der anderen Seite. In diesem Modell führt kein direkter Weg oder Kanal vom Kommunikator zum Rezipienten. Beide können nicht mehr als Beteiligte an *demselben* Vorgang oder als Komponenten eines überindividuellen Kommunikationsprozesses begriffen werden, sondern nur noch als Akteure, die – jeder für sich – bezogen auf ihre jeweilige Umwelt handeln, dazu gehört auch, Erwartungen an andere zu richten, Ansprüche zu stellen, eigene Ziele zu verfolgen und auf der Basis der je eigenen Beobachtungen eigene Erfahrungen zu machen, eigene Schlüsse zu ziehen und eigene Ziele zu verfolgen. In diesem Handeln haben die individuellen Akteure jeweils ihre eigene Hoheit über ihre Bedeutungszuweisungen. Darin liegt eine wesentliche Quelle von Missverständnissen und Nicht-Verstehen.

5.2. Formen der Projektkommunikation

Betrachtet man alle Kommunikationsprozesse, die im Zusammenhang eines einzelnen Projekts auftreten, so lassen sich zunächst die interne und die vom Projekt nach außen gerichtete, externe Kommunikation unterscheiden.

Die *interne Projektkommunikation* erscheint dann in erster Linie als Führungs-, Koordinations- und Kooperationskommunikation, die der Steuerung, Erledigung und Dokumentation von Arbeitsprozessen, der sozialen (Selbst-) Regulation und dem Projekt-Identitätsmanagement innerhalb des Teams der Projektmitarbeiter dient. Die *externe Projektkommunikation* richtet sich dann – abhängig vom Projekttyp – an alle übrigen Projekt-Stakeholder, also z.B. an andere Mitarbeiter eines oder mehrerer beteiligter Unternehmen, an einzelne Abteilungen innerhalb beteiligter Unternehmen oder auch an Anspruchspartner in Politik, Medien oder Öffentlichkeit. Potenziell ist also in der Projektkommunikation das ganze Spektrum von Beziehungen und Instrumenten gespiegelt zu denken, das auch in der Unternehmens- und Organisationskommunikation anzutreffen ist.

Allerdings verschärfen und spezialisieren die besonderen Rand- bzw. Rahmenbedingungen von Projekten, wie sie im ersten Teil der Überlegungen beschrieben worden sind, die Anforderungen an Kommunikation und Medieneinsatz in Projekten erheblich. Der Kommunikationsbedarf ist in Projekten deutlich größer und auf allen Ebenen spezifisch an die Rahmenbedingungen der *Termination* (von Beginn an auf eine begrenzte Dauer angelegt), *Heterogenität* (personell und kulturell inhomogen zusammengesetzt), *Limitierung* (mit befristetem und begrenztem Budget ausgestattet) und der *Dedikation* (einzig der Erledigung einer konkreten Aufgabe gewidmet) gekoppelt.

Jede dieser speziellen Rahmenbedingungen verlangt schon allein nach einer Intensivierung und Fokussierung der Kommunikation. Im Verbund der vier Bedingungen bedeutet das eine exponentielle Steigerung der Anforderungen, die sich der Projektkommunikation im Vergleich mit ‚gewöhnlicher' Organisationskommunikation stellen.

So verlangt die begrenzte Dauer des soziotechnischen Systems ‚Projekt' für die Herstellung seiner Arbeitsfähigkeit und die Optimierung seiner Prozesse nicht nur nach einer *Beschleunigung* von sozialen und arbeitstechnischen Abstimmungs- und Adaptationsprozessen, sondern auch nach einem Kommunikationsmodus, einem Informationssystem und einem Wissensmanagement, das sich *prospektiv bzw. pro-aktiv* auf erst entstehende Fragestellungen, Anforderungen und Bedarfslagen einzustellen vermag, also wiederum beschleunigte Lernprozesse und Informationsgewinnung ermöglicht. Es ist leicht ersichtlich, dass die (Projekt-) Erfahrung von Mitarbeitern und das in vorausgegangenen Projekten gesammelte Wissen unter den zeitkritischen Bedingungen in Projekten als besonders wertvoll einzuschätzen sind.

⇨   *Fazit*: Projektkommunikation muss für diese Anforderungen passende Gelegenheiten, Formen und Medien bieten. So muss für soziale Begegnungen am Anfang genügend Raum geboten werden, Arbeitsprozesse müssen diskursiv reflektiert und im Team mental modelliert und simuliert werden, Datenbanken müssen eine breite Basis von Erfahrungen und Lösungsansätzen für soziale und technische Probleme bereitstellen und laufend erweitert werden, Projekte sollten durch virtuelle Verlaufsmodelle abgebildet werden, die Fortschritte und Rückschläge darzustellen und zu analysieren gestatten.

Ähnlich verlangt die organisationskulturelle Heterogenität der Projektteams von den einzelnen Mitarbeitern ein hohes Maß an voraussetzungsarmer und vorurteilsfreier Bereitschaft zur Kooperation, einen Vertrauensvorschuss in die Professionalität der übrigen Projektmitarbeiter und den Willen zum gemeinsamen Erfolg. Auch diese Einstellungen müssen eventuell geweckt, auf jeden Fall aber gestärkt und entwickelt werden. Organisationskulturelles Wissen über die jeweils anderen involvierten Unternehmen muss bereitgestellt und vermittelt werden. Möglicherweise bei anderen Projektmitarbeitern beobachtete irritierende Handlungen und fremde Denkweisen müssen erklärt werden können. Wo Akzeptanz schwierig zu erreichen ist, sollte Toleranz nahegelegt werden.

⇨   *Fazit*: Projektkommunikation kann sich dazu nicht mit Broschüren und Informationsangeboten über die involvierten Unternehmen begnügen, auch nicht mit dem Angebot von Social Events. Vielmehr sind moderierte Meetings und

Supervisionen angezeigt, wenn erkennbar wird, dass ein Projektteam seine sozialen Adaptationsleistungen nicht hinreichend erbringt, oder wenn akute Kooperationsprobleme auftreten. Ein webbasiertes Projekt-Portal kann mit seinen Tools einen wesentlichen Beitrag auch zur Bewältigung dieser Anforderungen leisten.

Die eng begrenzten Budgets stellen Projekte schließlich unter den Druck, den hohen zusätzlichen Anforderungen zu niedrigsten Kosten zu genügen. Eigentlich müssten die erhöhten Kommunikationsaufwendungen für den Start und Betrieb von Projekten zu den im Vergleich exorbitanten Kosten des Scheiterns eines Projektes oder der Verzögerung seines Abschlusses ins Verhältnis gesetzt werden. Aber leider geschieht das zu selten, und eine angemessene Projektkommunikation wird deshalb oft als Luxus betrachtet. Projektkommunikation kostet Geld. Diese Investition amortisiert sich aber in Gestalt von hoher Arbeitsqualität, hoher Akzeptanz der projektbezogenen Innovationen und Changeprozesse in Kundenunternehmen, hoher Fristen- und Budgettreue.

⇨ *Fazit*: Für die Projektkommunikation bedeutet das eine Ausdifferenzierung in mindestens zwei Richtungen: einerseits mit Blick auf die Pflege und Entwicklung der Kommunikation im Team der Projektmitarbeiter (Interne Projektkommunikation), andererseits mit Blick auf die kommunikative Unterstützung der Projektarbeit auf Seiten der Mitarbeiter und Kooperationspartner in Kunden- und Partnerunternehmen (User Communications[1], Partner Communications).

Schließlich – und damit gelangen die Überlegungen an dieser Stelle zum Abschluss – verlangt die strikte Ausrichtung eines Projektes an seinen Zielen nach einem klaren Identitätsmanagement, das alle Projektmitarbeiter, alle Arbeitsprozesse und die gesamte soziotechnische Organisation des Projektes einschließt. Dass die Zielorientierung derart rigoros ist, bedeutet keineswegs, dass die Ziele einfach seien. Der Seitenumfang von Projektverträgen kann das sehr gut illustrieren. Trotzdem tendieren Projekte häufig dazu, die Zielstellung zu verwässern bzw. im Projektverlauf auch ganz neue Ziele und Aufgaben einzuschleusen, weil sich bei den Auftraggebern neue Interessen oder Wünsche ergeben haben oder weil etwas nicht wie vorgesehen realisiert werden konnte, so dass andere Lösungen gesucht werden mussten.

⇨ *Fazit*: Für die Projektkommunikation kommt es darauf an, die Zielstellungen des gemeinsamen Handelns immer wieder ins Bewusstsein der Akteure zu

---

1 Siehe dazu vor allem den Beitrag von Christiane Müller in diesem Band.

rücken, Interpretationsspielräume für die Bedeutung von Vertragsklauseln und Zielen zu minimieren, neue Zielstellungen zu explizieren, zu erklären und zu begründen. Wieder ist hier ein Bündel von Maßnahmen anzusetzen, das von der für alle Mitarbeiter zugänglichen Dokumentation der Projektziele und ihrer Interpretationen bis hin zu moderierten Meetings und Einzelgesprächen reichen kann.

Literatur

Elias, Norbert 1988 (1939): Die Gesellschaft der Individuen. In: ders. Die Gesellschaft der Individuen. Frankfurt/ M.: Suhrkamp.

Emery, F.E. & E.L.Trist 1969 (1960): Socio-technical Systems. In: Emery, F.E. (Hrsg.) 1969 Systems Thinking. Harmondsworth: Penguin, 281-29.

Emery, F.E. & E.L.Trist 1969 (1965): The Causal Texture of Organisational Environments. In: Emery, F.E. (Hrsg.) 1969 Systems Thinking. Harmondsworth: Penguin, 241-258.

Emery, F.E. & Thorsrud, E. (1964): Industrielt Demokrati. Oslo: Oslo University Press.

Giddens, Anthony (1995): Die Konstitution der Gesellschaft. Frankfurt / New York: Campus.

Hayek, F.A. v. (1969): Freiburger Studien. Tübingen: Mohr.

Katz, D. & R.L.Kahn 1969 (1966): Common Characteristics of Open systems. In: Emery, F.E. (Hrsg.) 1969 Systems Thinking. Harmondsworth: Penguin, 86-104.

Latour, B. (1997): On Actor-Network Theory. In: Soziale Welt 1997.

Luhmann, N. (1987): Soziale Systeme. Frankfurt/ M.: Suhrkamp.

Mast, C. (2002): Unternehmenskommunikation. Stuttgart: Lucius (dtv).

Maturana, H.R. (1977): Biologie der Kognition. Paderborn: FEoLL.

Maturana, H.R. (1982): Erkennen: Die Organisation und Verkörperung von Wirklichkeit. Braunschweig / Wiesbaden: Vieweg.

Rice, A.K. (1953): Productivity and Social Organization in an Indian Weaving Shed: An Examination of the Socio-Technical System of an Experimental Automatic Loomshed. Human Relations, 6: 297-329. Condensed, Vol. II, Productivity and Social Organization: An Indian Automated Weaving Shed, 106-29.

Rice, A.K. (1958): Productivity and Social Organization: The Ahmedabad Experiment: Technical Innovation, Work Organization and Management. London: Tavistock Publications. Reissued 1987, New York: Garland.

Rice, A.K. (1963): The Enterprise and Its Environment: A System Theory of Management Organization. London: Tavistock Publications.

Rusch, G. (Hrsg.) (2005): Konstruktivistische Ökonomik. Marburg: Metropolis.

Sydow, J. (1985): Der soziotechnische Systemansatz der Arbeits- und Organisationsgestaltung. Frankfurt/ M.: Campus.

Trist, E.L. & K.W. Bamforth (1951): Some Social and Psychological Consequences of the Longwall Method of Coal Getting. Human Relations, 4: 3-38.

Trist, E.L. (1981): The Evolution of Socio-Technical Systems. Occasional Paper No. 2 June 1981. Ontario Ministry of Labour. Toronto.

Weber, B. (1996): Die fluide Organisation. Konzeptionelle Überlegungen für die Gestaltung und das Management von Unternehmen in hochdynamischen Umfeldern. Bern / Stuttgart / Wien: Haupt.

Weick, K.E. (1977): Organisation Design. Organisations as Self-Designing Systems. In: Organisational Dynamics 6 (2), 31-45.

Werle, R. (2000): Technik als Akteur? . In: Werle & Schimank (Hrsg.): Gesellschaftliche Komplexität und kollektive Handlungsfähigkeit. Frankfurt/ M.:Campus.

Wieland, Rainer (2003): Arbeitssysteme als soziotechnische Systeme, http://www.menbit.uniwuppertal.de/DL/Arbeitssysteme_soziotechnische_Systeme.pdf ; 12.08.2006

Projektkommunikation –

Eine kritische Betrachtung des Kommunikationsmodells im Projektmanagement[1]

Matthias Freitag

1   Einleitung

Eine Theorie der Projektkommunikation existiert nicht. Das verwundert kaum, sind die Vorstöße auf dieses Forschungsgebiet sowohl aus der Richtung der Ingenieurs- und Wirtschaftswissenschaften als auch der Medien- und Kommunikationswissenschaften bisher begrenzt.

Auch dieser Aufsatz wird keine neue Theorie der Projektkommunikation entwerfen können. Wir möchten es uns jedoch zur Aufgabe machen, das implizite Kommunikationsverständnis der Projektpraxis offenzulegen und seine Angemessenheit für ein zeitgemäßes Projektmanagement zu diskutieren. Wir betrachten das Kommunikationsmodell, an dem sich die meisten Projektmanagementratgeber orientieren und analysieren dessen Grundannahmen.

Anschließend untersuchen wir Schritt für Schritt, was Projektkommunikation von der klassischen Unternehmenskommunikation unterscheidet: im Hinblick auf ihre Erscheinungsformen, ihre organisationale Verankerung sowie ihren Beitrag zu den einzelnen Phasen der Projektabwicklung. Diese Differenzierung findet nur sehr grob oder überhaupt nicht statt. Sie ist jedoch die Voraussetzung, um kommunikationskritische Handlungsfelder im Projektmanagement zu identifizie-

---

1 Dieser Beitrag ist Teil einer Dissertation, die 2011 veröffentlicht wird.

ren und zu beurteilen, ob sich Instrumentarium und Strategie der Unternehmens-kommunikation auf die Projektsituation anwenden lassen.

2 Die klassische Perspektive: Kommunikation als Informationsaustausch

Wendet man sich der Fülle an Projektmanagementliteratur zu, um Angaben zur Projektkommunikation zu finden, so wird schnell deutlich, dass sowohl der Begriff Projektkommunikation als auch das Themengebiet der Kommunikation im Projektmanagement in Theorie und Praxis unterschiedlich weit gefasst werden. Bereits 1977 wurde die Vielfalt von unterschiedlichen Kommunikationsver-ständnissen von Klaus Merten in seiner oft zitierten Untersuchung von rund 160 Definitionen von Kommunikation identifiziert.[2]

Diese Vielfalt existiert auch in der Unternehmenskommunikation, und sie setzt sich im Projektmanagement fort. Kommunikation wird hier mal als Handlung, mal als Prozess, als Instrument, Fertigkeit, Aussage oder ganz umfassend als System angesehen.

Welche Definition gewählt wird, hängt vom wissenschaftlichen Hintergrund des Autors und von den Empfehlungen ab, die er in Bezug auf Kommunikation seinen Lesern mitgeben möchte. Bei einer genaueren Betrachtung der einschlä-gigen Literatur zeigt sich jedoch, dass vor allem ein Modell immer wieder zitiert oder implizit vorausgesetzt wird: das Tauschmodell von Kommunikation. Seine Kernaussage lautet gemäß Schelle et al.: „Kommunikation bezeichnet den Aus-tausch von Informationen".[3]

In diesem Modell wird Kommunikation als Vorgang verstanden, der in der Regel folgende Elemente umfasst:

- einen aktiven Sender,
- eine Botschaft oder Information, auch als Stimulus bezeichnet, die für alle Beteiligten prinzipiell dieselbe Bedeutung hat,
- einen Kanal, der die Botschaft überträgt,
- mindestens einen Empfänger, der sie erhält,

---

2 Vgl. Merten (1977). Für eine Zusammenfassung siehe Merten (1999; 76-79).
3 Schelle et al. (2005; 400). Das Informationsaustauschmodell wurde von der funktionalpublizisti-schen Münsteraner Schule entwickelt (vgl. Prakke 1968; 101, zit. in Merten 1999; 55f.) und ist eine erweiterte Version des behavioristischen Stimulus-Response-Modells, auf das sich z.B. Schelle et al. (2005; 400) auch heute noch explizit beziehen. Mit seinen drei Elementen Sender, Empfänger und Stimulus bildet es das Grundschema der Kommunikation (vgl. Merten 1977; 37ff., zit. in Merten 1999; 55).

- ein Ergebnis bzw. eine Wirkung der Information beim Empfänger (Verständnis, Reaktion).

Mitunter werden weitere Variablen addiert, z.B.:

- ein Zeichen- bzw. Symbolsystem, das beide Akteure kennen und in das die Botschaft kodiert wird,
- ein Medium, mitunter technischer Art, das als Kanal wirkt und den Code überträgt,
- der Vorgang der Übertragung selbst,
- eine Rückkoppelung des Empfängers an den Sender, auch Feedback genannt, sowie
- weitere interferierende Faktoren oder ,Störvariablen' (Kodierungs- und Dekodierungsfehler, kognitiv-emotionale Filter, Situationseinflüsse).

Für die große Verbreitung des Informationsaustauschmodells[4] sprechen eine Reihe pragmatischer Gründe. Zum einen entspricht es dem Alltagsverständnis von Kommunikation, denn es beschreibt Kommunikation als eine einfache, auf wenige Einflussfaktoren reduzierte Aktion. Aus einer planungszentrierten Managementsicht, wie sie dem Projektmanagement ingenieurswissenschaftlicher Prägung zugrunde liegt, ist das attraktiv, erlaubt es doch die Konzentration auf das Wesentliche. Zum anderen macht das Informationsaustauschmodell handlungsfähig. Es zeigt allen Beteiligten kompakt und verständlich, wie Kommunikation funktioniert und was sie tun müssen, um andere gezielt zu beeinflussen. Der Kommunikationsvorgang wird in seine Elemente zergliedert (den Sender, den Empfänger, das Medium etc.) und markiert so Ansatzpunkte für die Planung und Umsetzung von Kommunikationsmaßnahmen. Seitens des Modells spricht auch nichts dagegen, Kommunikationsaktivitäten zentralisiert zu planen und zu steuern und damit eine beliebige Anzahl von ,Empfängern' gleichwertig zu erreichen (die Grundidee der Massenkommunikation). Überdies lassen sich dadurch, dass Kommunikation formalisiert und standardisiert wird Kostenvorteile erzielen. Kommunikationserfolge werden messbar, denn man kann den Versand einer Botschaft bzw. den Kontakt mit ihr mit bereits als Erfolg bezeichnen.

---

4 Am Informationsaustauschmodell bzw. an seinen Derivaten orientieren sich in der Projektmanagementliteratur allein explizit Benner (1996; 37), Cleland / Ireland (2006; 404f.), Diethelm (2001; 171), Dommert (1993; 12-17), Gillard / Johansen (2004; 26), Homberg (2002; 21), Homberg (2005; 546), Kerzner (2003; 201), Kuster et al. (2008; 187), Litke (2007; 215), Möller (2003; 126), Motzel (2006; 99), PMI (2003; 224), Pritchard (2004; 4), Süß / Eschlbeck (2002; 196), Weaver (2007; 3). Für eine kritische Beurteilung des Modells siehe Milszus / Rohwedder (2003; 297-299).

Grund dafür ist eine zentrale Eigenschaft des Modells: Es impliziert Unaus-
weichlichkeit. Sofern sich der ‚Sender' geschickt genug anstellt, bleibt dem
‚Empfänger' keine andere Wahl, als die ‚Botschaft' anzunehmen und wie vom
Sender intendiert zu reagieren.[5] Diese Machtillusion macht das Modell auch heute noch attraktiv für viele potenzielle ‚Sender'.

Einfachheit, Anwendbarkeit und Attraktivität sind die Voraussetzungen,
damit ein Modell genutzt wird. Sie sind aber noch kein Garant für dauerhaften
Erfolg. Ein weiteres, wichtiges Erfolgskriterium eines Modells ist deshalb, dass
es als Prognoseinstrument taugt. Das heißt, seine Vorhersagen über den Verlauf
und die Wirkung von Kommunikation müssen sich hinreichend erfüllen. Erfüllt
ein Modell diesen Zweck, ist für den Handelnden zweitrangig, ob es modernen
Theorien entspricht oder im wissenschaftlichen Kanon als veraltet gilt. Die spannende Frage lautet demnach: Bewährt sich das Informationsaustauschmodell in
der Praxis?

Für bestimmte Situationen können wir hier eingeschränkt mit ‚Ja' antworten. In einem Umfeld mit formal definierten Strukturen, Prozessen und Verantwortlichkeiten und relativ gleich bleibenden Aufgaben (wie es das klassische,
arbeitsteilige Unternehmen bietet) lassen sich Verständigungsprobleme, die zu
Beginn noch bestehen, mit der Zeit abbauen.

Die Beteiligten erfahren im Arbeitsalltag, mit wessen Hilfe und wie sie sich
Informationen besorgen und gegenüber wem sie ihrerseits Kommunikations-
pflichten haben. Parallel erwerben sie Fertigkeiten im Gebrauch der vorhandenen
Medien und der unternehmensspezifischen Themen und Sprachen.[6] Sie wissen
ihre Kontaktpartner immer besser einzuschätzen. Dabei ist es eine Eigenheit der
Hierarchie, ausgewählte Kommunikationssituationen (z.B. Richtungen, Anlässe,
Themen, Verbindlichkeiten) zu bevorzugen und über formale Strukturen festzu-
schreiben. Erfolg hat eine solche Vorstrukturierung allerdings nur dort, wo wiederkehrende Aufgaben und Problemstellungen es erlauben, Handeln zu routini-
sieren.[7] Routinen bedeuten Vorhersehbarkeit. Sie schränken den Handlungsspielraum ein und machen das Verhalten eines Akteurs für seine Interaktionspartner
kalkulierbar. Es wird weniger erklärungsbedürftig, und entsprechend sinkt der
Kommunikationsbedarf. Eine der Leistungen von Hierarchie ist es, Kommunikationsprozesse zu regeln und zu kanalisieren. Eines Teils ihrer Komplexität be-
raubt, kann diese formale Kommunikation den Beteiligten nun durchaus wie ein

---

5 Vgl. Rusch (2003a; 293).
6 Das betrifft Abkürzungen, Produkt-, Projekt- und Bereichsnamen sowie Fachwörter, aber auch strategische Wortneuschöpfungen, Modewörter, Reizwörter, Floskeln usw.
7 Vgl. zur Routinisierung von Handlungen Rüegg-Stürm (2003; 61-63).

trivialer Austausch von Informationen erscheinen. Und in diesem Kontext mag es auch sinnvoll sein, sich an einfacheren Kommunikationsmodellen wie dem Informationsaustauschmodell zu orientieren. Die Entscheidung zugunsten der Einfachheit bleibt jedoch ein Wagnis. Ändern sich entscheidende Rahmenbedingungen, die das Gelingen von Kommunikation begünstigten, bricht hinter der Formalisierung schnell wieder die Komplexität von Kommunikation hervor. Vor allem in Situationen, die nicht dem regulären Organisationsalltag entsprechen – zum Beispiel in Krisen, in emotionsbeladenen organisationalen Umstrukturierungen, internationalen Kooperationen oder bei der Einführung neuer Kommunikationsmedien – zeigen sich schnell die Grenzen der Verständigung. Unklarheiten entstehen, Missverständnisse häufen sich. Die Folge sind aufwändige Abstimmungsrunden und nicht selten Frustration und Misstrauen bei den Beteiligten. Auch Projekte sind keine Routineveranstaltungen. Meist hat man es gleich mit mehreren Unbekannten zu tun: ein neues und heterogenes Team, komplexe, unüberschaubare Aufgaben oder hoher Zeit- und Ressourcendruck. Einflussfaktoren, die in der Hierarchie stillschweigend vorausgesetzt bzw. marginalisiert wurden, wachsen im Projektmanagement zu bedeutsamer Größe an. Verwunderlich ist das nicht, entbehrt die Projektsituation doch vieler Strukturen, die Arbeitsteilung und Kooperation in der Hierarchie erleichtern. Definierte Interaktionswege und -häufigkeiten, die Differenzierung in funktionale Bereiche mit zugeordnetem Aufgabenprofil und entsprechend homogener Sprache und Identität[8], Top-down-Entscheidungs- und Deutungsmöglichkeiten (im Zweifelsfall zählen Wahrnehmung und Entscheidung des Ranghöchsten) und vor allem wiederkehrende Aufgaben und entsprechend routinisierte Handlungen – all das ist im Projektmanagement zumindest beim Start des Projekts kaum vorhanden und stellt eine besondere Herausforderung für die Kommunikation dar.

Den Weg der Hierarchisierung zu beschreiten und Kommunikation umfassend zu formalisieren, verbietet sich angesichts der besonderen Aufgabenstellung und Leistungserwartungen an das Projekt. Ein Projekt, das die Hierarchie des klassischen Unternehmens kopiert, handelt sich umgehend auch dessen Defizite ein. Stattdessen muss die soziale Ebene, d.h. die Beziehungsstruktur im Projektteam, wieder an Bedeutung gewinnen. Sozialität und Commitment müssen als Kooperation sicherndes, informelles Gerüst berücksichtigt werden.[9] Auch die externe Kommunikation erfährt im Projektmanagement eine Neuerung. Statt bei-

---

8 Vgl. hierzu das Konzept der Wahrnehmungs- und Interpretationsgemeinschaften nach Rüegg-Stürm (1998a; 10) sowie den Communities-of-Practice-Ansatz von Wenger (1999).
9 Vgl. Heintel / Krainz (2000; 83f.), Oltman (1999; 220), Macomber (2007).

spielsweisc die Kommunikation mit dem Kunden über bestimmte Schnittstellen
wie Vertrieb, Marketing oder Presse zu leiten, findet sie im Projektmanagement
oft direkt zwischen den Fachkräften auf Kunden- sowie auf Auftragnehmerseite
statt. Besonders eng ist die Zusammenarbeit, wenn der Kunde am Leistungserstellungsprozess beteiligt ist. Das Zusammenspiel von Projektteam und Umwelt
betrifft dann einen Großteil der Projektmitglieder persönlich und fordert ihnen
entsprechende Fertigkeiten ab. Auch bei internen Projekten vermischen sich projektexterne und -interne Belange, wenn wie in der Matrixorganisation Projektmitglieder gleichzeitig in das Projekt und in ihren ehemaligen Bereich eingebunden sind. Als Kommunikationsschnittstelle zwischen den Interessen von Projekt
und Linie übernehmen sie hier permanent eine Vermittlungsaufgabe, was den
Kommunikationsaufwand erheblich erhöht. Spielte Kommunikation im klassischen Unternehmen schon eine wichtige Unterstützungsfunktion[10], wird sie im
Projektmanagement zum entscheidenden Erfolgsfaktor.

Wie tauglich ist es, in einem solchen dynamischen Umfeld an einem Kommunikationsverständnis festzuhalten, das als Erklärungsprinzip weiter das Informationsaustauschmodell zugrundelegt und seine Gestaltungsmöglichkeiten
daraus ableitet? Was Einfachheit, Verständlichkeit und Anwendbarkeit betrifft,
dürfte das Modell auch im Projektmanagement punkten. Doch kann es auch hier
Kommunikationserfolge vorhersagen und planbar machen? Eine Antwort auf
diese Frage gibt ein Blick in die einschlägige Projektmanagementliteratur, in der
das Modell ja oft zitiert wird. Wir finden zahlreiche Argumente gegen triviale,
vorhersagbare Kommunikationswirkungen. Erster Anhaltspunkt ist die Forderung diverser Autoren nach effektiver, freier oder offener Kommunikation.[11] Offensichtlich wird hier zwischen optimaler und suboptimaler Kommunikation unterschieden, womit eine prinzipielle Varianz im Kommunikationsprozess anerkannt wird.[12] Die Wirksamkeit von Kommunikation hängt folglich nicht nur davon ab, ob und mit wem man kommuniziert, sondern auch wie das geschieht.
Das fügt dem Kommunikationsmodell eine weitere Variable hinzu. Für die frühe
Kommunikationswissenschaft mit ihrem Fokus auf einfache Sender-Empfänger-
Modelle war die Frage nach dem ,Wie' eine Neuerung, schrieb sie den Erfolg
der Kommunikation doch zunächst voll und ganz der ,Botschaft' und ihrer
,Übertragung' zu. Praktiker hingegen wissen schon seit jeher um die Möglich-
keit, dass Kommunikation auch anders verlaufen kann als erwartet: Jedem von

---

10 Vgl. Rüegg-Stürm (2003; 75f.).
11 Z.B. Dommert (1993; 32-35), Cleland / Ireland (2006; 401f.), Homberg (2005; 454), Spreider
(2004; 105f., 122, 206).
12 Vgl. Rusch (2003a; 293f.), Merten (1999; 65-67).

uns sind Situationen bekannt, in denen der ‚Informationsaustausch' nicht wie geplant stattfindet oder unerwartet folgenlos bleibt. Newsletter und Memos werden nicht oder nicht richtig gelesen, Informationen nicht verstanden. Kollegen reagieren im Gespräch anders als erwartet und zeigen sich vermeintlich uneinsichtig. Die ‚Botschaft' sei eben nicht angekommen, heißt es dann, oder die Empfänger hätten sie nicht akzeptiert. Man habe aneinander vorbeigeredet, Gesagtes unterschiedlich aufgefasst. Die verschiedenen Bruchstellen der Verständigung werden sehr anschaulich auf den Punkt gebracht in einem Merksatz, der Konrad Lorenz zugeschrieben wird: „Gedacht heißt nicht immer gesagt, gesagt heißt nicht immer richtig gehört, gehört heißt nicht immer richtig verstanden, verstanden heißt nicht immer einverstanden, einverstanden heißt nicht immer angewendet, angewendet heißt noch lange nicht beibehalten".[13]

2.1. Varianten des Modells

Wie lassen sich die Verständigungs- oder Wirkungsstufen, die Lorenz unterscheidet, erklären? Die Grundelemente des Sender-Empfänger-Modells, nämlich Sender, Empfänger, Botschaft, Übertragung und Wirkung allein genügen nicht. In der Kommunikationspraxis und der Wissenschaft begab man sich daher auf die Suche nach den Gründen für das Versagen von Kommunikation und fand weitere notwendige Voraussetzungen und intervenierende Variablen im Kommunikationsvorgang: die Verfügbarkeit eines Kanals und eines gemeinsamen Zeichensystems, die Kodierung und Dekodierung der Botschaft, Fehler bei dieser Kodierung und in der Übertragung, und schließlich psychische, soziale und situationale Variablen wie Aufmerksamkeit, Wissen, Erfahrungen, Interessen und Emotionen auf Seiten des Senders wie des Empfängers. Diese Variablen ergänzten das Sender-Empfänger-Modell im Laufe der Jahre.[14] Das Informationsaustauschmodell ist ein solches ‚angereichertes' Sender-Empfänger-Modell. Mit seiner Popularität haben auch die zusätzlichen Variablen ihren Weg in die Projektmanagementliteratur gefunden. Je nach Autor werden unterschiedliche Ele-

---

13 Konrad Lorenz (o. Q.), zitiert in Bohinc (2006; 14). Vgl. ferner Roth (2007; 271) zu den Gründen des Scheiterns von Kommunikation aus der Perspektive der Hirnforschung.
14 Schmidt / Zurstiege (2000; 62) bezeichnen den Vorgang der Modellerweiterung durch zusätzliche Komponenten als „additive Transformation". Im Zuge dieser Entwicklung wurde auch die Kommunikationstheorie immer komplexer (vgl. Rusch 2003b; 105).

mcntc hervorgehoben.[15] Manche verorten die Ursache für das Gelingen von Kommunikation nicht allein beim Übertragungsprozess, sondern auch beim ‚Sender', von dem sie eine klare, verständliche Sprache fordern.[16] Andere stimmen mit der plakativen Aussage „Kommunikation ist das, was ankommt" überein und stellen den Empfänger und seine Wahrnehmung bzw. Interpretationsleistung in den Mittelpunkt.[17] Das Zeichen- bzw. Symbolsystem der Kommunikation gerät ins Visier[18] und die Auswahl des richtigen Mediums wird betont.[19] Manche Autoren orientieren sich neben dem Informationsaustauschmodell auch an den Modellen von Watzlawick et al. und Schulz von Thun, beide werden in Aufsätzen zur Projektkommunikation häufig zitiert.[20] Damit berücksichtigen sie das Verhältnis der Kommunikationspartner zueinander. Indem sie der inhaltlichen Ebene von Kommunikation eine oder mehrere Beziehungsebenen gegenüberstellen, verweisen sie auf eine Mehrschichtigkeit jedes Medienangebots. Eine weitere Schwerpunktsetzung ist, Kommunikation vor allem im Hinblick auf ihre instrumentellen Funktionen bzw. Wirkungen zu untersuchen und ihren Beitrag zur Verbesserung von Koordination und Kooperation im Projektmanagement zu bewerten.[21] Auch an der Kommunikationsrichtung setzen verschiedene Autoren an und betonen, dass Kommunikation einer Rückkoppelung (Feedback) bedarf, um Verständigung und Handlungskonsens zu ermöglichen.[22] Damit verbunden ist die Feststellung, dass Sender und Empfänger im Kommunikationsprozess die Rollen tauschen (interaktive Kommunikation[23]), wodurch sich der Kommunikationsprozess fortentwickelt.

Die Addition intervenierender Faktoren hat Kommunikation zu einem Phänomen variabler Komplexität gemacht. Je nachdem, wie viele Einflussfaktoren berücksichtigt werden und welche Abhängigkeiten man zwischen ihnen unter-

---

15 Bei den Schwerpunktsetzungen zeigen sich deutliche Parallelen zu den klassischen Forschungsgebieten der Kommunikationswissenschaft entlang der Lasswell-Formel. Für einen Überblick siehe Pritchard (2004; 5f.).
16 Vgl. Ohlig (2006; 38), Hansel / Lomnitz (2003; 93-95), Geipel (2003; 34).
17 Homberg (2005; 546), vgl. auch Cleland / Ireland (2006; 404), Geipel (2003; 34), Kuster et al. (2008; 187-189), Schelle et al. (2005; 401), Süß / Eschlbeck (2002; 197) oder Weaver (2007; 6).
18 Vgl. Dommert (1993; 15-17).
19 Vgl. Benner (1999; 259), Chiocchio (2007; 98). Lehner (2001; 211f.) und Motzel (2006; 99) fassen unter Kommunikation deshalb auch die Gesamtheit der technischen Kommunikationsmittel und der Regeln für ihren Gebrauch.
20 Schulz von Thun (1981), zit. in Benner (1996; 35), Kuster et al. (2008), Patzak / Rattay (2004; 26), Motzel (2006; 99) sowie Watzlawick et al. (1982, Erstauflage: 1969), zit. z.B. in Dommert (1993; 15). Litke (2007; 215 u 222f.) sowie Milszus / Rohwedder (2003; 299 u. 305) zitieren beide Autoren.
21 Vgl. Spreider (2004; 43), Chiocchio (2007).
22 Vgl. z.B. Benner (1999; 40), Cleland / Ireland (2006; 417), Kuster et al. (178f.).
23 Schmidt / Zustiege (2000; 175).

stellt, steigt und sinkt die Komplexität des kommunikativen Geschehens. Das betrifft auch das Verständnis, das Projektleiter oder Teammitglieder von Kommunikation haben. Unterschiedliche Grundannahmen über Kommunikation, wie sie z.b. die ‚harte' Ingenieurssicht und die ‚weiche' Organisationspsychologie unterscheiden, ziehen unterschiedliche Kommunikationsstrategien nach sich. Zwei Personen, die das Kommunikationsmanagement im Projekt thematisieren wollen, müssen sich daher erst einmal einigen, wie weit und wie komplex sie Kommunikation überhaupt definieren und welche Faktoren und Abhängigkeiten sie berücksichtigen möchten. Den Gestaltungsspielraum der Kommunikation in seiner notwendigen Komplexität zu erfassen ist dabei selbst eine kommunikative Herausforderung.[24]

Wir resümieren: Der Erfolg von Kommunikation ist voraussetzungsreich. Verständigung ist schwierig zu erreichen, das beweist die Fülle von Einflussvariablen. Die Eventualität des Scheiterns wird dem Modell an so vielen Stellen eingepflanzt, dass Misserfolg immer erklärbar bleibt. Eine Bruchstelle wird sich schon finden, und am Ende bleibt immer noch die Möglichkeit, dem Adressaten Unvermögen oder Ignoranz zu unterstellen. Interessanterweise, vielleicht aus eben diesem Grund, zieht kaum einer der Projektmanagementautoren die zentrale Annahme des Modells in Zweifel, nach der es grundsätzlich möglich ist, Informationen oder Bedeutungen von einem Individuum zu einem anderen zu übertragen. Man müsse, so die weiterhin verbreitete Überzeugung, nur die richtigen Hebel finden und bedienen, um den gewünschten Erfolg zu erzielen.[25]

2.2. Kritische Betrachtung

Wie gezeigt, begnügen sich weite Bereiche der Projektmanagementpraxis mit einem trivialen Kommunikationsmodell. Im Rahmen der Grenzen, die das Modell setzt (oder auch an ihnen vorbei), wird versucht, Kommunikationsanstrengungen zu verbessern. Die Strategien, die Kommunikatoren anwenden (z.b. verständlich zu kommunizieren, sich auf den Rezipienten einzulassen, Feedback einzufordern), machen den Kommunikationserfolg auch tatsächlich wahrscheinlicher. Mit der theoretischen Basis des Modells lassen sie sich jedoch nicht immer in Einklang bringen. Mag für den Praktiker die Stringenz seiner ‚theory in use'

---

24 Laut Merten ist das ein Grundproblem der Kommunikationswissenschaft. Da sie ihr Forschungsobjekt ‚Kommunikation' nur mit Hilfe eben jener Kommunikation beschreiben und erfassen kann, wird sie zu einer Metawissenschaft (1999; 49).
25 Vgl. Merten (1999; 54-76), Rusch (2003a; 293-295).

zweitrangig sein, für den Wissenschaftler ist sie eine Herausforderung. Seit mehreren Jahrzehnten haben sich Vertreter verschiedener Wissenschaftsdisziplinen
in mittlerweile zahlreichen Publikation gegen die theoretische Verkürzung ausgesprochen, der Informationsübertragungs- und -austauschmodelle Vorschub
leisten.[26] In der Kommunikationswissenschaft hat vor allem Klaus Merten viel
Überzeugungsarbeit geleistet, sowohl im Bereich der Massenkommunikationsforschung[27] als auch in Bezug auf individuelle Kommunikation. Mertens Kritik
setzt gleichzeitig an mehreren Eigenschaften des Informationsaustauschmodells
an.[28] Punkt eins: Das Modell zergliedert den Kommunikationsvorgang in seine
Elemente und vernachlässigt die Beziehungen und Abhängigkeiten zwischen ihnen. Zwar verbindet ein ‚Kanal' den Sender mit dem Empfänger. Wie der Informationsaustausch genau abläuft und wie die Elemente des Kommunikationsmodells daran beteiligt sind, bleibt jedoch offen. Der zweite Kritikpunkt bezieht
sich auf die fehlende Dynamik. Das Modell macht keine Aussage, wie und wohin sich der Kommunikationsprozess im Zeitverlauf entwickelt. Drittens bildet
das Modell auch die Reflexivität, d.h. die Selbstbezüglichkeit von Kommunikation, nicht ab. Merten formuliert drei Anforderungen an eine Theorie der Kommunikation: Sie muss mit absoluten und relationalen Größen umgehen, dynamische Vorgänge erfassen und Selbstreferenzialität berücksichtigen.[29] Zwei wesentliche Grundannahmen des Informationsaustauschmodells wollen wir im Folgenden näher betrachten: das Verständnis von Kommunikation als Tausch und
die Grundannahme der Übertragbarkeit von Informationen.

Die Tauschmetapher spielt in den Wirtschaftswissenschaften eine grundlegende Rolle. Der Tausch wird „als typisch moderner Mechanismus zur Reproduktion der modernen Ökonomie gesehen, der sich als Austausch von Waren im
Tauschmedium Geld vollzieht".[30] Durch Verwendung eines Tauschmittels wie
z.B. Geld, das allgemein anerkannt ist, lässt sich der Tausch von Gütern zeitlich
voneinander trennen.[31]

---

26 Zu nennen sind hier neben den Kommunikations- und Medienwissenschaften die Biologie, die
Hirnforschung, die Psychologie und auch die Philosophie.
27 Merten zeigt, wie die auf Massenkommunikation ausgerichtete Medienwirkungsforschung das
Scheitern von Kommunikation mit Hilfe neuer Theorien zu erklären suchte. Dazu gehören z.b. der
Two-step-flow of Communication (auch Meinungsführer- oder Gatekeepermodell), die *Schweigespiraltheorie, die Wissenskluthypothese* oder den *Uses-and-gratifications Approach* (für einen Überblick vgl. Merten 1994; 291-328. Siehe auch Burkart 2002; 186-268). Für die Projektkommunikation,
die eher auf dialogische und persönliche Kommunikationsformen setzt, sind Massenkommunikationstheorien allerdings weniger relevant, weshalb wir sie hier nicht weiter behandeln.
28 Vgl. Merten (1999; 61-117).
29 Vgl. Merten (1999; 82).
30 Hillebrandt (2009; 92).
31 Vgl. Vogt (2009; 1).

Von der Metapher des Warenaustauschs unterscheidet sich Kommunikation zunächst durch ihre Immaterialität.[32] In der Kommunikation werden nicht Güter gegen einander bzw. gegen ein universelles Medium wie z.b. Geld getauscht, sondern es werden in erster Linie mentale bzw. soziale Prozesse angestoßen. Auch Informationen sind Ergebnisse dieser Prozesse.

Kommunikationsmöglichkeiten können zwar an eine materielle Basis wie ein Buch, eine Videokassette, Speicherkapazitäten oder elektrische Impulse gekoppelt sein, und diese können sehr wohl wie Waren getauscht werden. Allerdings fällt der Kauf einer DVD, der Erwerb einer Konzertkarte oder der Gebrauch eines elektronischen Speichermediums nicht mit der kommunikativen Handlung in eins. Er ist für den Rezipienten lediglich die Voraussetzung, um sich mit dem Medienangebot befassen zu können und an Kommunikation teilzuhaben. Umgekehrt kann ein Kommunikator z.b. über den Kauf ‚physischen' Anzeigenraums in einer Zeitschrift oder über die Platzierung einer Webseite auch die Möglichkeit erwerben, sein Medienangebot einer Zielgruppe zu präsentieren. Diese materiellen Rahmenbedingungen und das ihnen beigemessene kommunikative Potenzial mögen durchaus den Charakter eines Wirtschaftsguts erhalten und handelbar sein. Aus erkenntnistheoretischer Sicht jedoch ist Kommunikation ein immaterieller Vorgang. Obgleich dieser durch ein materielles Medium gestützt sein kann, vollzieht er sich in kognitiver bzw. sozialer Hinsicht. Kommunikation als ‚Austausch von Informationen' kann also allenfalls als immaterieller Austausch bezeichnet werden.

Aber ist Kommunikation wirklich eine Tauschhandlung für immaterielle Güter? Auch diese Perspektive ist aus zwei Gründen irreführend. Der erste Kritikpunkt leitet sich aus dem Verlauf einer Tauschhandlung ab, der zweite aus dem Informationsbegriff. Ein Tausch bedingt, dass jemand etwas gibt und jemand anderes es in Empfang nimmt. Dafür erhält der Geber vom Nehmer etwas zurück. Aus der ökonomischen Perspektive findet ein Tausch statt, wenn jeder der Beteiligten dem Gut, das er erhält, einen höheren Wert beimisst als dem Gut, dass er weggegeben hat. Wie läuft dieser Prozess ab, wenn man Kommunikation als Informationsaustausch versteht? Eine Variante ist, dass sich die Kommunikationspartner gegenseitig Informationen übermitteln, die für ihr Gegenüber wertvoll sind. Man tauscht eine eigene Information gegen eine neue. Die neue Information wird zum eigenen Wissensbestand hinzuaddiert und vergrößert z.b. den eigenen Handlungsspielraum. Bildlich gesprochen: Zwei Projektmanager berichten einander von ihren Erfahrungen im Umgang mit der Projektplanung. Am Ende haben beide nützliches neues Wissen erlangt. Eine Metapher für diese sehr

---

32 Vgl. Merten (1999; 69).

simple Interpretation ist ein Aktenschrank: Jeder Projektmanager ist Verwalter eines persönlichen Wissensbestandes. Informationen können wie einzelne Blätter kopiert und dem Gegenüber übergeben werden, der sie bei sich abheftet. Umgekehrt vergrößert der Geber seinen eigenen Bestand. Diese einfache Metapher macht bereits zwei Schwächen deutlich: Zunächst stellt sich die Frage nach der Wechselseitigkeit jeder Tauschbeziehung. Im Dialog noch einfach erkennbar, wird es bei einer Videoansprache schon schwierig. Hier gibt nur einer der Beteiligten, z.b. der Firmenchef, Informationen weiter. Handelt es sich trotzdem um Kommunikation? Welche Informationen erhält er von jedem seiner 40.000 Mitarbeiter im Gegenzug? Offenbar kommen wir nicht umhin, manche Erscheinungsformen von Kommunikation als Einbahnstraße zu verstehen. Statt von Austausch, sprechen wir dann von der Vermittlung von Informationen oder von Befehlen. Das Informationsaustauschmodell enthält offenbar eine normative Komponente, wenn es Kommunikation als wechselseitige und gleichberechtigte Aktivität darstellt.

Kritikpunkt zwei betrifft die Art und Weise des Tauschs: Die Beteiligten geben nichts weg, wenn sie Informationen übermitteln. Sie löschen die Information bei sich selbst nicht, denn ein Wissensbestand verbraucht sich nicht. Informationen werden nicht verschoben, sondern vervielfältigt.[33] Die geläufige Redewendung, ‚sich austauschen' zu wollen, täuscht uns hier. Auch das Wort ‚Mitteilung', das impliziert, man teile eine Information mit jemand anderem, trifft nicht den Kern der Sache. Informationen lassen sich nicht wie Waren zwischen den Gesprächspartnern aufteilen. Was allerdings möglich ist, ist eine Erkenntnis dank Kommunikation nachzuvollziehen und so an ihr teilzuhaben. Nicht der Austausch oder die Mitteilung von Informationen sind daher als Grundoperation von Kommunikation anzusehen. Treffendere Umschreibungen sind Multiplikation bzw. Teilhabe an Informationen.

Das führt zu einer dritten, noch prekäreren Frage: Existiert Informationswert an sich überhaupt als eine zeitlich konstante, objektiv bestimmbare Größe, die sich multiplizieren lässt? Wie sieht es aus, wenn einer der Beteiligten die Informationen seines Gegenübers schon kennt und sie deshalb keinen Wert mehr für ihn haben? Oder wenn sie z.B. aufgrund seines fachlichen Hintergrunds für ihn nicht relevant sind? Mit dem Code des Programmierers kann der Anwender nichts anfangen, für ihn stellen sie ein undurchdringliches Zahlen- und Buchstabendickicht dar. Andere Programmierer hingegen beurteilen den Code nach Kür-

---

33 Merten (1999; 69) spricht in diesem Zusammenhang vom ‚Kopieren' von Bedeutungen. Grundsätzlich distanziert er sich jedoch von der Sichtweise, dass Bedeutungen übertragbar sind (ders. S. 66).

ze, Eleganz oder Funktionalität. Das Zuerkennen von Informationswert ist offenbar an einen Kontext oder einen Akteur gebunden. Informationen, die nicht als solche beurteilt werden, sind keine Informationen. Sie sind Daten, oder einfach Hintergrundrauschen. Konsequent ist es deshalb, Information als eine variable Größe anzusehen, als einen potenziellen Wert. Ein Beobachter weist einer Sinneswahrnehmung Informationswert erst aktiv zu, wenn bzw. indem er sie als relevant beurteilt und in Beziehung zu anderen Dingen setzt.[34] Information existiert nur als Konsequenz einer Interpretation. Sie besitzt keinen (universellen) Wert an sich, sondern wird im Kopf eines Individuums erst erzeugt.[35] Damit wird es unmöglich, Informationen zu übermitteln. Dem Informationsaustauschmodell entziehen wir damit, wie bereits Klaus Merten und vehementer noch Gebhard Rusch gefordert haben, seine zentrale Grundannahme.[36] Informationswert beruht also auf Attribution, er ist nicht Essenz. Diese Attribution ist kontext- und situationsgebunden und hängt von Erfahrungen und Vorwissen des Beobachters ab.[37] Wer entscheidet denn in einem Gespräch über den Informationswert einer Aussage? Unserer Ansicht nach ist das der Nutznießer der Information, also derjenige, der sie für etwas gebraucht. Das ist der Rezipient. Er beurteilt etwas als informativ, das er für sein Denken und Handeln als hilfreich erachtet. Für den Rezipienten hat die Aussage des Kommunikators eine andere Funktion als für den Kommunikator. Der Rezipient möchte sich in seiner Lebenswelt zurechtfinden bzw. sich dem Kommunikator gegenüber verhalten. Entsprechend informiert er sich. Der Kommunikator hingegen verfolgt mit seiner Aussage ein Ziel. Er will sein Gegenüber mit seiner Aussage beeinflussen und zu etwas bewegen. Mit anderen Worten, der Kommunikator will Orientierung vermitteln, während der Rezipient sich selbst zu orientieren versucht und hierbei entschei-

---

34 Dazu Baecker (2007; 19): „Die Information erschöpft sich nicht in der Nachricht und schon gar nicht darin, dass man dank der Nachricht weiß, wonach man sich zu richten hätte. Denn eine *Information* gilt nicht bestimmten Gegenständen oder Zuständen, sondern sie gilt der Ordnung dieser Gegenstände und Zustände im Verhältnis zu anderen Gegenständen und Zuständen."
35 Vgl. hierzu z.B. Rommert (2002; 60-62).
36 Vgl. hierzu neben Merten (1999) insbesondere die Aufsätze von Gebhard Rusch (1999a, 1999b, 2002, 2003a, 2003b) und Frank-Michael Rommert (2002).
37 Auch die *Kodierungsmetapher*, die dem Informationsaustauschmodell häufig eingepflanzt wird, ändert daran nichts. Zwar besagt sie, dass eine Information nicht ‚in Reinform' von einem Individuum zu einem anderen übertragen werden kann, sondern nur in kodierter Form. Doch darf diese Aussage nicht als Bypass missverstanden werden. Kodierung und Dekodierung semantischer Informationen sind keine Übersetzungen, sondern verlustbehaftete Transformationen. Sie erfordern immer eine Interpretation bzw. Transformation, die an eine kognitive Leistung der Beteiligten gekoppelt ist. Kodes sind überindividuell gültige Zeichensysteme, deren Tauglichkeit und Leistungsfähigkeit nicht dem Zeichensystem selbst innewohnt, sondern den Personen, die es kennen und mehr oder weniger geschickt anwenden.

det, ob und inwieweit er auf das Angebot des Kommunikators reagiert. Um diese funktionale Differenz zu verdeutlichen, reservieren wir den Informationsbegriff im Folgenden für die Rezipientenseite. Ein Kommunikator kann demnach nicht informieren, sondern nur kommunizieren (genauer: ein Kommunikationsangebot machen). Der Akt des Informierens ist allein reflexiv, d.h. als ‚Sich-Informieren‘ möglich. Was als Information gilt, entscheidet der Rezipient.[38] Das Pendant zur Information ist auf Kommunikatorseite die Intention. Kommunikatoren verbinden in der Regel mit ihrer Aussage eine Erwartung, sie wollen ein Ziel erreichen. Besitzt der Rezipient die Definitionshoheit über die Information, so verfügt der Kommunikator über die Intention.[39] Ein Rezipient kann nur vermuten, nicht aber festschreiben, zu was ihn ein Kommunikator bewegen will. Damit ist Verständigung aus beider Perspektive prekär. Kommt es zu Differenzen, kann keiner der Beteiligten das Scheitern von Kommunikation allein dem Gegenüber in die Schuhe schieben. Hierin offenbart sich die Normativität unseres Informationsbegriffs: Der Kommunikator kann für seine Aussage nicht mehr in Anspruch nehmen, dass sie in sich informativ ist. Diese Entscheidung über den Informationsgehalt muss er dem Rezipienten überlassen. Umgekehrt kann auch der Rezipient nicht erwarten, dass der Kommunikator ihn informiert. Er muss selbst aktiv werden und sich informieren, um sich Orientierung zu verschaffen. Folglich besitzt jeder für das Gelingen von Kommunikation eine Mitverantwortung: Verstehensschwierigkeiten seitens des Rezipienten werden automatisch zu Problemen des Kommunikators. Und lässt die Kommunikativität seitens des Kommunikators zu wünschen übrig, muss der Rezipient die Möglichkeit einfordern, sich informieren zu können. Wie bereits geschildert, bedingt unsere Definition von Information, dass sich Informationen zwischen Kommunikationspartnern nicht tauschen lassen. Ist die Tauschmetapher als Erklärungsprinzip für den Kommunikationsvorgang damit komplett untauglich? Lässt sich nicht statt vom Informationsaustausch vom Tausch von Handlungen wie z.B. Sprechakten oder Beobachtungen sprechen? Auch diese Perspektive ist kaum hilfreich. Sowohl Kommunikationsofferten als auch Beobachtungen werden zwar von Kommunikanten hervorgebracht, sie sind aber nicht durch einander ersetzbar. Handlungen können einem Gegenüber nicht ‚überreicht‘ werden, sie bleiben an ein Individuum ge-

---

38 Vgl. Rusch (2003a; 297). Ein Kommunikator kann seiner eigenen Aussage nur dann Informationswert beimessen, wenn er sie als sein eigener impliziter Rezipient betrachtet (z.B. indem er einen eigenen Texte später erneut liest). Diese Information ist jedoch wiederum nicht identisch mit der Information auf Rezipientenseite.
39 Hier unterscheidet sich die Sichtweise von Rusch (2003b; 163), der die Intention als Voraussetzung für Kommunikation ansieht und Merten (1999; 71f.), für den Kommunikation nicht an Voraussetzung seitens des Kommunikators gebunden ist.

bunden. Damit können sie auch nicht getauscht werden. Die Verwendung der Tauschmetapher erweist sich damit aus unserer Sicht im Zusammenhang mit Kommunikation als ungeeignet.

Das Informationsaustauschmodell scheitert also gleich zweimal: zum einen an seinem viel zu trivialen Informationsbegriff, zum anderen an einer irreführenden Tauschmetapher.

3 Ein konstruktivistisches Kommunikationsverständnis als Alternative

3.1 Wahrnehmung und Wirklichkeitskonstruktion als Ausgangspunkt

Ein etabliertes Modell als obsolet darzustellen, ist allein noch nicht sehr hilfreich. Man muss es auch durch ein neues, angemesseneres Modell ersetzen, sollen sich dauerhaft Verhaltensweisen in der Praxis und Herangehensweisen an Forschungsfragen verändern.[40]

Um ein neues Modell zu skizzieren, orientieren wir uns im Folgenden an einem konstruktivistischen Verständnis von Kommunikation.

Beim Konstruktivismus handelt es sich um ein erkenntnistheoretisches Prinzip, das sich vor allem in den 1970er und 80er Jahren aus der Allgemeinen Systemtheorie und der Kybernetik zweiter Ordnung entwickelte. Es fragt nicht nach der Beschaffenheit der Welt, sondern untersucht den Prozess des Hervorbringens (Konstruierens) einer Wirklichkeit. Demnach leben Menschen in einer „Werde-Welt".[41] Die erkenntnistheoretische Kernfrage lautet nicht ,Was nehmen wir wahr?', sondern ,Wie geschieht das?'.[42] Konstruktivistische Positionen haben sich lt. Gebhard Rusch in den Kultur- und Sozialwissenschaften mittlerweile fest etabliert.[43] In der Organisationspraxis hingegen haben es konstruktivistische Ansätze nicht einfach. Sie erweisen sich, so Alfred Kieser, als unvereinbar mit den vorherrschenden, positivistischen Theorien.[44] Auch im Projektmanagement

---

40 Jeder Mensch ist auf Modelle und Theorien, ob implizit oder explizit, angewiesen, um seine Umwelt zu verstehen und in ihr handeln zu können. Modelle sind Erklärungsprinzipien (vgl. Rüegg-Stürm 2003; 11-16 sowie Schmidt / Zurstiege 2000; 58 und 66 und Merten 1999; 58). Sie setzen Elemente in Beziehung zueinander, organisieren sie und verdeutlichen Abhängigkeiten. Ihr Zweck ist, Orientierung zu geben und Ereignisse in der Umwelt prognostizierbar zu machen. Indem sie einem Akteur erklären bzw. simulieren, welche Effekte sein eigenes Verhaltens hat, machen sie ihn handlungsfähig.
41 Rüegg-Stürm (2001; 33).
42 Vgl. Hejl (2000; 39f. u. 57), Rusch (2004; 173).
43 Vgl. Rusch (2004; 172).
44 Vgl. Kieser (2002d; 316-318).

gibt es erste Bekenntnisse zu einem konstruktivistischen Weltbild[45], auch wenn weit reichende Konsequenzen für die Gestaltung von Kommunikation daraus noch nicht hervorgegangen sind.

Der Radikale oder Erkenntnistheoretische Konstruktivismus setzt an der Perspektive des Individuums an. Das menschliche Gehirn versteht er als ein operational geschlossenes, selbstreferenzielles und kognitiv autonomes System. Operational geschlossen bedeutet: Das Gehirn regelt sich in seinen funktionalen Operationen vollständig selbst und ist in seinen Zustandssequenzen nicht von außen steuerbar. Es interagiert nur mit seinen eigenen Zuständen. Die Sinnesorgane, welche mit dem Gehirn verbunden sind, reagieren zwar auf Ereignisse in der Umwelt und wandeln sie in elektrische Signale um. Dieser Kode ist jedoch unspezifisch, d.h. das Gehirn beurteilt alle Signale nicht nach ihrer Art oder ihrem Inhalt, sondern nach dem Bereich, in dem sie im Gehirn eintreffen. Alle Gedanken, Interpretationen, Bewertungen oder Emotionen werden vom Gehirn erst erzeugt, sie können nicht von außen übernommen, kopiert oder implantiert werden. Das Gehirn ist ‚informationsdicht'[46]. Darin ist seine kognitive Autonomie begründet[47].

Die außerordentliche Leistungsfähigkeit des menschlichen Gehirns besteht nicht darin, die Umwelt über seine Sinnesorgane möglichst detailliert zu erfassen. Stattdessen gelingt es dem Gehirn, auf der Basis begrenzter Wahrnehmungen und unter Rückgriff auf ein reichhaltiges Gedächtnis eine konsistente Wirklichkeit zu konstruieren.

> „Unsere Wahrnehmung, die uns von unmittelbarer Sensorik bestimmt erscheint, besteht in Wirklichkeit zum größten Teil aus Gedächtnisprodukten, d.h. aus Ereignissen, die das Gehirn in einer minimal abgetasteten Umwelt als wahrscheinlich vorhanden ansieht".[48]

Das Gehirn unterstellt, errät, berechnet bzw. schlussfolgert in einer Art ‚innerem Dialog' einen Großteil seiner Wirklichkeit, indem es punktuelle Wahrnehmungsereignisse der Sinnesorgane mit Schlussfolgerungen auf Basis bisheriger Erfahrungen verbindet. Hierin manifestiert sich die fundamentale Selbstreferenzialität des menschlichen Gehirns.

In komplexen, selbstreferenziell organisierten kognitiven Systemen ist es unvermeidbar, dass sich das Gehirn eines Teils seiner eigenen, bis dahin unbewussten bzw. vorbewussten Wahrnehmungen bewusst wird. Dieses Zentrum der

---

45 Vgl. Patzak / Rattay (2004), Fiedler (1996) und in Ansätzen auch Weaver (2007).
46 W. Ross Ashby, zit. in Rusch (1999a; 155).
47 Vgl. Roth (1987; 234f., 241, 243, 252).
48 Roth (1987; 247), vgl. auch von Glasersfeld (1992; 22).

Gedankenwelt ist das subjektive ‚Ich'[49], eine Instanz, die sich als Einheit empfindet. Seine Funktionen umfassen

- erstens die Sicherstellung der eigenen Identität, kombiniert mit dem Vermögen, sich in andere hineinzuversetzen und ihnen vergleichbare geistige Aktivitäten zuzugestehen,
- zweitens die Fähigkeit, sich Intentionalität bzw. Handlungsfähigkeit zuzuschreiben, um den eigenen Willen auf Handlungsabsichten auszurichten und
- drittens die Interpretation und Legitimation der eigenen Handlungen gegenüber einer (sozialen) Umwelt.[50]

Das Ich als Instanz der Selbstbeobachtung und des Selbst-Bewusstseins eines kognitiven Systems entspricht dabei einem internen Beobachter zweiter Ordnung.[51]

Kognitive Autonomie, Selbstreferenzialität und die Fähigkeit zur Selbstregelung haben eine wichtige Konsequenz: Das Verhalten eines solchen Systems lässt sich nicht mehr im deterministischen Sinne steuern. Das macht es zu einem nichttrivialen System (im Sinne Heinz von Foersters).[52] Ein nichttriviales System kann zwar von außen beeinflusst, oder besser: gestört (perturbiert) werden. Alle Umwelteinflüsse verarbeitet es jedoch nach eigenen Kriterien. Aufgrund dieses Eigenlebens lässt sich sein Verhalten nur bedingt vorhersehen. Triviale Systeme demgegenüber sind durch fehlende Eigendynamik gekennzeichnet. Sie sind weitgehend prognostizierbar. Tritt man, um ein etwas sarkastisches Beispiel von Fritz B. Simon[53] zu bemühen, einen Stein, so ist seine Flugbahn mit Hilfe physikalischer Gesetze berechenbar. Danach bleibt er liegen. Tritt man hingegen einen Hund, kann man kaum vorhersehen, wie er reagiert.

Wir fassen zusammen: Jeder Mensch konstruiert eine subjektive Umwelt und bestimmt sein Handeln selbst, anstatt von außen gesteuert zu werden. Das erklärt Bandbreite und Flexibilität menschlichen Wahrnehmens und Handelns. Wieso erfolgt der Wahrnehmungs- und Handlungsprozess dennoch nicht belie-

---

49 Vgl. Roth (1987; 250), Rusch (1999a; 155).
50 Vgl. Roth (2003; 396).
51 Rusch (1999a; 156).
52 Vgl. Rusch (1999a; 157), Schmidt (2003b; 361), die sich beide auf Heinz von Foerster beziehen. „Eine Einflussnahme auf solche Systeme ist so lange unwahrscheinlich, wie es nicht gelingt, das System zu solchen selbst bestimmten Operationen zu veranlassen, die im Sinne des beeinflussenden liegen" (Schmidt 2003b; 362).
53 Vgl. Simon (2007; 51-53).

big? Wieso sind Menschen trotz kognitiver Autonomie in der Lage, vergleichbare Wirklichkeitskonstrukte auszubilden, auf deren Basis sie dann sozial handeln? Peter M. Hejl nennt vier Faktoren, die den Prozess der Wirklichkeitskonstruktion in bestimmte Bahnen lenken: Viabilität, anthropologische Invarianten, Historizität und Kultur.[54]

- *Viabilität* ist die Tauglichkeitsprüfung, der sich jede Wirklichkeitskonstruktion unterziehen muss. Eine Handlungs- oder Denkweise ist dann viabel (gangbar, funktionell tauglich), wenn sie es einem kognitiven System erlaubt, seine Ziele zu erreichen. Das betrifft sowohl das Ordnen und Verstehen der eigenen Erlebnisse als auch das Modell, das man sich von seinen Mitmenschen macht.[55] Nur Wirklichkeitsannahmen, die sich als tauglich erweisen, werden beibehalten. Alle übrigen werden modifiziert.

- *Anthropologische Invarianten* sind Merkmale und Verhaltensweisen, die in allen menschlichen Gesellschaften in ähnlicher Weise existieren (Farb- und Gestaltwahrnehmung, der Gebrauch einer Sprache, statusorientiertes Verhalten etc.). Die Existenz solcher kulturellen Universalien veranlasst Hejl zu der Annahme, dass ein Mensch eine Reihe angeborener Strukturen besitzt. Sie erleichtern es ihm, soziale Gemeinschaften zu bilden und aufrecht zu erhalten, was offenbar einen evolutionären Vorteil darstellt.[56]

- *Historizität* bedeutet, dass jede Wahrnehmung und Handlung im Kontext bereits erfolgter Konstruktionen geschieht. Wirklichkeitskonstruktionen müssen an frühere Konstruktionen anschlussfähig sein, Handlungen im Kontext früherer Handlungen einen Sinn ergeben. Ein System strebt nach der Konstruktion einer konsistenten, geordneten und möglichst planbaren Wirklichkeit.[57] Bekanntes dient als Schema, mit dessen Hilfe sich Neues erfassen, analysieren, ordnen und bewerten lässt.[58] Durch Wiederholung und Bestätigung von Schemata verfestigt sich eine Wirklichkeitskonstruktion, und ein Akteur entwickelt Wahrnehmungs-, Interpretations- und Verhaltensroutinen. Diese halten ihm ‚den Kopf frei', damit er seine Aufmerksamkeit auf immer wieder neue Dinge richten kann.

54 Vgl. Hejl (2000; 47-54).
55 Vgl. von Glasersfeld (1992; 30, 37), Schmidt (1987; 35), Hejl (2000; 56).
56 Vgl. Hejl (2003; 110).
57 Vgl. Rusch (1999a; 165).
58 Vgl. hierzu Roth (2007; 268).

- Die *Kultur* beeinflusst den Verlauf der Wirklichkeitskonstruktion eines Individuums. Jeder Mensch wird in eine Kultur hineingeboren und setzt sich zeitlebens mit ihr auseinander. Schmidt versteht Kultur als „das Programm der gesellschaftlich praktizierten bzw. erwarteten Bezugnahmen auf Wirklichkeitsmodelle".[59] Wirklichkeitsmodelle sind Hypothesen über die Beschaffenheit der Welt. Sie existieren, weil jeder Aktant unterstellt, dass alle anderen ebenfalls dasselbe Wissen besitzen und sich in vergleichbarer Weise darauf beziehen. Diesen „Reflexivitätsmodus kollektiver Erwartung kollektiver Erwartungen (Erwartungs-Erwartung)" nennt Schmidt „operative Fiktion".[60] Operative Fiktionen sind der Grund, weshalb Individuen trotz ihrer kognitiven Autonomie den Eindruck haben, sie lebten in derselben Realität wie ihre Mitmenschen. Dabei handelt es sich jedoch um eine Unterstellung, obgleich um eine sozial sehr wirksame. Denn „kognitive Systeme überspringen gewissermaßen die Unmöglichkeit, sich gegenseitig durch direkte Intervention zu steuern, indem sie sich an selbst konstituierten Steuerungsgrößen orientieren, die sie für sozial effektiv und legitim halten".[61] Die Fähigkeit, mit operativen Fiktionen umzugehen, eignen sich Individuen im Zuge ihrer Sozialisation an. Kollektives Wissen kann über Sozialisationsprozesse an neue Gesellschaftsmitglieder vermittelt werden. Hierbei hat sich der Mediengebrauch, insbesondere die Sprache als nützlich erwiesen. Mit Hilfe der Sprache werden konkrete Bezugnahmen auf das Wirklichkeitsmodell in Form von Zeichen stabilisiert.[62]

Kommunikation und Sprache spielen im Lernprozess des Menschen eine essenzielle Rolle.[63] Deshalb gehen wir an dieser Stelle genauer auf das konstruktivistische Kommunikationsmodell ein, wobei wir uns an den umfangreichen Arbeiten von Gebhard Rusch orientieren.

---

59 Schmidt (2003a; 38). An dieser Stelle folgen wir Hejl nicht, der Kultur definiert als „die Menge des Wissens, das durch organisierte und spontane Lehr- und Lernprozesse weitergegeben wird" (Hejl 2000; 53). Unserer Ansicht nach stellt Wissen ein individuelles, kognitives Potenzial dar, das sich wie auch eine Informationen nicht teilen oder auf jemand anderen übertragen lässt.
60 Schmidt (2003a; 33).
61 Schmidt (2003a; 47).
62 Vgl. Schmidt (2003a; 34).
63 Vgl. Weick / Westley (2001; 446), Rüdiger Peuckert in Schäfers (2000; 321).

3.2 Der Kommunikationsbegriff aus konstruktivistischer Sicht

Treffen zwei handlungsmächtige Systeme aufeinander, kann jedes von ihnen durch seine Präsenz und sein Verhalten auf sein Gegenüber einwirken (indem es die für beide sinnlich wahrnehmbare Umwelt modifiziert, z.b. über Laute, Bewegungen, Berührungen etc.). Verhält sich das Gegenüber nicht trivial, d.h. sind seine Reaktionen wiederholt nicht vorhersehbar, liegt es nahe, ihm ein eigenes Bewusstsein und Handlungsmächtigkeit zu unterstellen.[64] Nichttriviale Systeme sind potenziell unberechenbar. Dennoch gelingt es auch zwei kognitiv autonomen Systemen, füreinander in ihren Handlungen begrenzt kalkulierbar zu werden, indem sie Routinen im Umgang miteinander entwickeln bzw. Routinen im Umgang mit ihrer Umwelt erkennen lassen. Hejl spricht in diesem Zusammenhang von der teilweisen ‚Parallelisierung von Wirklichkeiten‘[65], Schmidt von den bereits erwähnten ‚operativen Fiktionen‘, an denen sich die Systeme in ihren Handlungen orientieren. Rusch bezeichnet den Fall, dass sich Systeme in routinierter Weise in Bezug auf einander verhalten, als ‚soziale Koppelung‘. Soziale Koppelungen beruhen auf der wechselseitigen Unterstellung, dass sich der andere ebenfalls an die sozialen Abmachungen hält (Erwartungs-Erwartungen). Das macht Individuen füreinander zu einem gewissen Grad kalkulierbar und beeinflussbar. Die prinzipielle Freiheit, sich anders zu verhalten, als es die stillschweigende Abmachung nahe legt, bleibt jedoch immer bestehen.[66]

Eine soziale Koppelung wird laut Rusch zu einer kommunikativen Koppelung, wenn die Akteure mit Hilfe konventionalisierter Medien wie z.B. Sprachen aufeinander einwirken. Folgt man Rusch, besteht der Kommunikationsprozess aus zwei separaten, aber über das Medium aufeinander bezogenen Teilprozessen: Kommunikation auf der einen, Rezeption auf der anderen Seite. Jeder der Akteure operiert zwar unter Bezugnahme auf den anderen, jedoch auf Basis seiner eigenen Wahrnehmungen.

Hierin liegt der Kern der Kritik an klassischen Kommunikationsmodellen wie dem Informationsaustauschmodell. Sie setzten voraus, dass es eine wie auch immer geartete Verbindung zwischen den Kommunikationspartnern gibt. Diese Verbindung durchschneidet Rusch, wenn er Kommunikation und Rezeption unterscheidet. Jedes sei ein separat ablaufender Vorgang, der zwar vom anderen beeinflusst werden kann, ihn aber nicht zwingend voraussetzt. Kommunikation kann ohne Rezeption stattfinden, Rezeption erfordert nicht notwendigerweise

---

64 Hejl (1987; 317).
65 Vgl. Hejl (1987; 317).
66 Vgl. Rusch (1999a; 162).

Kommunikation. Werbebotschaften können ungesehen bleiben, Anfragen unbeantwortet, Memos ungelesen. Umgekehrt können Bücher längst verstorbener Autoren gelesen, Blicke als Aufforderung verstanden und Untätigkeit als Kalkül wahrgenommen werden. Kommunikator und Rezipient handeln selbsttätig. „Sie können", und das hebt Rusch deutlich hervor „sozusagen nicht mehr als Beteiligte an demselben Vorgang oder als Komponenten eines übergeordneten Kommunikationsprozesses begriffen werden".[67]

Unter Kommunikation versteht Rusch eine „Praxis zur Orientierung von Interaktionspartnern vermittels der Produktion, Präsentation und Adressierung von Kommunikatbasen".[68] Kommunikatbasen sind Orientierungsangebote. Sie werden vom Kommunikator ausgehend von einer Orientierungsintention als lautliche, bildliche oder grafische Elemente gestaltet und über ein Medium an einen oder mehrere Adressaten gerichtet.[69] Von dieser kommunikatorseitigen Definition unterscheidet Rusch die Rezeption. Hierunter fällt die Beobachtung und eventuelle Verarbeitung von Kommunikatbasen durch Rezipienten. Wie auch Kommunikation ist Rezeption eine Handlung und ein kognitiver Prozess.[70] Adressaten werden zu Teilnehmern bzw. Beobachtern, wenn sie dem Angebot Aufmerksamkeit schenken. Sie werden zu Rezipienten, wenn sie ihren Wahrnehmungen eine Bedeutung zuweisen und sich entsprechend verhalten.[71] Kommunikatbasen nehmen in ihren Eigenschaften Bezug auf spezielle Stile, Themen oder Bedeutungen. Die Beteiligten unterstellen einander, dass sie mit diesen Kommunikatbasen das gleiche Kommunikat (Bedeutungen, Schlussfolgerungen, Interpretationen), d.h. den gleichen Informationsgehalt verbinden. Auch in der Kommunikation, die ja einen Großteil der sozialen Handlungen begleitet, sind also ‚operative Fiktionen' wirksam. Schmidt selbst spricht statt von Kommunikatbasen von Medienangeboten, welche „das Unbeobachtbare (nämlich Gedanken i.w.S.) in Beobachtbares (nämlich Medienangebote) übersetzen, genauer: materialisieren".[72] Diese Medienangebote sind multiplizierbar und speicherbar. Um ihre kommunikative Funktion zu erfüllen und einen Effekt hervorzurufen, müssen Medienangebote jedoch beobachtet, interpretiert und mittels einer kognitiven Leistung des Rezipienten in eine für ihn relevante Information wieder transfor-

---

67 Rusch (2002; 112).
68 Rusch (2002; 112, Hervorhebungen im Original), Rusch (2003b; 155, Hervorhebungen im Original).
69 Vgl. Rusch (2002; 112).
70 Vgl. Rusch (1999a; 172f.).
71 Vgl. Rusch (2002; 115f.), Schmidt / Zurstiege (2000; 156) unterscheiden Mediennutzung, d.h. die Zuwendung zu einem Medienangebot, und Rezeption als Zuordnung einer bestimmten Lesart oder Bedeutung zu diesem Medienangebot.
72 Schmidt (2003b; 365).

miert werden. Dieser Transformationsprozess ist unverzichtbar, und er macht es zugleich unmöglich, ‚reine‘ Bedeutungen zu übertragen. Das Medium, über das Kommunikationsofferten und Beobachtungen realisiert werden, ist ‚Darstellungshilfe‘ und ‚Sollbruchstelle‘ zugleich. Es erlaubt einem Kommunikator zwar, sich gegenüber einem Rezipienten auszudrücken, stellt jedoch keine Technik dar, den Rezipienten gezielt zu steuern oder zu manipulieren.[73] Der Kommunikator kann nur das für beide wahrnehmbare Medium (die Umwelt) gestalten und darauf hoffen, dass diese Irritation vom Adressaten wahrgenommen, gedeutet und als Anregung zu einer Handlung aufgefasst wird.

Wenn Beeinflussung doch gelingt, ist das eine Folge von Verhaltenskonventionen. Sie erhöhen die Wahrscheinlichkeit, dass Kommunikation in Verständigung mündet. Haben sich bestimmte Kommunikations- und Beobachtungsaktivitäten wiederholt als nützlich (viabel) erwiesen, werden sie in Form von Handlungsroutinen stabilisiert und fortan in ähnlichen Situationen von den Beteiligten bevorzugt angewendet. Es entstehen Koppelungsroutinen.[74] Die Beteiligten schränken die vielen Möglichkeiten, sich in Bezug aufeinander zu verhalten, auf eine sozial bewährte Untermenge ein. Indem sie sich an Regeln, Schemata oder Ritualen orientieren, gelingt es ihnen, sich schnell und effektiv auch in einer komplexen Umwelt zu koorientieren und handlungsfähig zu bleiben. Wer daran teilhaben will, muss die Routinen kennen und beherrschen.[75] Da sich auf Regeln neue Regeln aufbauen und an Schemata neue Schemata anknüpfen lassen, bilden Gemeinschaften ganze Sets an kommunikativen Strategien aus, deren Kenntnis ihre Mitglieder wechselseitig voraussetzen.[76] Sie konstituieren wie bereits geschildert als kollektives Wissen das Wirklichkeitsmodell einer Gesellschaft. Das umfasst Zeichen- oder Signalsysteme wie Sprache oder nonverbale Kommunikation sowie Medienangebote wie Texte, Bilder, Filme oder Daten mit ihren entsprechenden Produktions- und Rezeptionsstrategien.

Sprache beschreiben Schmidt und Zurstiege als ein System von Zeichen zur Benennung von Unterschieden, die einen Unterschied machen.[77] Sie ist Instrument und Ergebnis der Komplexitätsreduktion der Welt. Sprache erlaubt, Gedanken und Gefühle auszudrücken, Dinge und Sachverhalte zu beschreiben und andere Menschen zu beeinflussen.[78] Das Beherrschen der sprachlichen Strategien und Routinen qualifiziert einen Akteur zum sozialen Handeln. Mit dem Erwerb

73 Vgl. Rusch (2003a; 299).
74 Vgl. Rusch (2003a; 297).
75 Vgl. Schmidt / Zurstiege (2007; 49f.).
76 Vgl. Rusch (1999a; 182).
77 Vgl. Schmidt / Zurstiege (2000; 155), die sich hier auf Gregory Bateson berufen.
78 Vgl. Gabriele Köhler in Schäfers (2000; 367f.).

der Sprache untrennbar verbunden ist die Orientierung an sozialen und kulturellen Ordnungen, und auch kognitive Prozesse lassen sich nicht mehr von Sprache separieren.[79] Sprache stellt zusammen mit anderen Zeichensystemen eine Komponente des Kompaktbegriffs ‚Medium' dar, wie ihn Schmidt und Zurstiege definieren. Die drei übrigen Komponenten sind die bereits erwähnten Medienangebote bzw. Kommunikatbasen, die Medientechniken, mit deren Hilfe sich Medienangebote herstellen, verbreiten und konsumieren lassen, sowie die institutionellen Einrichtungen (Redaktionen, Verlage, Web-Agenturen), die Medientechniken anwenden, verwalten oder politisch vertreten.[80]

Kommunikation gilt als erfolgreich, wenn sich der Rezipient gemäß der Orientierungsintention des Kommunikators verhält.[81] Da es der Kommunikator ist, der eine Orientierungsintention verfolgt, ist auch er es, der beurteilt, wann sein Ziel erreicht ist. Entsprechend signalisiert der Kommunikator dem Rezipienten Verstehen oder eben auch nicht. Um Verstehen zuschreiben zu können, beobachtet er während des Kommunikationsprozesses den Rezipienten und deutet dessen Verhalten als Reaktion bzw. Nicht-Reaktion auf seine Kommunikationsofferte. Der Rezipient, der dank seiner Sozialisation dieses Zusammenspiel kennt, erwartet ebenfalls das Feedback vom Kommunikator und beobachtet ihn dahingehend. Erfolgt die Verstehenszuschreibung, empfindet der Rezipient sie als Gratifikation. Unterbleibt sie, stellt es eine Sanktion dar. Die Zuerkennung von Verstehen trägt damit zur Sozialisation des Rezipienten bei. Sie ist ein Mittel, Kognitionen zu kanalisieren und zu kontrollieren[82] bzw. sie auf operative Fiktionen hin zu orientieren. Damit Verstehen gelingen kann, müssen mehrere Bedingungen erfüllt werden. Das betrifft sowohl Voraussetzungen als auch den Prozess der Herbeiführung und Sicherstellung von Verstehen: Zunächst muss der Kommunikator eine Orientierungsintention verfolgen, wenn er mit der Kommunikation beginnt. Ohne das Kommunikationsziel, das er verfolgt, hat er keinen festen Anhaltspunkt, um die Reaktionen des Gegenübers als Verstehen zu deuten.[83]

---

79 Vgl. Schmidt / Zurstiege (2000; 154f.).
80 Vgl. Schmidt /Zurstiege (2007; 63f.)
81 Vgl. Rusch (1999b; 151f.). Dieser Verstehensbegriff unterscheidet sich vom üblichen psychologischen Begriff des Verstehens, der allein die kognitiven Prozesse des Rezipienten berücksichtigt. Verstehen im psychologischen Sinne heißt dann vor, dem Rezipienten das befriedigende Gefühl hat, eine Bedeutungskonstruktion passe und sei plausibel (vgl. Rusch 2001; 70f. u. 88, Schmidt / Zurstiege 2007; 50). Für Kommunikationssituationen ist dieser psychologische Verstehensbegriff jedoch nicht ausreichend, sagt er doch nichts darüber aus, ob der Rezipient auch das verstanden hat, was der Kommunikator meinte.
82 Vgl. Rusch (1999b; 152f.).
83 Vgl. Rusch (1999b; 162f.).

Zweitens sollten die Beteiligten, um Verständigung zu begünstigen, sich umfangreich auf ihr Gegenüber einstellen. Der Kommunikator erhöht seine Aussicht auf Erfolg, wenn er den Rezipienten kennt und einzuschätzen vermag. Will er verstanden werden, sollte er seine Kommunikationsofferte passend zur kognitiv-emotional-situativen Disposition des Adressaten gestalten und an dessen „Routinen und Potenziale der Selbstorientierung"[84] anschließen. Auch der Rezipient kann dank seiner Fähigkeit, sich in den Kommunikator hineinzuversetzen, dessen Intentionen erahnen und ein Verhalten zeigen, das die Zuschreibung von Verstehen erwarten lässt (wohlwollende Interpretation). Voraussetzung ist eine gemeinsame Sozialisation.

Um den Verstehenserfolg sicherzustellen, müssen beide Beteiligten drittens zu wiederholten und füreinander wahrnehmbaren Handlungen in der Lage sein. Die Beteiligten müssen die Möglichkeit haben, unter Bezugnahme auf die initiale Kommunikationsofferte weitere Beobachtungen vorzunehmen und zusätzliche Kommunikationsofferten zu starten bzw. Handlungen auszuprobieren. Die Reaktionen, zu denen sie das Gegenüber bewegen, können sie miteinander vergleichen und eigene Annahmen verifizieren. So können sie sich (iterativ) vergewissern, ob sie sich tatsächlich verständigt haben. Hier begegnen wir dem Phänomen der Selbstreferenzialität von Kommunikation. Wenn Kommunikation stattfindet, verändert sie die Rahmenbedingungen ihres eigenen Erfolgs. Zum einen bietet erfolgreiche Kommunikation Potenzial für Anschlussaktivitäten: Haben sich Situationen, Instrumente oder Strategien in Kommunikationszusammenhängen wiederholt als funktional erwiesen, verbinden die Beteiligten damit entsprechende Erwartungen. Zum anderen lernen auch Kommunikator und Rezipient ihre Kommunikationsgewohnheiten kennen und werden mit der Zeit für einander einschätzbar.

Mit den Inhalten verhält es sich im Prinzip ähnlich, wie uns die Nachrichtentheorie lehrt: Für den Rezipienten haben demnach vor allem jene Medienangebote und Kommunikationsofferten Informationswert, die an seine Erfahrungen hinreichend anschließen. Allerdings müssen sie noch genügend Irritationen verursachen, um als neu und relevant angesehen zu werden. Dieser Relevanzbereich verschiebt sich im Prozess der Kommunikation: Was der Rezipient beim ersten Kontakt als Information wahrnimmt, ist ihm beim zweiten Mal bereits bekannt und hält ihn unter Umständen davon ab, in die Kommunikation einzusteigen. Während sich also Medienangebote in materieller Hinsicht ebenso wenig verbrauchen wie kommunikatorseitige Orientierungsintentionen, kann ihr Informationswert für den Rezipienten durchaus variieren. Ein gutes Beispiel dafür ist die

---

84 Rusch (2003a; 295).

Werbeindustrie, die sich mit immer neuen medialen Angeboten darum bemüht, die stets gleiche Orientierungsintention – den Konsumenten zum Kauf zu bewegen – zu realisieren versucht.

Die selbstreferenziellen Potenziale von Kommunikation werden noch verstärkt, wenn Kommunikator und Rezipient im Kommunikationsprozess die Rollen tauschen. Wenn die Beteiligten abwechselnd die Kommunikator- und die Rezipientenrolle übernehmen, können sie bereits Gesagtes paraphrasieren, variieren, mit eigenen Interpretationen ergänzen oder auch anzweifeln und widerlegen, um es dem Gegenüber zurückspielen. Auch die Wahl des Mediums spielt hier eine wichtige Rolle: In der Face-to-Face-Kommunikation ist der Rollentausch zwischen Kommunikator und Rezipient meist problemlos möglich und wird auch permanent praktiziert. E-Mails oder Briefe erlauben ebenfalls einen Dialog, sogar über räumliche und zeitliche Distanz hinweg. Er verliert jedoch an Dynamik und Vielschichtigkeit. Bei Massenkommunikation[85] ist ein Dialog in der Regel ausgeschlossen.

Ohne die Möglichkeit zu einem Dialog wird einem Rezipienten auch die Verstehenszuschreibung durch den Kommunikator vorenthalten. Ihm bleibt nur der Weg, sich selbst Verstehen zuzuschreiben. Hierzu kann er entweder die Intention des Kommunikators erraten, z.B. indem er sie mit früheren Äußerungen vergleicht oder aus dem Kontext der Kommunikationssituation ableitet. Er kann aber auch auf zusätzliche Quellen bei der Deutung und Bewertung der Kommunikationsofferte zurückgreifen. Das können Medien wie Bücher, Lifestyle-Zeitschriften, Internetforen, Horoskope oder weitere Personen wie Fachexperten, Kritiker, Bekannte des Kommunikators oder eigene Bezugspersonen sein.

Wir fassen zusammen: Kommunikationsofferten und Rezeption verstehen wir im Sinne von Rusch als separate Handlungen und als „kognitive Operationen, deren Rationalität jeweils teilnehmerspezifisch ist".[86] Die kommunikatorseitige Produktion eines Medienangebots bezeichnen wir als Kommunikationsofferte, seine Wahrnehmung durch den Rezipienten als Beobachtung oder Interpretation. Von Kommunikation sprechen wir, wenn sich Kommunikationsofferten und Rezeption als zwei prinzipiell getrennte Prozesse überlagern und wenn dem Rezipienten an einer Verstehenszuschreibung seitens des Kommunikators gelegen ist.[87] Liegt eines dieser Kriterien nicht vor, sprechen wir ganz allgemein von

---

85 Als *Massenkommunikation* bezeichnet Gerhard Maletzke (1998; 45f.) „jene Form der Kommunikation, bei der Aussagen öffentlich durch technische Verbreitungsmittel indirekt und einseitig an ein disperses Publikum vermittelt werden".
86 Rusch (1999a; 172).
87 Hier grenzen wir uns zu Rusch ab, der den Kommunikationsbegriff lediglich für die kommunikatorseitigen Aktivitäten verwendet. Diese radikale Einschränkung markiert zwar die Bedeutung der

Mediengebrauch. Kommunikation wird damit zu einer spezifischen Unterform von Medienproduktion und -nutzung. Informationen werden vom Beobachter erst konstruiert, indem den Medienangeboten Bedeutungen zugewiesen werden. Bedeutungskonstruktion erfolgt im Kontext zahlreicher Schranken biologischer, ökologisch-sozialer, historischer und kultureller Art. Verstehen seitens des Rezipienten wird dabei zwar nicht grundsätzlich ausgeschlossen, ist aber kein konstitutives Element der Kommunikation mehr. Zuerkannt wird Verstehen vom Kommunikator. Konventionalisierungen machen kommunikativen Erfolg zwar wahrscheinlicher, letztendlich stellt jede Kommunikationsofferte jedoch immer nur einen Versuch dar. Der Erfolg in Form von Verständigung bleibt ungewiss.

Diese konstruktivistische Herangehensweise an den Prozess des Kommunikations- und Verständigungsvorgangs nimmt eine komplett andere Perspektive ein als das Informationsaustauschmodell. Wo jenes von selektiver Wahrnehmung und unvollständiger Zeichenübertragung spricht, argumentiert der Konstruktivismus mit der Interpretativität und Kontingenz jeder Wahrnehmung. Wo das Informationsaustauschmodell individuelle Wahrnehmungsfilter vermutet, spricht der Konstruktivismus von kognitiv autonomen, selbstorganisierten und historisch gewachsenen Wahrnehmungsroutinen. Wo das Modell die Einheit von Kommunikation und Rezeption postuliert, unterscheidet die konstruktivistische Perspektive die Kommunikationsofferte von der Rezeption und differenziert so zwei Handlungen, die sich zwar des gleichen Mediums bedienen, aber prinzipiell getrennt ablaufen.

4   Projektkommunikation als Spezialaufgabe

4.1. Kommunikation als System, Prozess und Fertigkeit

Vor dem Hintergrund des konstruktivistischen Kommunikationsmodells können wir nun weitere Kommunikationsverständnisse, die uns in der Projektmanagementliteratur begegnen, einordnen. Je nach Autor werden Kommunikationsfragen entweder von der Handlung oder vom Informationsbegriff her betrachtet. Autoren, welche die Handlung ins Zentrum ihrer Überlegungen stellen, berücksichtigen eher den Aspekt der Verständigung und damit die sozialen Rahmenbe-

---

Trennung zwischen Kommunikationsofferte und Rezeption, kollidiert jedoch mit der bisherigen Verwendung des Kommunikationsbegriffs. Wir wählen daher den Kompromiss, den Kommunikationsbegriff für das Zusammenfallen der beiden Teilhandlungen zu verwenden, ohne ihre Selbstständigkeit in Frage zu stellen.

dingungen von Kommunikation. Autoren, die ihre Argumentation vom Informationsbegriff aus entfalten, konzentrieren sich auf Kommunikationsinhalte. Aus dieser instrumentellen Perspektive stehen die (technische) Dokumentation und Organisation von Daten sowie der Gebrauch von Informationen im Vordergrund. Kommunikation als Vorgang wird im Hintergrund vorausgesetzt. Deutlich wird das beispielsweise bei Bernd Madauss, bei dem der Kommunikationsbegriff gar nicht erst auftaucht. Madauss setzt an der Information an und versteht sie als „Vermittlung und Verwertung des Wissens, das ein Aufgabenträger im speziellen Fall haben muß, um eine definierte Aufgabe erfüllen zu können".[88] Informationsmanagement im Projekt umfasst bei ihm „Projekt-Informationssysteme, Berichterstattung, Projektbesprechungen und neuzeitliche Informationssysteme".[89] Ähnlich sieht es Motzel, der unter Informationsmanagement die Verwaltung von Daten, d.h. ihre Erfassung, Verarbeitung, Ordnung und Dokumentation[90] versteht. Soziale Aspekte wie die Beziehung zwischen Kommunikator und Rezipient werden aus dieser Perspektive ausgeklammert. Wir bevorzugen daher im Folgenden statt Informationsmanagement die Bezeichnung Management von Daten oder Medienangeboten.

Was ist nun Kommunikationsmanagement? Zunächst einmal handelt es sich dabei ebenfalls um ein übergeordnetes Wissensgebiet bzw. eine Managementaufgabe. Kommunikation und Kommunikationsmanagement fallen nicht, wie beispielsweise Jürgen Dommert es versteht, in eins[91], sondern verkörpern zwei unterschiedliche Betrachtungsebenen. Während Kommunikation auf theoretisch-isolierbaren Einzelhandlungen beruht (der Produktion von Kommunikationsofferten und deren Beobachtung), steht Kommunikationsmanagement für die Gestaltung, Steuerung und Weiterentwicklung der Rahmenbedingungen und des Prozesses der Kommunikation.[92] Als Managementansatz setzt es sich aus den Teilaufgaben Orientierung, Planung, Umsetzung und Kontrolle zusammen.[93]

Gillard und Johansen verstehen in diesem Zusammenhang Kommunikation als Fähigkeit oder Fertigkeit, die ein Akteur besitzt oder die entwickelt werden sollte. Dazu zählen sie das Wissen um Kommunikationsmodelle, das Beherrschen von Kommunikationstechniken wie Präsentation oder Moderation sowie

---

88 Madauss (2000; 303). Ähnlich sehen es Keßler und Winkelhofer (2004; 154), die Kommunikation als Übermittlung und Verifizierung von Informationen verstehen.
89 Madauss (2000; 301).
90 Vgl. Motzel (2006; 89).
91 Lt. Dommert (1993; 14) ist Kommunikation die Beschaffung, Übermittlung, Verarbeitung, Speicherung und Verwertung von Nachrichten zwischen Kommunikationspartnern.
92 Vgl. PMI (2003; 221).
93 Vgl. Rüegg-Stürm (2003; 73).

Medienkompetenz und ‚Soft Skills‘.[94] Diese Gleichsetzung erzeugt jedoch Unschärfe, weshalb wir im Folgenden die kommunikative Handlung von den Fähigkeiten, die für ihren Vollzug zweifellos erforderlich sind, unterscheiden. Die Kommunikationsfähigkeiten ordnen wir drei Gruppen zu: Kommunikationsfertigkeiten umfassen vermittelbare und erlernbare Techniken des Umgangs mit Kommunikationsinstrumenten. Kommunikationskompetenz betrifft das Wissen, wie Kommunikation funktioniert und wie man sie situationsgerecht einsetzt. Im Gegensatz zu Fertigkeiten kann Kompetenz nicht vermittelt werden, sondern entwickelt sich erst mit der Zeit. Kompetenz ist eng an eigene Erfahrungen geknüpft. Kommunikativität wiederum ist eine individuelle Charaktereigenschaft, die Fertigkeiten und Kompetenz kombiniert und für eine Summe kommunikationsförderlicher Soft Skills wie Offenheit, Kontaktfreudigkeit, Initiative, Einfühlungsvermögen usw. steht.

Mit dem Einzug der Systemtheorie ins Projektmanagement ist auch versucht worden, Kommunikation als System zu modellieren, so beispielsweise von Stefan Fiedler. Fiedler entnimmt seinen Kommunikationsbegriff der Luhmann'schen Systemtheorie und fasst Kommunikation als Grundoperation sozialer Systeme auf.[95] Niklas Luhmann unterscheidet in seiner Systemtheorie organische, psychische und soziale Systeme. Jedes dieser Systeme reproduziert sich kontinuierlich selbst aus seinen eigenen Elementen (Autopoiese).[96] Zwischen den Systemen findet kein Austausch statt, sie sind jedes für sich operational geschlossen. Kommunikation ist die Operation, die durch Selbstproduktion soziale Systeme hervorbringt. Luhmann vertritt den Standpunkt, dass in einem sozialen System nicht Menschen miteinander kommunizieren, sondern die Kommunikation selbst. Dieses Verständnis von Systemtheorie führt jedoch, wie Peter M. Hejl bemerkt hat, zu einer unangemessenen Analogiebildung zu Organismen und verringert die Bedeutung der beteiligten Individuen.[97] Als wenig hilfreich sehen wir es daher an, davon auszugehen, eine Operation könne Anschlussoperationen hervorbringen. Dieses Privileg ist in unserem Systemverständnis nur Operateuren oder Akteuren möglich, die sich dann allerdings durchaus an vorherigen Kommunikationen orientieren, sie aufgreifen und fortführen können. In diesem Zusammenhang halten wir es auch für fragwürdig, Kommunikation als System oder als Subsystem im Projektsystem zu modellieren, wie es beispielsweise Spreider

---

94 Gillard / Johansen (2004; 29) sowie ähnlich auch PMI (2003, 223).
95 Vgl. Fiedler (1996; 31 u. 51).
96 Vgl. Luhmann / Baecker (2004; 78).
97 Vgl. Hejl (1987; 326), Hejl / Stahl (2000; 111). Zur Kritik an Luhmanns Kommunikationsbegriff siehe auch Menz (2000; 87-91).

macht.[98] Ein System ist durch Komponenten und Relationen gekennzeichnet sowie durch Aktionen oder Operationen, die zwischen diesen Komponenten und gemäß ihren Beziehungen untereinander stattfinden. Kommunikation als System zu bezeichnen, würde einmal mehr das Modell (nämlich das System ‚Kommunikation') mit einem seiner Elemente (der Operation ‚Kommunikation') gleichsetzen und zu Verwirrungen führen. Den Systembegriff reservieren wir daher für soziotechnische Gebilde wie ‚Projekt' oder ‚Unternehmen'. Die Komponenten sind je (nach Erkenntnisinteresse) Menschen oder Instrumente, und die Operationen umfassen Interaktionen und Handlungen.[99]

Schließlich ist noch eine weitere Differenzierung notwendig, um den Kommunikationsbegriff besser zu fassen. Im Informationsaustauschmodell steht Kommunikation für eine isolierte Aktion im engeren Sinne, nämlich für den Vorgang der ‚Übertragung einer Information'. Gleichzeitig bezeichnet Kommunikation jedoch auch die Summe aller ‚Übertragungen' von Informationen sowie deren Verarbeitung und steht damit für eine Reihe aufeinander folgender Aktionen zwischen Sender(n) und Empfänger(n). Im ersten Fall wird Kommunikation als einzelne Aktion, im zweiten Fall als Prozess verstanden, als eine Abfolge theoretisch isolierbarer Einzelhandlungen des ‚Sendens' und ‚Empfangens'.

Wie unschwer zu erkennen ist, wird hier erneut die Einzelhandlung mit der Summe aller Handlungen gleichgesetzt. Um das zu vermeiden, sprechen wir im Folgenden vom Platzieren einer Kommunikationsofferte, wenn es um die (theoretisch) isolierbare Einzelhandlung eines Kommunikators gegenüber einem Adressaten geht.

Der Adressat kann diese Kommunikationsofferte aufgreifen oder nicht. Erst wenn er sie wahrnimmt und interpretiert, kann von Kommunikation die Rede sein. ‚Kommunikationsprozess' bezeichnet demgegenüber Kommunikationsaktivitäten über einen längeren Zeitraum, die Folgen über die unmittelbare Verständigung hinaus haben. Kommunikationsprozesse erwachsen aus dem Zusammenfallen multipler Kommunikations- und Rezeptionsaktivitäten, die aneinander anknüpfen und zum Teil parallel stattfinden. In einem Face-to-Face-Dialog beispielsweise platzieren die Gesprächspartner ihre Kommunikationsofferten zumeist simultan. Parallel dazu beobachten sie einander, um auf Wirkungen ihrer Kommunikationsofferten zu schließen und Kommunikationsofferten des Gegenübers zu erfassen. Der Verlauf eines solchen Kommunikationsprozesses ist dabei

---

98 So z.B. bei Spreider (2004; 20), der dieses Modell selbst nicht durchgängig verwendet und an anderer Stelle (S. 44) Kommunikation doch wieder als ‚Übermittlung von Informationen' versteht.
99 Vom Subsystem der Projektkommunikation lässt sich allenfalls dann sprechen, wenn sich in einem Großprojekt eine Reihe von Personen, z.B. der Stab der Projektleitung, vorrangig um die Kommunikation kümmert.

nur begrenzt vorhersehbar, da die Kommunikationsaktivitäten der Beteiligten eine Eigendynamik entwickeln können. Verstehen und Scheitern stellen Attraktoren kommunikativer Prozesse dar.[100] Betrachtet man eine noch größere Zeitspanne, so sind die Kommunikationsprozesse einer Gemeinschaft für sie selbst folgenreich, sowohl in Bezug auf Aufnahme und Ausschluss von Mitarbeitern als auch hinsichtlich der Weiterentwicklung und Ausdifferenzierung als soziales Gebilde.[101]

4.2. Projektbezogene Kommunikation

Alle bisherigen Aussagen betreffen Kommunikation im Allgemeinen. Vielen Autoren genügt diese allgemeine Betrachtung, und sie gehen nicht weiter auf die Spezifika von Projektkommunikation ein. Uns hingegen ist es wichtig zu zeigen, wie sich Kommunikation im Projektmanagement von anderen kommunikativen Gegenstandsbereichen[102], insbesondere der Unternehmenskommunikation unterscheidet. Den Begriff ‚Projektkommunikation' verwenden wir im Folgenden synonym für ‚Kommunikation im Projektmanagement'. Laut Benner handelt es sich um Projektkommunikation, wenn „mittelbar und unmittelbar projektrelevante Informationen ausgetauscht werden".[103] Unmittelbar projektrelevante Informationen beschreiben Struktur, Inhalt und Umsetzung des Projekts. Hierzu gehören z.B. Netz- und Terminpläne, Reports oder technische Details. Mittelbar projektrelevant sind alle übrigen Informationen, die potenziellen Einfluss auf das Projekt und dessen Verlauf haben können: Ereignisse im Unternehmen, technischer Fortschritt, gesellschaftliche Trends oder auch private Aspekte, z.B. die familiäre oder gesundheitliche Situation der Projektmitglieder.[104] Wie hilfreich ist diese Definition für unsere Zwecke? Kommunikation als Informationsaustausch zu bezeichnen, lehnen wir bekanntlich ab. Interessanter ist die Quelle, aus der Benner den Projektbezug ableitet. Was als projektrelevant gilt, macht Benner an Informationen (nach unserer Definition: Daten bzw. Medienangeboten) fest. Je nachdem, ob Daten projektrelevant sind, ist der Umgang mit ihnen Projektkommunikation. Unser Informationsbegriff verbietet jedoch diese Perspektive, denn Informationen sind für uns das Ergebnis einer Interpretationshandlung. Sie sind an ihre situative Anwendung und eine handelnde Person gebunden und existieren

---

100 Vgl. Rusch (1999a; 174-176).
101 Vgl. Burkart (2002; 535).
102 Vgl. Burkart (2002; 424).
103 Benner (1996; 40), vgl. auch [Caltrans] (2003; 9).
104 Vgl. Benner (1996; 32).

nicht unabhängig davon. Das betrifft auch das Attribut ‚projektrelevant', das einem Medienangebot zuerkannt wird. Statt bei projektbezogenen Informationen anzusetzen, richten wir unser Augenmerk auf die projektbezogenen Handlungen. Kommunikation wird zu Projektkommunikation, sobald sich Akteure beim Kommunizieren auf das Projekt und seine Ziele beziehen.[105] Damit wird auch die Unterscheidung in unmittelbare und mittelbare Projektrelevanz überflüssig. Was als projektrelevant gilt, geht aus den Intentionen und Handlungen der Beteiligten hervor. Ereignisse im Unternehmen, technische Entwicklungen oder den Ehekrach zu Hause sehen wir so lange als nicht projektrelevant an, bis sie sich im projektbezogenen Handeln der Beteiligten bemerkbar machen und so zu Kommunikationsthemen werden. Unsere erste Arbeitsdefinition lautet: Projektkommunikation bezeichnet den Kommunikationsprozess zweier oder mehr Akteure im Hinblick auf das Projekt und dessen Ziele.

4.3. Formen der Projektkommunikation

Wie jede Kommunikationsart ist auch Projektkommunikation in sich vielfältig und kann anhand verschiedener Dimensionen differenziert werden. Ein Großteil der Kategorien, derer sich die Projektmanagementautoren bei der Beschreibung von Projektkommunikation bedienen, ist binär aufgebaut. Auf der Basis eines Merkmals werden Kommunikationsformen in zwei Gruppen aufgeteilt. Vorteil der Kategorienbildung ist, dass sie erlaubt, ungleiche Elemente im Hinblick auf einen oder mehr Aspekte gleich zu behandeln. So ist es egal, ob man einen Brief schreibt, eine E-Mail verschickt oder mit Kreide an eine Tafel schreibt: Es handelt sich immer um schriftliche Kommunikation, und die setzt beispielsweise voraus, dass der Kommunikator schreiben kann. Umgekehrt ist das gesprochene Wort, ob in einem persönlichen Gespräch oder bei einem Vortrag, prinzipiell flüchtig, weshalb die wichtigsten Aussagen dokumentiert werden sollten.

Betrachten wir im Folgenden die Kategorien, welche in der Projektmanagementliteratur im Zusammenhang mit Projektkommunikation genannt werden: Eine erste Differenzierung markiert die Projektteammitgliedschaft, wobei wir hier von der formalen Zugehörigkeit zu einem Projekt ausgehen[106]: Kommunizieren Projektmitglieder untereinander über das Projekt, handelt es sich um interne Projektkommunikation. Reden die Projektteammitglieder hingegen nicht

---

105 Vgl. Zerfaß (2004; 287), der diese Argumentation in Bezug auf die Unternehmenskommunikation vertritt.
106 Vgl. hierzu Benner (1996; 20), Kuster et al. (2008; 173), PMI (2003; 229) und Weaver (2007; 3).

über das Projekt, sondern beispielsweise über Unternehmensthemen oder private Erlebnisse am Wochenende, sprechen wir nicht von Projektkommunikation. Aufgabe der internen Projektkommunikation ist es, die Leistungserbringung zu koordinieren und die Kooperation und Identitätsbildung des Projektteams sicherzustellen. Über interne Projektkommunikation orientieren sich die Projektteammitglieder auf das gemeinsame Ziel hin.

Kommunizieren Projektmitglieder und externe Interaktionspartner miteinander, sprechen wir von Stakeholderkommunikation. Stakeholderkommunikation verstehen wir folglich als Teilbereich externer Projektkommunikation und grenzen uns damit von Definitionen ab, die auch das Projektteam und den Projektleiter zu den Anspruchsgruppen zählt. Ansonsten orientieren wir uns an der Definition von Schelle et al., die Stakeholder im Sinne der IPMA Competence Baseline als Personen oder Personengruppen bezeichnen, „die am Projekt beteiligt, am Projektablauf interessiert oder von den Auswirkungen des Projekts betroffen sind. Sie haben ein begründetes Interesse am Projekterfolg und am Nutzen für das Projektumfeld".[107]

Stakeholderkommunikation dient der Sicherung kritischer Ressourcenzu- und -abflüsse, z.B. finanzieller, personeller oder legitimatorischer Art. Damit stellt sie zwei Dinge sicher: zum einen, dass die Leistungen des Projektteams den Erwartungen der Umwelt entsprechen (outside-in) und zum anderen, dass das Projekt sich in seiner Umwelt behauptet und die erforderlichen Ressourcen erhält (inside-out).

Wer als Stakeholder gilt und wie er zu berücksichtigen ist, definiert sich im Stakeholdermanagement jedoch immer aus der ‚Inside-out'-Perspektive, d.h. aus Sicht des Projektteams.

Unterhalten sich zwei Akteure über das Projekt, ohne selbst Projektteammitglied zu sein (beispielsweise Auftraggeber und Kunde), handelt es sich zwar auch um externe Projektkommunikation, nicht jedoch um Stakeholderkommunikation. Wir bezeichnen sie deshalb als Kommunikation über das Projekt oder besser als ‚öffentliche Kommunikation'. Öffentlichkeit kann im Projektmanagement neben gesellschaftlichen Akteuren (z.B. politische oder bürgerliche Gruppierungen) auch unternehmensinterne Öffentlichkeiten (verschiedene Funktionalbereiche wie Einkauf oder Personal oder das Top Management) umfassen. Für das Projekt ist auch die öffentliche Kommunikation folgenreich, obgleich oder gerade weil sie sich ihrer direkten Steuerung entzieht. Um sich vor unliebsamen Überraschungen zu schützen, sollte das Projekt daher danach streben, alle externen Partner, die Einfluss auf das Projekt haben können, in seiner Stake-

---

107 Schelle et al. (2005; 41).

holderkommunikation zu berücksichtigen. Zusammengefasst lässt sich unterscheiden in

- Kommunikation im System (interne Projektkommunikation)
- Kommunikation des bzw. mit dem System (Stakeholderkommunikation)
- Kommunikation über das System (Kommunikation über das Projekt, öffentliche Kommunikation).[108]

Das Gegensatzpaar formal vs. informell unterscheidet vorab geplante Kommunikation von Ad-hoc-Kommunikation.[109] Formale Kommunikation ist im Projektplan vorgesehen und organisatorisch geregelt. Sie erfolgt nach einem festgelegten Schema, d.h. zwischen definierten Ansprechpartnern, in regelmäßigen Zeitabständen oder über vorab festgelegte Inhalte. Zur formalen Projektkommunikation zählen Berichtswesen und Dokumentation. Beide stillen einen klar umrissenen, selektiven Informationsbedarf der Projektmitglieder und der externen Anspruchsgruppen.

Als besonderer Ausdruck organisatorisch legitimierter Macht dient formale Kommunikation überdies der Durchsetzung von Entscheidungen. Informelle Kommunikation ist demgegenüber nicht durch den Projektplan gesteuert. Sie entsteht und verläuft spontan und ergänzt die formale Kommunikation. Eine wichtige Rolle spielt sie bei der Bewältigung des Neuen und der nicht planbaren Komplexität sowie bei Aufbau und Pflege sozialer Beziehungen. Das macht sie zu einem wichtigen Einflussfaktor des Projektklimas. In der Regel findet informelle Kommunikation mündlich statt und wird nicht dokumentiert, allerdings kann sie auch schriftlich, z.B. per E-Mail oder in einem Intranetforum erfolgen. Die Grenzen zwischen formaler und informeller Kommunikation sind fließend. Beispielsweise können Anlässe für informelle Kommunikation formal festgelegt sein (z.B. regelmäßige Projektbesprechungen, Networking-Veranstaltungen),

---

108 Diese Dreiteilung findet sich auch in der Theorie der Organisationskommunikation wieder (vgl. Bentele et al. 2006; 210f).
109 Vgl. hierzu Cleland / Ireland (2006; 405f.), Debus (1999; 32), Diethelm (2001; 165 u. 172), Homberg (2005; 553), Kuster et al. (2008; 178f.), Motzel (2006; 99), PMI (2003; 229), Pritchard (2004; 199), Weaver (2007; 4). Dommert (1993; 17-19), Benner (1996; 39) und Merten (1999; 118) bezeichnen mit ‚formal' alle indirekten Kommunikationsformen, die zeitliche und räumliche Distanzen überwinden, und mit ‚informell' den direkten Kontakt zwischen Menschen, der eine sofortige Rückkoppelung erlaubt. Dieser Definition schließen wir uns aus zwei Gründen nicht an. Zum einen, um nicht mediale Charakteristika mit organisationalen Einflussvariablen zu vermischen. Zum anderen, da gemäß dieser Definition manche Medien in eine Lücke fallen. Telefone und Videokonferenzen beispielsweise überbrücken räumliche Distanzen und erlauben dennoch ein sofortiges Feedback.

während die Inhalte der Kommunikation nicht vorgegeben sind. Als Faustregel kann gelten, dass Kommunikation umso stärker formalisiert ist, je mehr Dimensionen (Akteure, Inhalte, Zeitpunkte, Ergebnisse usw.) durch explizite Richtlinien und Regelungen definiert sind.

Die Anzahl der Beteiligten und ihre Rolle im Kommunikationsprozess markieren weitere Unterscheidungen. One-to-one-Kommunikation, auch persönliche Kommunikation genannt, findet zwischen zwei Akteuren statt, meist verbunden mit der Möglichkeit eines Rollentauschs von Kommunikator und Rezipient (Two-way communication bzw. Dialog). One-to-many-Kommunikation entspricht der klassischen Massenkommunikation und richtet sich an mehrere Empfänger. Rückkoppelungsmöglichkeiten sind hier begrenzt, weshalb sie oft als One-way-Kommunikation stattfindet.[110] Im Projektmanagement spielen One-to-many- und One-way-Kommunikation vor allem intern eine untergeordnete Rolle, was mit der Größe des Projektteams zusammenhängt. In der Stakeholderkommunikation kann One-to-many-Kommunikation sinnvoll sein, wenn sich auf Basis ihrer Erwartungen mehrere Stakeholdergruppen zu einer kritischen Masse zusammenfassen lassen.

Schwierig wird es in der Projektkommunikation bei der Unterscheidung in vertikale und horizontale Kommunikation, wie sie in der unternehmensinternen Kommunikation üblich ist. Vertikale Kommunikation verbindet unterschiedliche Hierarchiestufen und kann top-down oder bottom-up erfolgen. Horizontale Kommunikation findet zwischen den Mitarbeitern einer Stufe statt.[111] Vergleicht man ein Projekt mit einem Unternehmen, so findet im Projekt vor allem horizontale bzw. heterarchische Kommunikation statt. Das ist so gewollt: Ein Projekt soll einen geschützten Bereich bilden, ein weitgehend selbstständiges System mit eigenen formalen Verantwortlichkeiten, dessen Ziel es ist, die Defizite der hierarchischen Stammorganisation zu überwinden. Projektexterne Machtpositionen wie Linienmanager oder Vertriebsleiter können zwar Einfluss auf das Projekt ausüben, doch handelt es sich dabei um formal-hierarchische Autorität, die der Unternehmensorganisation entstammt. Deren Macht und Einfluss wirkt zwar in die Projektorganisation hinein, oft genug sogar mehr, als es dem Projektleiter lieb ist. Kommunikation mit Hierarchieinstanzen der Stammorganisation kann jedoch nicht als ,vertikale Projektkommunikation' bezeichnet werden, da die Hierarchie des Unternehmens, das ja zur Projektumwelt gehört, innerhalb des

---

110 Vgl. Pritchard (2004; 4), Reiß (1997; 99f.), zit. in Spreider (2004; 101), Weaver (2007; 3).
111 Vgl. Cleland / Ireland (2006; 407), PMI (2003; 229), Weaver (2007; 4) und Spreider (2004; 57), der noch diagonale (ungeplante) Kommunikation ergänzt.

Projekts formal gar nicht existiert.[112] Das Projekt mag sich der externen Organisationsstruktur zwar unterordnen. Es spiegelt sie dann jedoch nur wider, ohne sie im Rahmen des Projekts neu aufzubauen. Aus diesem Grund sprechen wir von vertikaler Unternehmenskommunikation zwischen Projekt und Linie, sobald wir uns auf projektexterne Hierarchieinstanzen beziehen. Vertikale Projektkommunikation kann es eigentlich nur mit der Instanz Projektleiter geben (sofern dieser über disziplinarische Führungsverantwortung verfügt), was keine sehr ergiebige Definition ist. Die gesamte übrige Kommunikation verläuft horizontal. Ist das Projekt hingegen so groß, dass es über eine eigene interne Hierarchisierung verfügt (z.B. mehrere Teilprojektleiter mit eigenen Teams), kann wieder von vertikaler Projektkommunikation gesprochen werden.

Eine Fülle weiterer Gegensatzpaare beschreibt Kommunikationsformen und Mediengebrauch.[113] Kommunikationsformen, die allein mit den menschlichen Sinnesorganen produziert und rezipiert werden können und keine weiteren Hilfsmittel erfordern, bezeichnen wir als direkte Kommunikation. Sobald ein materielles Hilfsmittel erforderlich ist, sprechen wir von medienvermittelter Kommunikation. Grundlegend und einfach zu differenzieren sind Medien anhand ihrer Raum-Zeit-Struktur. Manche Medien können räumliche Entfernungen überbrücken (‚remote‘), wie beispielsweise der Brief oder das Telefon. Andere sind raumgebunden (‚direct‘), wie z.B. Teambesprechungen oder Feedbackgespräche. Elektronische Medien machen es jedoch immer besser möglich, räumliche Entfernungen zu überbrücken und virtuelle Nähe herzustellen (z.B. Telefon, Chaträume, Videokonferenzen). Das gleiche gilt für die zeitliche Struktur: Synchrone Medien erlauben zeitgleiche Kommunikation, d.h. Kommunizieren ‚in Echtzeit‘. Asynchrone Medien erfordern zwar Wartezeiten, sind in der Regel jedoch weniger flüchtig. Auch nach ihrer Form werden Medien gruppiert. Schriftliche werden von mündlichen Medien unterschieden und beide wiederum von visuellen Medien (Bilder, Grafiken etc.). Verbale Kommunikation wird von nonverbaler abgegrenzt, wobei nonverbal meist mit Körpersprache gleichgesetzt wird.

---

112 Diese Aussage gilt nur für bestimmte Organisationsformen. Die reine Projektorganisation oder Auftragsprojektorganisation begünstigen eine Autonomisierung des Projekts (zur Autonomisierung sozialer Systeme vgl. Hejl 2000; 41-43), während in der Matrix-Organisation, der Einfluss-Projektorganisation und dem Projektmanagement in der Linie der Einfluss des Linienmanagements stark bleibt oder fast komplett ins Projekt gespiegelt wird (vgl. Burghardt 2007; 56-61).
113 Vgl. Cleland / Ireland (2006; 409f.), Kuster et al. (2008; 174), Motzel (2006; 99), Patzak / Rattay (2004; 259), PMI (2003; 229), Pritchard (2004; 4 u. 198), Schelle et al. (2005; 403), Weaver (2007; 3f.).

Verschiedene Autoren unternehmen Versuche, diese Medieneigenschaften zu bündeln und erneut in Form von Dualitäten voneinander abzugrenzen. So spricht Benner von technischer Kommunikation, sobald Kommunikationsmedien aller Art verwendet werden. Technische Kommunikation gilt als indirekt und unpersönlich. Face-to-Face-Kommunikation demgegenüber steht für einen direkten, persönlichen Austausch, der viel mehr Wahrnehmungsebenen anspricht.[114] Diese Unterscheidung hat jedoch ihre Tücken: Zum einen können Medien durchaus einen direkten, persönlichen Austausch fördern (z.B. das Telefon), zum anderen können sie wie im Fall der Videokonferenz beinahe so viele Wahrnehmungsebenen ansprechen wie die persönliche Kommunikation. Auch Face-to-Face-Kommunikation steht nicht immer für gemeinsamen Austausch, wie im Falle einer Rede vor Publikum. Statt technische Medien von Face-to-Face-Kommunikation abzugrenzen, empfiehlt es sich deshalb, Kommunikationsmedien z.B. anhand des ‚Media Richness'-Konzepts zu ordnen. Dessen Autoren Daft und Lengel unterschieden Medien von der Briefpost über E-Mail, Fax und Telefon bis hin zur Face-to-Face-Kommunikation anhand ihrer Fähigkeit, Mehrdeutigkeiten und Nebeninformationen zu transportieren. In einem zweiten Schritt untersuchten sie die Effektivität der einzelnen Medien bei der Bewältigung von Aufgaben von geringer und hoher Komplexität und kamen zu einem interessanten Schluss:

> „Die Kommunikation über ‚reiche' Medien ist umso effektiver, je komplexer die zugrunde liegende Arbeit ist. Die Kommunikation über ‚arme' Medien ist umso effektiver, je strukturierter eine Aufgabe ist".[115]

Technische Kommunikationsmedien hält Spreider vor allem für formale, standardisierbare Kommunikation geeignet und für One-way- und Routinekommunikation. Für Diskussionen, intensive Abstimmungen und Konfliktsituationen empfiehlt er hingegen Face-to-Face-Kommunikation, ebenso für den Aufbau sozialer Bindungen.[116] Rusch rät, Media Richness aus Anwendersicht um den Aspekt des ‚Media Demand' zu ergänzen. Darunter versteht er sämtliche Anforderungen an die Anwender eines Mediums, d.h. Fähigkeiten und Fertigkeiten im Umgang mit ihm.[117] So ist es sicher schwieriger, den Umgang mit einer Groupware-Lösung zu erlernen oder Informationen im Internet aufzuspüren als ein mündliches Gespräch zu führen oder eine Telefonnummer zu wählen. Anhand

---

114 Vgl. Benner (1996; 20, 40), Spreider (2004; 105-111).
115 Picot et al. (2001; 112), die sich hier auf Daft / Lengel (1984, 1986) und Rice (1992) berufen.
116 Vgl. Spreider (2004; 107, 111).
117 Rusch (2007).

des Ressourcenaufwands lassen sich zudem teure und billige Kommunikationsmedien unterscheiden, wobei zu den Ressourcen sowohl die Produktions- und
Bereitstellungskosten als auch der Zeitaufwand bei der Nutzung zu zählen
sind.[118] Neben diesen Faktoren lassen sich zahlreiche weitere finden, die in die
Wahl eines Mediums einfließen: Erfahrungswerte, Emotionalität, Verbindlichkeit, Verfügbarkeit oder auch soziale Angemessenheit.

Wir fassen zusammen: Projektkommunikation bezeichnet den Prozess der
Verständigung zweier oder mehr Akteure im Hinblick auf das Projekt und dessen
Ziele. Sie umfasst die Kommunikation in Projekten (interne Projektkommunika-
tion zwischen Projektmitgliedern), die Kommunikation von und mit Projekten
(Stakeholderkommunikation) und die Kommunikation über Projekte (öffentliche
Kommunikation). Formale Kommunikation ist geplant, während informelle
Kommunikation ad-hoc entsteht. Projektkommunikation umfasst Ein- und
Zweiweg-Kommunikation sowie individuelle und Massenkommunikation. Die
Akteure bedienen sich einer Vielfalt von Kommunikationsmedien, die sie gemäß
ihrer internen und externen Ziele selektiv einsetzen.

4.4. Projektkommunikation als Teilbereich der Unternehmenskommunikation?

Wo ist die Projektkommunikation im Unternehmen organisatorisch verortet? Es
liegt nahe, zunächst bei dem Bereich zu suchen, der formal für die Unternehmenskommunikation verantwortlich ist, der Konzernkommunikation. Deren
Aufgabenbereich, die Unternehmenskommunikation, steht laut Bentele et al. für
die „Gesamtheit aller in einem Unternehmen stattfindenden sowie von einem
Unternehmen ausgehenden Informations- und Kommunikationsprozesse".[119] Sie
dient nach Ansgar Zerfaß der unternehmerischen Aufgabendefinition und Leis-
tungerbringung und trägt zur Handlungskoordination und Interessenklärung bei.
Unternehmenskommunikation gliedert sich in Marketingkommunikation, Public
Relations und interne Organisationskommunikation. Bei Marketingkommunikation überwiegt eine wirtschaftliche Perspektive, bei Public Relations eine öffent-
lich-gesellschaftliche. Interne Kommunikation umfasst auch alle informellen
Kommunikationsformen.[120] Verantwortung für diese Aufgabenfelder tragen in
den Unternehmen meist Teilbereiche oder einzelne Aufgabenträger in der Konzernkommunikation. Angesichts dynamischer Märkte, technologischer Entwick-

---

118 Vgl. Spreider (2004; 101-103).
119 Bentele et al. (2006; 282).
120 Vgl. Zerfaß (2004; 287), Zerfaß (2007; 40), Mast (2002; 11-13).

lung und anspruchsvollerer Kunden haben sie mittlerweile eine starke Ausdifferenzierung ihres Aufgabenbereichs erlebt, in deren Verlauf weitere kommunikative Spezialgebiete wie z.b. Marktforschung, Werbung und Markenpflege im Marketing, Pressearbeit, Media Relations, Lobbying, Finanz- und Krisenkommunikation in der PR oder Führungskräfte-, Change-Kommunikation oder Community-Building in der internen Organisationskommunikation entstanden sind. Auch ganz neue Herausforderungen haben sich sozusagen quer zur Triade entwickelt und erfordern zunehmend neue Organisationsformen in der Unternehmenskommunikation. Dazu gehören die zunehmende Internationalisierung der Kommunikation, der Wunsch nach Integrierter Kommunikation und eben Projektkommunikation.

Der Versuch, die Verantwortung für Projektkommunikation einem der drei Bereiche Marketing, PR oder Interne Kommunikation zu übertragen, ist wenig ergiebig. Das Know-how jedes der drei Bereiche vermag die Aufgaben der Projektkommunikation nur teilweise abzubilden. Der Grund dafür ist offensichtlich: Projekte werden als individuelle Systeme konzipiert, die nach Autonomie von ihrer Umgebung streben. Unternehmensinterne Projekte, dem Projektziel verpflichtet, grenzen sich gegenüber der Stammorganisation ab. Die Beteiligten unterscheiden zwischen projektinterner Kommunikation, die sie selbst steuern, und interner Organisationskommunikation, die vom Unternehmen gesteuert wird. Ebenso unterscheiden sie zwischen Projektmarketing und -PR, die sie gegenüber dem Mutterunternehmen bzw. ihrem externen Kunden betreiben, z.B. um sich Ressourcen oder Top-Management-Unterstützung zu sichern, und dem Marketing bzw. der PR, welches das Unternehmen betreibt, um von Kunden neue Projektaufträge zu erhalten oder um in der Öffentlichkeit gut dazustehen. Das Know-how aller drei Bereiche brauchen Projekte für die Gestaltung ihrer Kommunikation, daran besteht kein Zweifel. Nur verfolgen sie damit eigene Ziele, und die sind nicht immer deckungsgleich mit denen der Unternehmenskommunikation. So kann es zu Konflikten kommen, wenn ein Projekt beispielsweise in einer Intranetnews die Bedeutung einer speziellen Produktentwicklung oder die Leistung seines Teams herausstellen möchte, die Unternehmenskommunikation jedoch immer die Relevanz für das gesamte Unternehmen im Auge haben muss. Vor dem Hintergrund der Integration von Kommunikationsmaßnahmen kann die Unternehmenskommunikation separate Marketingaktivitäten einzelner Projekte durchaus kritisch sehen.[121]

---

121 Dass sich einzelne Gruppen innerhalb des Unternehmens abgrenzen, ist kein neues und auch kein projektspezifisches Phänomen. Einzelne Funktionsbereiche wie die Entwicklung, die Produktion oder der Vertrieb sowie einzelne Sparten oder Standorte können aufgrund ihrer Spezialisierung bzw. ihrer

Bei Projekten, die mit externen Partnern (Lieferanten, Kunden oder öffentlichen Institutionen) während des Leistungserstellungsprozesses zusammenarbeiten (Konsortien, Arbeitsgemeinschaften etc.), wird es noch komplizierter. Da die Realisierung des Projektziels, z.b. die Integration einer Systeminfrastruktur, eine tief greifende Auseinandersetzung mit den Prozessen des Kundenunternehmens erfordert, sind viele Abstimmungen zwischen Projektteam und Kunde notwendig. Entsprechend intensiv und dialogisch orientiert sind die Kommunikationsbeziehungen zwischen beiden.

Auftraggeber und Auftragnehmer arbeiten häufig während der gesamten Projektdauer als Partner zusammen, von der Bestandsaufnahme über die Angebotserstellung bis hin zu Planung, Leistungserstellung und Nachbereitung. Diese Kooperationsform deckt die Triade der Unternehmenskommunikation jedoch nicht ab. In Unternehmen findet formale Kommunikation mit externen Partnern hauptsächlich in dafür spezialisierten Bereichen statt, die als Schaltstellen fungieren: Einkauf und Beschaffung gegenüber Lieferanten, Absatz und Marketing gegenüber dem Kunden, Pressearbeit und PR gegenüber den Öffentlichkeiten.

Die ,Arbeitskommunikation' im Produktentwicklungs- und Produktionsprozess fällt im klassischen Produktionsunternehmen in den Bereich der internen Kommunikation. In Dienstleistungsunternehmen wird diese klare Trennung aufgrund der Integration des Kunden in den Leistungserstellungsprozess bereits durchbrochen, und im Projektmanagement liegt wie geschildert eine so enge Verflechtung von projektinterner und -externer mit unternehmensinterner und -externer Kommunikation vor, dass es nicht mehr sinnvoll ist, Projektkommunikation der internen Unternehmenskommunikation zuzurechnen.[122]

Versuchen wir im Folgenden, die Differenzen und Überschneidungsbereiche von Projektkommunikation und Unternehmenskommunikation herauszuarbeiten. Wir stellen zunächst das Projekt als soziales System dem System Unternehmen gegenüber, um anschließend die Anforderungen an die jeweilige Kommunikationsart zu vergleichen.

Wie von Gebhard Rusch (in diesem Buch) geschildert, erwächst ein Großteil der Herausforderungen in der Projektkommunikation aus der Sonderstellung von Projekten als soziotechnische Organisationen auf Zeit. Die Zielvorgabe, die Einmaligkeit und Spezifik des gemeinsamen Vorhabens, die abgegrenzte und temporäre Projektorganisation, eine hohe Komplexität aufgrund heterogener

---

homogenen Ziele mit der Zeit eine starke eigene Identität entwickeln, die sich in ihrer Kommunikation widerspiegelt.
122 Eine Ausnahme stellen unternehmensinterne Projekte wie Change-Projekte dar, die sich durchaus der internen Unternehmenskommunikation zuordnen lassen, dabei jedoch nicht ihre Autonomisierung als Teilsystem verlieren.

Teamzusammensetzung, vielschichtige externe Einfluss- und Abhängigkeitsbeziehungen und beschränkte Ressourcen sind spezifische Faktoren, denen sich
Projektkommunikationsmanager stellen müssen.[123]

4.5. Projekt und Unternehmen: Zeithorizont, Zielsetzung und Zusammenspiel

4.5.1 Anfang, Abschluss und Existenz

Betrachten wir zunächst den Zeithorizont von Projekt und Unternehmen. Während in der Unternehmenskommunikation Kommunikation langfristig orientiert ist, spielen in der Projektkommunikation die Anfangs- und die Abschlussphase eines Projekts eine besondere Rolle. Beides sind mehr als nur punktuelle Ereignisse, die die Umsetzungsphase eröffnen und beenden.[124]

Ein Projektbeginn stellt von der Idee über die Vorbereitung bis hin zu Projektauftrag und Kick-off bzw. Projektstart-Workshop eine Abfolge einzelner Prozessschritte dar, die es kommunikativ zu begleiten gilt. Ebenso das Projektende, denn ob ein Projekt erfolgreich ist oder nicht, es wird in jedem Fall aufgelöst. Und der Projektabschluss sollte nicht nur formal definiert sein, sondern auch inhaltlich und sozial erfolgen.

Ein Unternehmen befindet sich demgegenüber die meiste Zeit zwischen seiner Anfangs- und seiner Endphase, und dort versucht es auch zu bleiben. Die operativen Herausforderungen liegen nicht in der Abgrenzung und dem Aufbau eines Systems, sondern im Erhalt seiner Existenz und in seiner nachhaltigen Weiterentwicklung.[125]

Im Gegensatz zu einem Projekt arbeitet ein Unternehmen eben nicht auf sein eigenes Ende hin. Unternehmen haben kein einmalig erreichbares Ziel. Sie versuchen, dauerhaft ihre Leistungsfähigkeit aufrechtzuerhalten. Ihre Existenzberechtigung leiten sie daraus ab, dass sie für ihre Stakeholder Werte schaffen und ihre Wirtschaftlichkeit unter Beweis stellen.

---

123 Vgl. hierzu auch Spreider (2004; 58; 62).
124 Vgl. Dommert (1993; 44), Hindel et al. (2004; 27).
125 Zwar wird jedes *Unternehmen* irgendwann einmal *gegründet* und in dieser Anfangsphase gleicht es in mancherlei Hinsicht einem Projekt. Entscheidungen, die in dieser frühen Phase getroffen werden (über Strukturen, Produkte, Selbstverständnis usw.), prägen das Unternehmen nachhaltig. Je mehr sich jedoch das Unternehmen von seiner Gründungsphase entfernt und je mehr sich seine Austauschbeziehungen verstetigen, umso stärker verschieben sich die Aufgaben von Strukturierung und Initialisierung hin zum Management der Leistungserbringung und langfristig zur strategischen Weiterentwicklung.

4.5.2 Ziele

Die große Bandbreite der Erwartungen, die Anspruchsgruppen an das Unternehmen herantragen, prägt dessen Strategie. Moderne Unternehmen verfolgen einen Zielekanon, der sowohl in zeitlicher Hinsicht als auch inhaltlich sehr differenziert ist. Jede Erwartung einer Anspruchsgruppe, die bei Nichterfüllung die Existenz des Unternehmens gefährdet oder zumindest seine Handlungsfähigkeit nachhaltig einzuschränken vermag, muss sich im unternehmerischen Zielekanon widerspiegeln. Unternehmen verfolgen daher gleichzeitig so heterogene Ziele wie über Kosteneinsparung und Wachstum die Profitabilität zu steigern, die Produktqualität sicherzustellen, Fachkräfte anzuwerben oder gesellschaftliche und ökologische Verantwortung zu zeigen.[126]

Projekte demgegenüber sind ungleich stärker von ihrer Gesamtzielsetzung sowie von den Umsetzungszielen geprägt. Die Gesamtzielsetzung des Projekts bezeichnet den Nutzen, den es seinem Auftraggeber (z.B. dem Unternehmen) bringt. Gelingt es dem Projekt, den erwarteten Nutzen zu stiften (z.B. wenn eine neu entwickelte Software von den Anwendern angenommen und im erwarteten Umfang genutzt wird und sich daraufhin die angestrebten Produktivitätssteigerungen einstellen), spricht man vom Anwendungserfolg. Davon zu unterscheiden sind die Umsetzungsziele, die auch als ‚magisches Dreieck' des Projektmanagement bezeichnet werden: Leistungsumfang, Termin- und Kostenziele. Der Leistungsumfang leitet sich aus dem erwarteten Nutzen ab und konkretisiert in Form inhaltlicher Vorgaben (im Beispiel der Software die Funktionalitäten, Schnittstellen, Integrierbarkeit, Entwicklungsfähigkeit, Dokumentation usw.) das Gesamtziel. Der Termin für die Fertigstellung und die Festlegung eines Budgets vervollständigen den Rahmen für die Umsetzung. Gelingt es dem Projekt, alle drei Umsetzungsziele zu erreichen, spricht man vom Abwicklungserfolg.[127] Den Anwendungserfolg sicherzustellen stellt die größere Herausforderung dar. Die drei Abwicklungsziele wirken jedoch stärker in die Projektarbeit hinein. Sie üben eine starke Sogwirkung auf das gesamte Projektteam aus und prägen dessen (temporäres) Selbstverständnis. Das gemeinsame Umsetzungsziel schweißt die Teammitglieder als Gruppe zusammen. Zielkonflikte entstehen nicht primär innerhalb des Systems, so wie es im Unternehmen häufiger zwischen den einzelnen Abteilungen vorkommt, sondern an den Systemgrenzen, also zwischen dem Projekt und seinem Umfeld. Eine wichtige Aufgabe des Projektleiters ist es daher, sich regelmäßig zu vergewissern, ob die Umsetzungsziele des Projekts noch

---

126 Vgl. Stüttgen (1999; 346-350, insbes. 349).
127 Vgl. Strohmeier (2003; 29-31) und (2007; 2f.).

zur Gesamtzielsetzung, d.h. den Erwartungen des Auftraggebers bzw. Kunden passen.

4.5.3 Wachstum und Gewinnerwirtschaftung

Und noch ein weiterer Aspekt unterscheidet Unternehmen und Projekte. Unternehmen können und wollen wachsen. Sie erzielen Gewinne und haben die Möglichkeit, diese als Investitionen wieder neu einzusetzen. Ein Projekt hingegen generiert für sich selbst keine Einnahmen, sondern allenfalls für das bzw. die Unternehmen, denen es entspringt. Es profitiert als System nicht vom Gewinn, den es erwirtschaftet, weil es sich wieder auflöst, wenn die Gelder fließen.[128] Anstatt Gewinne anzustreben, orientiert sich das Projekt an seinem Kostenrahmen. Es versucht, seine zeitlichen, personellen und finanziellen Ressourcen auszureizen, aber möglichst nicht zu überschreiten. Kostensenkungen strebt das Projekt nicht an, es sei denn, sie werden ihm während des Projektverlaufs von außen vorgeschrieben. Und was Wachstum betrifft, mag es für Projekte zwar sinnvoll sein, ihre Größe den Erfordernissen der jeweiligen Projektphase anzupassen. Eine pauschale Ausrichtung auf Wachstum bringt dem Projekt jedoch mehr Nachteile als Vorteile. Der Abstimmungsaufwand steigt, während die Leistungsfähigkeit des Teams nicht im gleichen Maße anwächst.

4.5.4 Perspektive auf das Projekt

Die Differenz zwischen Projekt und Unternehmen hängt nicht zuletzt auch vom Standpunkt der Beobachtung ab. Aus der Perspektive des Unternehmens ist Projektarbeit ein Instrument. Eingesetzt werden Projekte zur Erledigung spezieller Aufgaben, in der Regel neue und anspruchsvolle Vorhaben. Das macht Projekte zu wichtigen Bausteinen in der Umsetzung der Unternehmensstrategie. Ihre Bedeutung müssen sich Projekte jedoch mit anderen Organisationsformen wie der Hierarchie teilen. Projektmanagement ist für das Unternehmen nur eine von mehreren Optionen im Management-Mix. Für das Projektteam hingegen ist das Projekt mehr als nur ein Instrument. Es ist ihr eigenes, temporäres System und damit inhaltlicher Bezugspunkt und soziale Heimat zugleich. Die Hierarchie zählt das Projektteam zu seiner Umwelt, von ihr grenzt es sich ab. Vor allem,

---

128 Das betrifft auch Kundenprojekte wie den Bau eines neuen Einkaufszentrums, bei denen die Gewinnerzielung für jedes der beteiligten Unternehmen im Vordergrund steht.

wenn Teammitglieder zu 100 Prozent in die Projektarbeit eingebunden sind, tritt diese „System-im-System"-Konstellation deutlich hervor.

4.6 Konsequenzen für die Projektkommunikation

4.6.1 Initialisierung und Routinen

Was haben diese Unterschiede nun für Konsequenzen für die Projektkommunikation?

Einerseits ist Projektkommunikation selbst ein zeitlich begrenztes Phänomen. Wie das Projekt hat sie einen Beginn und ein Ende. Andererseits geht ihr Wirkradius jedoch zeitlich über das Projekt hinaus, denn sie steuert die Entstehung, Realisierung und Auflösung des Projekts (vgl. Das Projektende: Wissenssicherung und ein sozialer Abschluss).

Das Aufgabenspektrum der Kommunikation muss bei Projektbeginn festgelegt werden. Dieser Initialisierungsaufwand fällt mit jedem Projekt wieder neu an, auch wenn die Fragen, die dabei zu beantworten sind, oft die gleichen sind. Sie betreffen die Kommunikationsplanung (Ziele, Zielgruppen, Themen, Medien, Termine und Controlling), die Organisation der Projektkommunikation (Verantwortlichkeiten, Verhältnis zur Unternehmenskommunikation) sowie Kommunikationskultur und Selbstbild des Teams (Qualitätsansprüche, Transparenz, Freiräume). Aufgrund der Spezifik jedes Projekts unterscheiden sich die Antworten auf diese Fragen zum Teil erheblich.

Unternehmenskommunikation demgegenüber entsteht nicht ‚auf der grünen Wiese', sondern vollzieht sich in einem vorstrukturierten Umfeld. Dieses Umfeld ist entstanden, weil Unternehmenskommunikation als permanente und strategische Aufgabe historisch bereits Antworten auf die oben genannten Fragen gegeben und in Form von Routinen und Strukturen festgeschrieben hat. Die Funktionen der Kommunikation hat sie langfristig institutionalisiert. Für Unternehmen stellt sich folglich nicht die Frage, wie die Kommunikation überhaupt zum Laufen gebracht werden kann, sondern wie sich die bestehenden Prozesse optimieren lassen. Daneben sollte hin und wieder überprüft werden, ob die bisherigen Praktiken noch den aktuellen Anforderungen und Zielsetzungen des Unternehmens entsprechen.

4.6.2 Zielformulierung und Einbinden der Stakeholder

Das Ziel besitzt für das Projekt eine besonders hohe Bedeutung. Schließlich existiert es allein aus dem Grund, dieses Ziel zu erreichen. Im Gegensatz zum Unternehmen, in dem die Effektivität der Leistungserbringung auch über Strukturen und etablierte Routinen abgesichert ist, muss das Projekt alle Aktivitäten aus seinem Auftrag ableiten. Es ist deshalb auf eine möglichst klare und eng umrissene Zielstellung angewiesen. Die Zielstellung herauszuarbeiten ist eine Aufgabe des Projektleiters und des Auftraggebers sowie ggf. des Kunden und erfordert offene und verbindliche Kommunikation. Ist das Ziel fixiert, besitzt das Projektteam einen wirkungsvollen Orientierungspunkt, auf den es alle Umweltbeziehungen ausrichten kann.

Kommunikationsaktivitäten in und von Unternehmen sind weniger auf ein spezifisches, eng umgrenztes Ziel ausgerichtet, als vielmehr von multiplen, parallelen Zielsetzungen geprägt. Hinter jedem der Ziele stehen Märkte und Anspruchsgruppen, zu denen das Unternehmen Kommunikationsroutinen unterhält. Die Kommunikationsroutinen werden von den einzelnen Funktionsbereichen (Einkauf, Personal, Vertrieb, Produktion, IT usw.) gepflegt. Der Bereich Unternehmenskommunikation hat eine übergeordnete und integrierende Funktion. Absatz- und Beschaffungsmärkte, mit denen das Unternehmen in Austauschbeziehungen steht, werden von der Unternehmenskommunikation via Marktforschung beobachtet und mit Marketing- und Werbemaßnahmen im Sinne der Unternehmensziele beeinflusst. Nach innen wird die Unternehmensstrategie vermittelt, um die Leistungserbringung daran auszurichten. Das schließt ein, die verschiedenen Funktionsbereiche mit ihren Teilzielen und ihren Ansprüchen einander vorzustellen. Alle weiteren Anspruchsgruppen schließlich wie Geldgeber, Öffentlichkeiten oder Mitarbeitervertretungen, die Erwartungen an das Unternehmen artikulieren und bei Nichterfüllung Sanktionsmöglichkeiten besitzen, macht die Unternehmenskommunikation ebenfalls zu ihren Zielgruppen und wirbt mit einer gezielten Informationspolitik und Beziehungsarbeit via Public Relations um deren Gunst. Unternehmenskommunikation steht also vor der Herausforderung, die Unternehmensziele bekannt zu machen, sie zu legitimieren und im Konfliktfall Einzelziele gegeneinander abzuwägen (z.B. Mitarbeiterinteressen vs. Finanzinteressen).

Im Projekt ist die Berücksichtigung von Anspruchsgruppen ebenfalls unerlässlich, will das Projekt Erfolg haben. Wenn die Projektkommunikation jedoch Stakeholdererwartungen bedient, so tut sie das stets mit Fokus auf das Projektziel und behauptet es gegenüber anderen Interessen. Die Argumentations- bzw.

Verhandlungsgrundlage eines Projekts ist viel enger als die eines Unternehmens. Der klare Projektauftrag schafft die notwendige Orientierung. Seine Verbindlichkeit steigt noch, wenn das Unternehmen einen Fürsprecher z.b. aus dem Top Management gewinnt. Dieser eine, klare Bezugspunkt fehlt der Unternehmenskommunikation. Sie muss permanent viel mehr Teilziele des Unternehmens berücksichtigen und sie je nach Situation miteinander abwägen, ohne sich dabei in zu große Widersprüche zu verstricken. Das hat zur Folge, dass Unternehmen im Gegensatz zu Projekten ihre Ziele nach innen und außen immer wieder aufs Neue prüfen und formulieren müssen. Projekte führen ihre Zieldiskussion zu Beginn und konzentrieren sich anschließend auf die Umsetzung.

4.6.3 Kurz- und langfristige Kommunikationswirkungen

Projekte, wie auch der Bereich der Unternehmenskommunikation stellen für ein Unternehmen zunächst Kostenpositionen dar. Beide verursachen Aufwand, der erst auf längere Sicht mit Ertragserwartungen verbunden ist. Während die Unternehmenskommunikation als Stabsstelle oder Cost Center zwar keinen Gewinn für sich selbst erwirtschaftet, kann sie doch ihre Bedeutung sowohl kurzfristig als auch mittel- und langfristig nachweisen: kurzfristig, indem sie den Abverkauf steigert oder zur Informiertheit der Mitarbeiter beiträgt, mittel- und langfristig, indem sie Bekanntheit und Image des Unternehmens verbessert, Vertrauen aufbaut, Wissen dokumentiert oder nach einem Merger zwei Kulturen einander näher bringt. Grundlage für den Nachweis dieser Effekte sind sowohl kurzfristige Wirkungsmessungen als auch ein langfristiges Kommunikationscontrolling.

Projektkommunikation besitzt diesen Spielraum nicht. Sie muss aufgrund der begrenzten Existenzdauer des Projekts sehr schnell Ergebnisse nachweisen. Ihr bleiben zwei Möglichkeiten: Zum einen kann sie versuchen, Effekte wie Vertrauensaufbau, Motivationssteigerung oder Identitätsbildung, für die Unternehmenskommunikation mehrere Monate braucht, in kürzerer Zeit herbeizuführen. Eine enge Koppelung des Projektteams und viel persönliche Kommunikation begünstigen diesen Prozess, unterschiedliche Fachkompetenzen und räumliche Trennung des Projektteams erschweren ihn. Ein guter Indikator für diese kurzfristigen Kommunikationseffekte ist die Stimmung im Projektteam. Zum anderen kann Projektkommunikation mittelfristig und über das Einzelprojekt hinaus ihren Nutzen nachweisen, indem z.B. kommunikationsintensive mit weniger kommunikationsintensiven Projekten hinsichtlich Dauer, Kosten und Gesamterfolg verglichen werden.[129] Auch Investitionen in Kommunikationstechnologien oder der Aufbau von Medien- und Kommunikationskompetenz im Zuge der Ausbildung zum Projektmanager lassen sich nur bedingt im Rahmen eines Einzelprojekts realisieren, sondern erfolgen mit langfristiger Ausrichtung. Um positive Effekte dieser Investitionen nachzuweisen, ist Projektkommunikation auf die Unterstützung eines nachhaltigen Programmmanagements bzw. der Unternehmenskommunikation angewiesen, denn projektübergreifende Effekte der Projektkommunikation können nur anhand eines längerfristigen Controllings z.b. im Rahmen der Unternehmens- oder Programmkommunikation nachgewiesen werden.

4.6.4 Zusammenwirken von Projekt- und Unternehmenskommunikation

Für Nicht-Routine-Aufgaben setzen Unternehmen gerne Projekte ein. Auch der Bereich Unternehmenskommunikation bedient sich ergänzend zu den Regelaufgaben der Projektarbeit, wenn es um temporäre Kommunikationskampagnen geht. Das können eine Produkteinführung am Markt, Messen und Events, die Begleitung einer internen Kostensenkungsmaßnahme oder Krisen- und Change-Kommunikation sein. Unternehmen verstehen Projekte als Instrumente. Ebenso betrachtet Unternehmenskommunikation Projektkommunikation als Maßnahme, d.h. als eine mögliche Option im Kommunikations-Mix. Wie dieser Mix gestaltet wird, hängt von den Unternehmenszielen und dem Verantwortungsradius des Bereichs Unternehmenskommunikation ab.

Unternehmenskommunikation vertritt in erster Linie die Ziele des Unternehmens, und je stärker ihr Einfluss ist, umso mehr wird sie diese gegenüber den Projektzielen durchsetzen.

Aus Sicht des Projektteams ist Projektkommunikation hingegen der Dreh- und Angelpunkt des Kommunikationsmanagements und damit der gesamten Projektarbeit. Maßgeblich für die Projektkommunikation und ihre Inhalte bleiben die Ziele des Projekts. Die Unternehmensziele und mit ihnen verbundene Aktivitäten der Unternehmenskommunikation werden nur berücksichtigt, wenn sie Relevanz für das Projekt besitzen. Diese perspektivische Differenz gilt es im Auge zu behalten, wenn Auftrag und Erscheinungsformen von Unternehmenskommunikation und Projektkommunikation einander gegenüber gestellt werden.

---

129 Vgl. z.B. die Studie von Buschermöhle et al. (2006, 257-259 u. 269f.) zum Einfluss von Team- und Kundenkommunikation auf den Erfolg von IT-Projekten.

Wie ist das Verhältnis von Projekt- und Unternehmenskommunikation? Zunächst stellen wir fest, dass Projektkommunikation das Rad nicht jedes Mal neu erfinden muss. Sie kann durchaus auf Medienangebote und Kommunikationsinstrumente der Unternehmenskommunikation zurückgreifen. Die Vertreter der Unternehmenskommunikation können sich Projekten gegenüber aktiv als ‚Coach' positionieren und Hilfestellung bei Aufbau und Organisation der Projektkommunikation leisten – sei es durch Know-how bei der Konzeption, über die Bereitstellung von Planungsinstrumenten und anderen Tools oder durch direkte Beteiligung, indem Spezialisten der Unternehmenskommunikation temporär in Projektteams eingebunden werden. Wichtig ist hierbei, Projekten nicht pauschal die Regelkommunikationsinstrumente der Unternehmenskommunikation ‚überzustülpen', da deren Reichweite, Erscheinungsrhythmen und Produktionsbedingungen nicht notwendigerweise zum Projekt passen. Stattdessen sollte es sich die Unternehmenskommunikation zur Aufgabe machen, ein Set an Vorgehensweisen und Instrumenten zu erarbeiten, dass sich speziell für Projekte eignet.

Die klassischen Medien der internen Kommunikation wie Mitarbeiterzeitung und Intranetartikel sind für die interne Projektkommunikation sicher nicht dynamisch genug. Für die projektexterne Kommunikation hingegen lassen sie sich zu Informations- oder Vermarktungszwecken einsetzen. Direkte Kommunikation und Besprechungen, die im Rahmen der Unternehmenskommunikation aus Kostengründen auf ausgewählte Kontexte wie die Führungskräftekommunikation beschränkt bleiben, machen im Projektmanagement einen Großteil der Interpretations- und Verhandlungsarbeit aus. E-Mails, Newsletter oder Telefonate wiederum sind sowohl im Projekt als auch im Unternehmensalltag sinnvoll. Das Set an Projektkommunikationsverfahren und -Tools zu entwickeln, kann sinnvollerweise nur projektübergreifend und in enger Kooperation mit den Projektteams gelingen.

Die Verantwortung für die Aufgabe, diese ‚Best Practice der Projektkommunikation' auszuarbeiten, muss jedoch einer projektunabhängigen Instanz übertragen werden. Überlässt man sie den Projekten, droht die Entwicklung den operativen Zwängen (Termindruck und Ressourcenknappheit) des anspruchsvollen Projektgeschäfts zum Opfer zu fallen. In stark von Projektarbeit geprägten Unternehmen kann die Unternehmenskommunikation durch Koordination der Programmkommunikation die ‚Schirmherrschaft' über die einzelnen Projektkommunikationen übernehmen. Mit der Pflege einer zentralen Projektdatenbank kann sie nicht nur die einzelnen Projekte unterstützen, sich inhaltlich voneinander abzugrenzen, sondern auch zur Dokumentation von Projektergebnissen und Wissen beitragen.

Auch bietet es sich an, die einzelnen Projekte dabei zu unterstützen, ihren Beitrag zu Programm- bzw. Unternehmensstrategie zu konkretisieren. Fördert die Unternehmenskommunikation die projektteamübergreifende Kommunikation z.b. bei monatlichen Programmmeetings, wird ein Wissensaustausch möglich, der sich positiv auf die Kreativität der einzelnen Teams auswirkt.[130]

Umgekehrt finden sich auch Ansatzpunkte, wie die Projektkommunikation in die Unternehmenskommunikation hineinwirkt.

Neue Technologien wie z.b. Wikis, die sich im Projekt bewähren, kann die Unternehmenskommunikation aufgreifen und in einzelnen Bereichen oder unternehmensweit testen. Kontakte und Freundschaften, die sich entwickelt haben, weil man im Projektteam enger zusammengerückt ist, können auch über das Projekt hinaus den horizontalen Austausch im Unternehmen fördern.

Vorgehensweisen des Projektmanagement wie z.B. Prozessorientierung, das Denken in Meilensteinen oder der Einsatz von Kreativitäts- und Problemlösungstechniken schließlich können dauerhaft in die Unternehmenskommunikation Eingang finden.

Angesichts zahlreicher gleich bleibender Aufgaben ist es jedoch wenig wahrscheinlich, dass sich der gesamte Bereich der Unternehmenskommunikation projektorientiert aufstellt.

4.7. Der Projektbeginn: Strukturierung als Herausforderung

4.7.1 Initialisierung und Strukturiertheit

Nach diesen eher übergreifenden Überlegungen beschreiben wir nun, wie sich Projektkommunikation und Unternehmenskommunikation in Bezug auf die einzelnen Phasen des Projekts unterscheiden: den Projektbeginn, die Umsetzung und den Abschluss. Der Projektbeginn ist die anspruchsvollste Phase des Projekts. Entscheidungen, die hier getroffen werden, haben Konsequenzen für das gesamte Projekt.[131] Die Startphase ist von Komplexität und Unübersichtlichkeit,

---

130 Vgl. Brown/Eisenhardt (1997; 10).
131 Leider kann man ein Projekt, wie die langjährigen Fürsprecher des Projektmanagement Tom de Marco und Timothy Lister (1991; XIII) beklagen, in der Regel nicht ein zweites Mal machen, um die Fehler des ersten Versuchs zu korrigieren. Auch die alte Projektmanagementweisheit „Sage mir, wie ein Projekt beginnt, und ich sage Dir, wie es endet" (Lomnitz 2007; 1) unterstreicht die Bedeutung der Startphase.

aber auch von vielen offenen Möglichkeiten geprägt. Diese Situation zu strukturieren ist für das Projektteam und insbesondere den Projektleiter mit einem enormen Initialisierungsaufwand verbunden. Die Aufgabenfelder umfassen, Transparenz über die Projektentscheidung zu schaffen, den inhaltlichen Auftrag zu definieren, ein Team zu formen, das Projekt in seinem Umfeld zu positionieren und mit der Dokumentation zu beginnen. Die eigene Aufgabe und sich selbst zu definieren, kostet zunächst Zeit, lohnt sich aber auf die gesamte Projektdauer gerechnet. Projekte, die mit dem Startschuss die Umsetzung beginnen, laufen Gefahr, ihre Zielanforderungen nicht klar herauszuarbeiten oder machen den Fehler, einflussreiche Stakeholder nicht rechtzeitig ins Boot zu holen. Beides verkompliziert die spätere Umsetzung. Dass die Projektstartphase sich trotzdem nicht über mehrere Wochen oder Monate hinzieht, dafür sorgen Auftraggeber und Kunde, die oft schon zu Beginn einen rigiden Zeit- und Kostenplan aufstellen. Um ihn zu erfüllen, muss das Projekt in kurzer Zeit arbeitsfähig werden und ein funktionierendes System bilden. Damit lastet ein großer Druck auf dem Projektleiter und seinem Team.

Die Herausforderungen des Unternehmens erwachsen demgegenüber weniger aus der Notwendigkeit, etwas zu strukturieren, als vielmehr aus der vorhandenen (Vor-)Strukturiertheit. Unternehmen sind es gewöhnt, ihre Umwelt mit etablierten Routinen zu beobachten, wiederkehrende Aufgaben daraus abzuleiten und sie spezialisierten Bereichen zuzuweisen. Sie haben herausgefunden, wie sie Ressourcen akquirieren und ihre Interaktionspartner (in Grenzen) beeinflussen können. Über die Jahre haben sie eine hohe Effizienz in ihren Austauschbeziehungen und ihrer Leistungserbringung erlangt. Strukturen, Prozesse, Wissen und Erfahrungen prägen das Unternehmen. Alle Veränderungen der Arbeitsteilung, der Verhaltensmuster oder der Wahrnehmung der Umwelt sind prinzipiell suspekt und erklärungsbedürftig. Damit tappen Unternehmen in eine ‚Kompetenzfalle'.[132] Sie wissen, was sie können, und sie tun sie es immer wieder, auch wenn in neuen Situationen ein anderes Verhalten angemessen wäre. Etablierte Routinen, die in einer bestimmten Umwelt durchaus angemessen und effizient waren, begrenzen die Flexibilität der Organisation, wenn sich die Umwelt ändert. Fritz B. Simon sagt hier treffend: „Wissen macht lernbehindert".[133] Dieser Flexibilitätsverlust ist es, dem sich Unternehmen stellen müssen. Während also Projekte danach streben, eine offene, unübersichtliche Situation zu überblicken, zu strukturieren und Arbeitsschritte abzuleiten, müssen Unternehmen sich kritisch mit ihren vorhandenen Strukturen und Routinen auseinandersetzen. Sie müssen einen

132 Levitt / March (1988; 322f.), zit. n. Amburgey et al. (1993).
133 Simon (1997; 120), vgl. dazu auch Weick (1977; 38f.), Menz (2000; 288f.).

Spagat zwischen organisationaler Sicherheit, Produktivität, Routinisierung und Optimierung auf der einen, Innovativität, Lernen und Risikoorientierung auf der anderen Seite leisten.[134] Oder anders gesagt: Projekte müssen sich erst finden, Unternehmen sollten sich von Zeit zu Zeit neu erfinden.

4.7.2 Entscheidungsdruck und soziale Historie

Unternehmen haben den Vorteil, für alle gleich bleibenden und wiederkehrenden Aufgaben Strukturen geschaffen und Prozesse definiert zu haben. Sie haben sich bereits auf Effizienz getrimmt. Projekte demgegenüber können nur bedingt auf vorhandene Strukturen und Routinen aufsetzen. Dennoch kommen sie aufgrund von Ressourcenknappheit und Termindruck nicht umhin, schnell und effizient vorzugehen. Aufgaben wie Projektplanung, Administration, Dokumentation oder Reporting, die in jedem Projekt aufs Neue anfallen, können mit Hilfe von Projektmanagement-Tools, Planungs- und Organisationstechniken unterstützt werden. Das hält dem Projektteam den Rücken frei und ermöglicht ihm, mehr Ressourcen auf den inhaltlichen Projektauftrag zu verwenden. Auch hier jedoch ist die Zeit begrenzt. Bei Projektbeginn müssen viele Entscheidungen getroffen werden, die aufgrund der kurzen Projektdauer oft unumgänglich sind. Unternehmensbereiche besitzen prinzipiell die Möglichkeit, sich evolutionär weiterzuentwickeln. Ein Bereich kann verschiedene Strategien testen und vergleichen und so seine Prozesse auf lange Sicht optimieren – vorausgesetzt, das Unternehmen pflegt eine Kultur der kontinuierlichen Verbesserung und schafft entsprechende Freiräume. Beides ist nicht selbstverständlich. Projekte haben die Option einer evolutionären, schrittweisen Weiterentwicklung nicht im gleichen Maße. Sie existieren schlicht nicht lange genug (mehrjährige Projekte einmal ausgenommen). Dafür müssen sich Projekte auch nicht in dem Maße wie ein Unternehmensbereich aus der Umklammerung der eigenen Historie befreien. Sie dürfen und sollen Dinge neu machen und sich von ihrer Umgebung differenzieren. Den größten Spielraum hat ein Projekt, wenn es ins Leben gerufen wird. Dieser Spielraum schränkt sich immer mehr ein, je weiter das Projekt voranschreitet. Das ist auch notwendig, schließlich können die Beteiligten sich sonst nicht auf die Kernaufgaben, die sie selbst definieren, fokussieren.

---

134 Die Doppelaufgabe, Prozesse der *exploitation* und *exploration* miteinander zu verbinden, ist in der Organisationstheorie als Lernparadoxon bekannt (vgl. Holmquist (2003; 99) und die dort angegebenen Quellen).

Der Strukturierungsprozess zu Beginn des Projekts erfolgt nicht nur auf inhaltlicher Ebene, sondern auch in sozialer Hinsicht: Kein Projektteam wird mit einer funktionsbereiten Kultur und einer festen Identität geboren. Mitunter kennen sich die Beteiligten nicht einmal.

Da formale Positionen im Projekt nicht die Dominanz besitzen sollen wie in der Hierarchie, findet zunächst ein gegenseitiges Abtasten und anschließend ein informelles Ringen um Status und Einflussmöglichkeiten statt. Vertreter mehrerer Funktionsbereiche mit unterschiedlichen Zielen und verschiedenen Projekterfahrungen stimmen sich über die Ausrichtung des Projekts, die eigenen Erwartungen und über die Rahmenbedingungen der Zusammenarbeit ab. Allianzen werden geknüpft, Verantwortlichkeiten festgelegt und Qualitätsansprüche abgeglichen.

Während jeder seine Rolle im Team sucht, entstehen nicht selten Konflikte, die es zu bewältigen gilt. Die Projektteammitglieder müssen sich ein Klima der Kooperationsfähigkeit und -bereitschaft erst erarbeiten. In Unternehmen gibt es stabile Bereichsidentitäten. Sie sind dank wiederholter Interaktionen und räumlicher Nähe entstanden und zum Teil über Jahrzehnte gewachsen. Bereichsidentitäten äußern sich in bereichsspezifischen Wissens- und Erfahrungsschätzen (lokalen Theorien[135]), legitimierten Einflussbereichen im Unternehmen und in der Regel einer spezifischen Perspektive auf das Unternehmen. Auf dieser Basis grenzt man sich vom restlichen Unternehmen ab. Man kennt seine Aufgaben und seine Ansprechpartner und glaubt zu wissen, ‚wie der Hase läuft'. Dieses homogene, kollektive Selbstbild gibt Halt, kann aber auch die bereichsübergreifende Zusammenarbeit im Unternehmen erschweren. Formale Kooperationswege (z.B. Vorgaben, wer an der Fertigstellung eines Arbeitsschritts zu beteiligen ist oder eine Freigabe erteilen muss) sowie persönliche Netzwerke sorgen hier für Ausgleich.

4.7.3 Budget und Verantwortlichkeiten

Existieren wie im Unternehmen fest etablierte Bereiche mit wiederkehrenden, vergleichbaren Aufgaben, ist es möglich, den Ressourcenbedarf im Vorfeld abzuschätzen.

Die Bereichsleiter können sich bei Budgetverhandlungen auf die Werte der Vergangenheit stützen und vor dem Hintergrund größerer oder eingeschränkter Aufgabenbereiche argumentieren. Budgets werden turnusmäßig, in der Regel für

---

135 Vgl. Rüegg-Stürm (2003; 59) und (2000; 201f.).

die Dauer eines Jahres, zugeteilt. Bei kleineren bzw. Routineprojekten findet die detaillierte Kostenplanung einmalig zu Beginn statt. Die Kosten für größere bzw. weniger gut überschaubare Projekte werden zwar auch sehr früh geschätzt. Allerdings erfolgt zunächst eine Grobplanung, bei der Schwankungen im Budget noch akzeptiert werden. Sie wird in späteren Projektphasen sukzessive verfeinert, womit auch die Genauigkeit der Kostenpositionen steigt. Bei sehr unsicheren Projekten empfehlen sich eine Machbarkeitsstudie und ein Risikomanagement.

Grundsätzlich ist bei der Budgetplanung hilfreich, das Unternehmenscontrolling zu Rate zu ziehen. Um den Projektgesamtaufwand zu ermitteln, muss der Aufwand der Teilaufgaben (insbes. der Personalaufwand) abgeschätzt werden. Das kann analytisch durch Zerlegung in einzelne Arbeitspakete oder auf Basis von Erfahrungswerten aus früheren Projekten stattfinden. Je neuartiger das Projekt ist, umso schwieriger wird es, die Gesamtkosten vorab zu schätzen. Besonders anspruchsvoll ist die Kostenplanung für große, neuartige Projekte, die der Gewinnerzielung dienen (z.B. der Bau eines Staudamms). Hier muss eine verlässliche Detailplanung sehr früh, d.h. noch vor der Angebotsabgabe, vorliegen.[136]

Verantwortlichkeiten und Aufgabenbereiche sind in Unternehmen in der Regel längerfristig gültig. Sie sind historisch bedingt und über Strukturen und Prozesse abgesichert. Die Zugehörigkeit zu einem Bereich führt meist zu einer weitgehenden Spezialisierung. Zwar wechseln auch im Unternehmen die Beteiligten und mit ihnen verändern sich Stellenbeschreibungen, doch ist die Organisation als Ganzes davon nicht automatisch betroffen.

Im Projektmanagement werden Verantwortlichkeiten zu Beginn festgelegt. Neben Spezialisten sind hier vor allem Generalisten gefragt. Denn obgleich die Teams klein sind, muss man ja ein soziotechnisches System aufbauen und zum Ziel führen. Die Aufgaben verteilen sich im Projekt auf wenige Schultern, so dass in einer Person oft mehrere Funktionen vereint sind. Beispielsweise verantwortet der Projektleiter die Projektdefinition und -planung, Teamzusammenstellung und -führung, Controlling und Dokumentation, Stakeholdermanagement sowie das Projektinformationswesen und oft auch die Kommunikation. Während diese Aufgaben im Unternehmen von spezialisierten Funktionsbereichen übernommen werden, kann der Projektleiter sie nur begrenzt an einen Spezialisten in seinem Team delegieren.

---

136 Vgl. Kuster et al. (2008; 137-139, 142ff.).

4.8. Konsequenzen für die Projektkommunikation

4.8.1 Fremd- und Selbststrukturierung über Kommunikation

Die Einmaligkeit und Spezifik des Projekts bedingt einen großen Initialisierungsaufwand. Die fünf Aufgabenfelder beim Projektstart verlangen von den Beteiligten Strukturierungsarbeit. Unter Strukturierung verstehen wir die Konstruktion der Projektwirklichkeit, d.h. die Selbstdefinition des Projekts als zielorientiertes, soziales System. Strukturierungsarbeit vollzieht sich in Beobachtungs-, Interpretations- und Kommunikationsprozessen. In offenen, unüberschaubaren Situationen schwillt das Volumen der Kommunikation daher stark an, so vieles ist erklärungsbedürftig oder erfordert Verhandlungen. Das Projekt muss genügend Zeit erhalten, um diese Phase erfolgreich zu durchlaufen. Instrumente müssen bereitgestellt und Anlässe geschaffen werden. Zentrale Plattformen der Wirklichkeitskonstruktion sind wahlweise das Projekt-Kick-off oder der Projektstart-Workshop, ergänzt um regelmäßige direkte und persönliche Kommunikation zwischen den Beteiligten. Struktur resultiert schließlich aus Entscheidungen. Der Möglichkeitenraum wird aufgespannt und über Entscheidungen sukzessive eingegrenzt. Aus Projektzieldefinition und Situationsanalyse leiten die Projektbeteiligten Aufgabenfelder ab und erstellen den Projektstrukturplan mit Pflichtenheft, Arbeitspaketen und dem Termin- und Kostenplan. Damit endet die Projektstartphase.

Wie ist nun konkret der Beitrag der Kommunikation zu den fünf Aufgabenfeldern beim Projektstart? Transparenz bezüglich der Projektentscheidung zu schaffen, ist eine Aufgabe des Projektleiters. Der Projektleiter prägt mit seinem Kommunikationsverhalten von Beginn an die Kultur im Projekt, und das fängt an mit der Erklärung, warum es dieses Projekt gibt. Die Beteiligten sollten die Hintergründe und mögliche Risiken kennen, um zum einen die Projektziele richtig gewichten und zum anderen die Stakeholdererwartungen besser einschätzen zu können. Zudem ist das Wissen um den Wert des Projektergebnisses für das eigene Unternehmen ein wichtiger Motivationsfaktor. Vermuten die Beteiligten hingegen eine ‚hidden agenda' des Auftraggebers hinter dem Projektziel (z.B. Personalabbauziele im Rahmen einer Restrukturierungsmaßnahme), kann sich das negativ auf Motivation und Eigeninitiative auswirken. Auch aus einer anderen Perspektive sind transparente Projektentscheidungen wichtig. So hat eine Studie von Savioz et al. in Unternehmen ergeben, dass es für die Innovativität wichtig ist, einen aus Sicht der Mitarbeiter nachvollziehbaren und fairen Ideenauswahlprozess zu haben.[137] Wenn also manche Projektvorschläge umgesetzt werden, während andere nicht weiter verfolgt werden, so ist es von zentraler Bedeutung, das Warum der Entscheidung offen zu legen. Ob es einen formalisierten Ideenauswahl- und -bewertungsprozess oder eine eher auf informellem Austausch begründete Innovationskultur gibt, ist dabei laut Savioz et al. zweitrangig. In Unternehmen sind Entscheidungsbefugnisse grundsätzlich über die Hierarchie abgesichert. Da jedoch Entscheidungsbedarf nur dann besteht, wenn die vorhandene Aufgabenteilung und das etablierte Regelwerk an ihre Grenzen stoßen, sind auch die Führungskräfte im Unternehmen gehalten, Entscheidungen zu plausibilisieren. Gelingt ihnen das nicht in überzeugendem Maße, empfinden Mitarbeiter ein Gefühl der Willkür, das ihnen die Identifikation mit der Entscheidung erschwert. Projektentscheidungen beispielsweise lassen sich mit einem Verweis auf die Unternehmensstrategie begründen.

Die zweite Kommunikationsaufgabe in der Projektstartphase betrifft die inhaltliche Definition des Projektauftrags. Wie bereits geschildert, hilft Kommunikation den Beteiligten, den Projektauftrag zu konkretisieren und das gemeinsame Ziel einzugrenzen, um anschließend Handlungen daraus abzuleiten. Der Projektstart-Workshop[138] bietet die Chance, das gesamte Projektteam unter Anleitung des Projektleiters an Zielfindung und Projektplanung zu beteiligen. Zunächst wird mit Hilfe der Gruppe eine Fülle von Ideen generiert. Die Teilnehmer versuchen, das Projekt in seiner Gesamtheit zu erfassen. Unterschiede und Gemeinsamkeiten in der Wahrnehmung des Projekts und seines Umfelds werden benannt und die Erwartungen der Beteiligten abgefragt. Die Argumente werden diskutiert und geordnet, Alternativen gegeneinander abgewogen, Entscheidungen getroffen, Maßnahmen festgelegt und Verantwortlichkeiten benannt. Im Idealfall haben die Beteiligten am Ende ihre Wahrnehmungen parallelisiert und ein gemeinsames Bild erarbeitet. Sind alle Projektteammitglieder an diesem Prozess beteiligt, ist mit einer hohen Akzeptanz und Kooperationsbereitschaft bei der Umsetzung zu rechnen. Im Projekt fallen folglich die Ziel- und Strategiefindung mit ihrer Vermittlung in Form eines gruppendynamischen Prozesses zusammen. Diese umfassende Form der Beteiligung ist im Unternehmen oft nicht möglich oder zumindest sehr aufwändig. Meist ist es so, dass sich eine Strategieabteilung zusammen mit dem Top Management weitgehend hinter verschlossen Türen um das Wohin und das Wie des Unternehmens Gedanken macht. Einzelne Perspektiven werden durch die Bereichsleiter vertreten. Innerhalb dieses Kernteams mögen Ziel- bzw. Strategiefindung zwar auch in Form eines Gruppendiskussi-

---

137 Vgl. Savioz et al. (2002; 405).
138 Vgl. hierzu Bohinc (2006; 130-151).

onsprozesses stattfinden. Allerdings bleiben die Ergebnisse abstrakter und müssen erst noch für die Umsetzung an der Basis operationalisiert, d.h. weiterentwickelt werden. Voraussetzung dafür ist, dass Entscheidungen von den Mitarbeitern verstanden und akzeptiert werden. An dieser Stelle kommen die Unternehmenskommunikation und die Führungskräfte ins Spiel. Ihre Aufgabe ist, die Entscheidungen des Top Management bekannt zu machen, sie zu erläutern und den Mitarbeitern ihre Rolle klar zu machen. Jeder einzelne soll motiviert werden, seinen Beitrag zu leisten. Medium der Wahl ist im Unternehmen traditionell die ‚Kaskade‘, das heißt die stufenweise Verkündung von Inhalten top-down über die Führungskräfte bzw. die Medien der Unternehmenskommunikation. Ein Unternehmen, das ein ‚Kaskadenverständnis‘ von Kommunikation hat, sieht in seiner Kommunikationsabteilung einen Mittler. Dieser Mittler soll die Entscheidungen der Unternehmensführung medial so geschickt aufbereiten und platzieren, dass alle Mitarbeiter sie kennen, akzeptieren, ihren eigenen Beitrag ableiten und diesen motiviert erbringen. Leider hat sich die Kaskade nur begrenzt als erfolgreich erwiesen. Führungskräfte nehmen ihre Mittlerrolle nicht oder anders als geplant wahr, Medienangebote werden nicht angenommen, Inhalte werden nicht verstanden oder haben eine andere Wirkung. Das konstruktivistische Kommunikationsmodell liefert eine Fülle von Argumenten, warum die Kaskade versagt. In fortschrittlicheren Unternehmen versteht sich die interne Kommunikation mittlerweile nicht nur als Sprachrohr der Geschäftsführung, sondern zusätzlich als Stimme der Mitarbeiter und liefert dem Top Management Feedback von der Basis. Dennoch ist ihre Selbstständigkeit begrenzt geblieben und die klassischen internen und externen Medien bleiben auf Freigaben der Unternehmensleitung angewiesen. Auch Zielfestlegung und Strategieentwicklung erfolgen weiterhin größtenteils top-down. Überspitzt formuliert, ‚vermarktet‘ die Unternehmenskommunikation in erster Linie Entscheidungen, während Projektkommunikation sie hervorbringt.

4.8.2 Standardisierung, Fachsprachen und Identität

Da in einem Unternehmen Arbeitsprozesse längerfristig etabliert werden, lassen sich auch Kommunikationsvorgänge standardisieren und Rezeptionserfolge sicherstellen. Kommunikationsinhalte werden medial dokumentiert in Form von Visionen und Zielbeschreibungen, Arbeitsanweisungen und Prozessbeschreibungen, Kundenkontakthistorien und Lieferantenbewertungen, Verhaltenskodizes, Markenimages usw., die allesamt privilegierte Interpretationen wiederkehrender unternehmerischer Aufgaben nahe legen. Parallel dazu kumulieren die Mediennutzer Hintergrundwissen und Fähigkeiten, diese Angebote zu nutzen und sich mit ihrer Hilfe Informationen zu erschließen. Das Umfeld signalisiert dem Einzelnen hierbei permanent, ob seine Interpretation richtig und angemessen war. Mit der Zeit wird der Mediennutzer in der Selbstzuschreibung von Verstehen immer geschickter und lernt, sich innerhalb der oft hoch spezialisierten Bereichssprachen zurechtzufinden. Die Botschaft „Fehler 248. Die Verbindung konnte nicht hergestellt werden, weil der Server den Zugang verweigert" ist für den IT-Spezialisten ein hilfreicher Hinweis, der ihm zeigt, dass die Zertifikate des Rechners ungültig sind. Sein Kollege vom Controlling, der dieselbe Fehlermeldung erhält, kann damit wahrscheinlich nichts anfangen. Ihm fehlen Wissen und Erfahrung, sie zu deuten, und deshalb ist er auf weitere Erläuterungen angewiesen. In einem Umfeld, indem die Beteiligten angesichts wiederkehrender Aufgaben Routinen entwickeln konnten, haben sie mit großer Wahrscheinlichkeit auch ihre Kommunikation miteinander optimiert. Das umfasst Beobachtungs- und Interpretationsgewohnheiten einerseits, Routinen der Produktion und Platzierung von Kommunikationsofferten andererseits. Beide fallen zusammen in Routinen der Verständigung, die sich in der Konsonanz von Selbst- und Fremdzuschreibung von Verstehen äußern. Kommunikatoren können dann aus Effizienzgesichtspunkten auf Feedbackmöglichkeiten und Verstehenszuschreibungen verzichten und trotzdem mit großer Wahrscheinlichkeit ihre Ziele erreichen. Alle ‚One-Way'-Medien wie Schrift, Bild- oder AV-Medien funktionieren, weil sie an vorhandene Wissensbestände der Mediennutzer anknüpfen. Außerhalb des gewohnten Umfelds werden Inhalte jedoch erklärungsbedürftig, wie das Beispiel mit der Fehlermeldung zeigt. Für die Unternehmenskommunikation ist es deshalb eine Daueraufgabe, an einem unternehmensweiten Grundkonsens bezüglich der wichtigsten, das Unternehmen und seine Stakeholder betreffenden Grundannahmen zu arbeiten und ein zwar recht allgemeines, aber für alle relevantes Gesamtbild des Unternehmens (‚Big picture') zu vermitteln. Diese integrative Klammer umfasst in der Regel das Leitbild, Strategie, Ziele und Geschichte des Unternehmens, die Grundlagen seiner Organisation inkl. der wichtigsten Verantwortlichkeiten sowie Wissen um aktuelle Projekte.[139]

Ein gemeinsames Hintergrundwissen aufzubauen, fällt im Projekt in den Aufgabenbereich des Projektleiters. Er sollte gerade zu Beginn des Projekts den

---

139 Gemeinsame Ziele und Motive sind gemäß Karl E. Weick (1995; 131-135, 139) zwar nicht die Basis, auf der ein Unternehmen entsteht. Sie sichern jedoch langfristig den Fortbestand des Systems. Die Grundlage, auf der ein Unternehmen funktioniert, sind doppelte Interakte, d.h. stabile, ineinander verzahnte Leistungsbeziehungen zwischen Individuen.

Beteiligten Raum verschaffen, damit sie sich bezüglich Wissen, Erfahrungen und Skills gegenseitig kennen und einschätzen lernen. Die große Bedeutung des inhaltlichen Projektauftrags führt dazu, dass sich die Projektteammitglieder nicht allein auf einer eher abstrakt-strategischen bzw. generell-werteorientierten Ebene annähern, sondern sich auch inhaltlich-operativ intensiv vernetzen und Fachwissen teilen. Gerade zu Beginn des Projekts kann das Team dabei jedoch nicht im gleichen Maße auf etablierte Verständigungsroutinen zurückgreifen wie ein Unternehmensbereich. Die Projektbeteiligten gehören oft unterschiedlichen Interpretationsgemeinschaften an. Das macht bei Projektbeginn die Mediennutzung und den Einsatz fachsprachlicher Ausdrücke schwierig. Sich zu verstehen wird aufwändiger. Begriffe und Sprache wie auch Dokumente, Reports, Anweisungen usw. werden erklärungsbedürftig. Wenn beispielsweise der IT-Spezialist von Kosteneinsparungen redet, denkt er an Programmschnittstellen, Prozessoptimierungen oder Outsourcing. Wenn der HR-Experte von Kosteneinsparungen redet, denkt er vielleicht auch an Outsourcing, zusätzlich aber noch an Personalumbau, Widerstände der Mitarbeiter, den Betriebsrat oder die Beschäftigung freier Mitarbeiter. Der Kollege vom Einkauf wiederum kennt das Thema freier Mitarbeiter, sieht aber darüber hinaus Potenzial bei seinen bisherigen Lieferanten (Mengenrabatte, Prüfung langfristiger Bindungen) etc. Würde er sich mit einem anderen Einkaufskollegen unterhalten, könnte er viel mehr Hintergrundinformationen voraussetzen und ein Gespräch auf einer ganz anderen Detailebene (z.B. Fachtermini, Abkürzungen) führen. So muss er Entscheidungen und Schwerpunktsetzungen, die für ihn selbst offensichtlich sind, gegenüber seinen Gesprächspartnern begründen und rechtfertigen.

Es gilt also: Gibt es ein heterogenes Team, müssen die für das Projekt relevanten Begriffe erst in ihrer Vielschichtigkeit diskutiert werden. Bezüglich der Projektmanagementtermini kann mithilfe von Schulungen oder Zertifizierungen zwar unternehmensweit ein Grundkonsens aufgebaut werden. Was inhaltliche Aspekte und Fachwissen betrifft, sollten sich die Beteiligten der Angemessenheit ihrer impliziten Interpretationen jedoch stets aufs Neue vergewissern.[140] Ein Begriff wie ‚Kosteneinsparung‘ darf nicht bereichsspezifisch verstanden werden[141],

---

140 Ausnahmen stellen Standardprojekte dar, in denen die Beteiligten – vielleicht sogar in ähnlichen Konstellationen – wiederholt zusammenarbeiten. Hier können Verständigungsroutinen, die man sich im ersten Projekt erarbeitet hat, über die Projektdauer hinweg Bestand haben und die Abstimmung in Folgeprojekten erleichtern. Ein Beispiel ist ein Event wie ein Musik-Festival, das jedes Jahr unter vergleichbaren Bedingungen stattfindet.
141 Natürlich ist es für einen Beteiligten attraktiv, seine spezifische Begriffsdefinition als ‚objektiv‘ darzustellen. Sprache gestalten und Wortbedeutungen festlegen zu können, bedeutet Macht. Damit verbunden ist jedoch immer die Gefahr, blinde Flecken zu reproduzieren und am Ende keine wirklich neuen Ergebnisse zu erhalten.

er muss projektspezifisch mit Bedeutung aufgeladen bzw. um nichtprojektbezogenen konnotativen Ballast bereinigt werden, bevor er zu einem sinnvollen
Orientierungspunkt für koordinierte Projektarbeit wird. Ohne diese klärende Diskussion, drohen die Beteiligten, einer Konsensillusion aufzusitzen (siehe Thomas
Spreitzer in diesem Buch). Trotz Engagement und dem Willen zur Kooperation
laufen sie dann Gefahr, sich misszuverstehen und Arbeitsteilergebnisse zu produzieren, die nicht zueinander passen.

Fachsprachen zu harmonisieren ist jedoch nur ein notwendiger Schritt. Damit verknüpft sich die Herausforderung, die Interessen der Beteiligten und ihre
subjektiven Motive bzw. bereichsbezogenen Teilziele unterhalb des Projektauftrags auszubalancieren. Auch in Unternehmen sind Schnittstellen zwischen den
Bereichen häufig Quelle von Missverständnissen und inhaltlichen Interessenkollisionen. Da dem Einzelnen nicht immer ein Blick aufs Ganze möglich ist
oder seine Befugnisse nicht ausreichen, werden Konflikte im Unternehmen nach
oben delegiert. Von der nächsthöheren Hierarchiestufe werden sie entweder entschieden oder weiter verschoben. Konfliktkommunikation findet hier tendenziell
eher vertikal statt. Beim Projekt hingegen werden Konflikte nach innen verlagert. Sie müssen im Projekt von den Beteiligten gelöst werden, um die Kooperationsbereitschaft zu sichern. Angesichts fehlender formaler Autoritäten geschieht
das wiederum vor allem durch Dialog. Das erfordert eine offene, von Respekt
und Wertschätzung getragene horizontale Kommunikation, in der inhaltliche Argumente im Vordergrund stehen und Perspektivenwechsel möglich sind.

Konfliktmanagement über Kommunikation ist auch ein wichtiger Baustein
beim Aufbau einer Teamidentität, der dritten zentralen Kommunikationsaufgabe
beim Projektstart. Auch hier unterscheiden sich Unternehmen und Projekt deutlich. Im Unternehmen werden neue Mitarbeiter mit einer bestehenden Kultur
konfrontiert. Spielregeln, Umgangsformen und Machtstrukturen sind bereits vorhanden. Jedes neue Mitglied erlernt die Gepflogenheiten und die Denk- und Arbeitsweisen seines Unternehmens und insbesondere seines Bereiches und macht
sie sich mehr oder weniger geschickt zunutze. Kommunikation mit einer etablierten Gemeinschaft ist von Instruktion und ‚Identitätsvermittlung', von der Erklärung und Erläuterung des Bestehenden gekennzeichnet. Am Ende ist das neue
Mitglied Teil der bestehenden Kultur geworden (Assimilation). In Projekten ist
ein solcher ‚Kulturdruck' zunächst nicht vorhanden. Grund dafür ist, dass viele
Projekte neu zusammengestellt und heterogen besetzt sind. Was Kreativität,
Problemlösungsvermögen und einem Blick fürs Ganze zugute kommen soll, erschwert zunächst die Sozialisation: Jeder ist neu in der Gruppe und die Beteiligten müssen ihre Gemeinsamkeiten erst aufdecken. Die Identität des Projektteams

entsteht im Gegensatz zur Identität eines Unternehmensbereichs auf dem Wege der Integration, nicht der Assimilation. Die Mitglieder ordnen sich nicht in die vorhandene Kultur und das Selbstverständnis einer Gemeinschaft ein, denn diese Gemeinschaft existiert noch gar nicht. Ihr Gruppenbewusstsein entsteht vielmehr, weil sie nach aktuellen inhaltlichen und sozialen Gemeinsamkeiten suchen.[142] Unter inhaltlichen Gemeinsamkeiten verstehen wir alle Integrationsfaktoren, die sich aus einem gemeinsamen Ziel ableiten (z.b. Wissen um die Erwartungen des Kunden, um technologische Voraussetzungen oder der gemeinsame Wunsch, ein gutes Ergebnis zu erzielen). Zu den sozialen Gemeinsamkeiten zählen wir alle Formen emotionaler Annäherung und Verbindlichkeit (wechselseitige Sympathie, Interesse, Offenheit, Vertrauen, Wertschätzung usw.). Direkte und persönliche Kommunikation ist für die Beteiligten das wichtigste Instrument, um sich diese Gemeinsamkeiten bewusst zu machen bzw. sie gezielt entstehen zu lassen. Zudem schafft der Direktkontakt die Möglichkeit einer wechselseitigen Beobachtung, in der sich der einzelne positionieren kann. Denn neben der inhaltlichen Funktion, die Kommunikation spielt schließlich hilft sie dem einzelnen, sich neue Informationen zu erschließen, den Wert des eigenen Wissens am Urteil der anderen zu messen und auf andere einzuwirken, hat sie auch eine soziale Funktion: Die Art, wie jemand auftritt und redet, lässt die anderen auf seine Werte, sein Selbstbewusstsein und damit auf seine mögliche Funktion für das Team schließen. Man nimmt sich gegenseitig wahr, nimmt Rollen an oder weist sie sich zu und verhandelt Einflussmöglichkeiten. Entscheidungen werden getroffen, sowohl im Dialog als auch im Kopf jedes Beteiligten, aus denen sich implizit Rollen ergeben explizit Verantwortlichkeiten zugewiesen werden. Starke oder erfahrene Persönlichkeiten übernehmen Führungsrollen, kommunikative und offene Persönlichkeiten fördern die Teamkultur, gelassene Charaktere bringen Kontinuität, ,Macher' spornen ihre Umgebung an usw. Im Team findet der Einzelne seine Individualität. Die Gruppe achtet darauf, dass niemand gegen die für alle gültigen Richtlinien verstößt. Diese Richtlinien sind zu Normen weiterentwickelte basale Gemeinsamkeiten, die im Bereich der Kommunikation Umgangsformen, Informationspflichten und -rechte oder Weisungsbefugnisse umfassen. Fehlt dieses soziale Fundament oder wird es durch Handlungen Einzelner erschüttert, gefährdet das die inhaltliche Arbeitsfähigkeit des Projektteams. Seine Tragkraft hängt stark von der Häufigkeit der Kommunikation ab. Gerade in gro-

---

142 In dem Maße, in dem die Beteiligten bereits aufgrund früherer Projekte auf eine gemeinsame Geschichte zurückblicken können, existiert sowohl in inhaltlicher als auch sozialer Hinsicht eine Vorstrukturierung. Frühere Erfolge, aber auch Enttäuschungen wirken in die aktuelle Teambildung hinein und können sie erleichtern oder erschweren.

ßen und räumlich verteilten Projektteams stellt die Pflege der Teamidentität deshalb eine dauerhafte Aufgabe dar.

4.8.3 Kommunikationsbudget und organisationale Verankerung

Die Abhängigkeit von externen Vorgaben bedingt, dass Projektkommunikation weniger selbstständig agieren kann als Unternehmenskommunikation. Zwar muss auch Unternehmenskommunikation ihre Leistungsfähigkeit unter Beweis stellen, d.h. ihre quartalsbezogenen oder jährlichen Ziele erfüllen und Kostenobergrenzen einhalten. Als klar umrissener Bereich mit formalen Aufgaben hat sie aber einen ganz anderen Rückhalt beim Top Management und ist bereits viel intensiver in die Unternehmensorganisation eingebunden. In Unternehmen sind daher die Kommunikationsbudgets leichter planbar. Sie werden turnusmäßig definiert und sind zum Großteil an dauerhafte Aufgabenbereiche geknüpft: Marketingkampagnen und Werbemaßnahmen, Pressekommunikation, Berichterstattung im Rahmen der internen Kommunikation usw. Neue Initiativen werden hingegen gerne als Projekt aufgesetzt und erhalten damit ein gesondertes Budget. In der Projektkommunikation stehen diese historischen Erfahrungswerte nicht immer zur Verfügung. Die Neuartigkeit eines Projektvorhabens macht es schwieriger, das Kommunikationsbudget vorab zu beurteilen. Vor allem, wenn Kommunikation eng definiert und primär als Kostenfaktor beurteilt wird, haben die Beteiligten einen schweren Stand, wollen sie ein angemessenes Budget einfordern. Nicht selten kommt es in der Projektmanagementpraxis vor, dass Kommunikationsmanagement aus mangelndem Hintergrundwissen oder aus Kostengründen auf wenige Facetten begrenzt bleibt, z.B. auf externes Projektmarketing oder auf reines Reporting. Nur die offensichtlichen bzw. unvermeidbaren Kommunikationsaufgaben werden definiert und mit Ressourcen hinterlegt. Die anderen Teilaufgaben der Kommunikation, die ja trotzdem anfallen, werden nicht miteinander vernetzt und integriert. Sie werden von verschiedenen Instanzen wie dem Projektleiter oder einzelnen Projektteammitgliedern übernommen und erfolgen dann ad-hoc und unstrukturiert. Nicht selten wird Projektkommunikation auch als ‚Nebenbei'-Job angesehen, den man erledigen kann, wenn mal Zeit ist. Die stiefmütterliche Behandlung der Projektkommunikation rächt sich jedoch im Verlaufe des Projekts, wenn Doppelarbeiten entstehen, Arbeitsergebnisse nicht zueinander passen, Dokumentationen fehlen, Widerstände bei den Stakeholdern aufkommen und die Motivation im Team sinkt. Um das zu vermeiden, müssen im Projektmanagement – wie übrigens in der Unternehmenskommunikation auch – die

Verantwortlichkeiten für das Management und die Umsetzung von Kommunikation klar geregelt sein. Ein angemessenes Budget und eine leistungsfähige Infrastruktur (Projektportal, PM-Software, integrierte IT-Systeme etc.) sollten ebenso vorhanden sein wie qualifizierte, medienkompetente Projektmitglieder. Diese Grundvoraussetzungen zu schaffen und der Projektkommunikation ihre entsprechende Stellung zu verschaffen, ist Aufgabe des Projektleiters. Ihm obliegt es, die Kommunikationsplattform unter Einbezug der wichtigsten Projektteammitglieder aufzubauen und zu pflegen.[143]

4.9. Die Umsetzungsphase: Koordination und Kooperation im Regelbetrieb

4.9.1 Regelbetrieb

Ist die Anfangsphase des Projekts abgeschlossen und beginnt die Umsetzung, nähern sich die Aufgaben in Projekt und Unternehmen einander wieder an. Im Projekt verschiebt sich der Fokus von Definition und Planung hin zur Leistungserbringung. Effizienzkriterien werden wichtiger. Die Spielräume für Veränderungen im angestrebten Leistungsumfang, für Terminänderungen und Budgetkürzungen werden kleiner, je weiter das Projekt voranschreitet.

4.9.2 Abgrenzung und Einflussnahme

Dass sich ein Unternehmen von seiner Umwelt abgrenzt, ist eine Selbstverständlichkeit. In legalrechtlicher wie betriebswirtschaftlicher Hinsicht ist es eine Einheit und auch in der externen Unternehmenskommunikation streben Unternehmen nach Profil und Differenzierung. Projekte haben es nicht immer leicht, sich eigenständig zu entwickeln. Wie Unternehmen sind sie jedoch auf einen gewissen Grad an Autonomie (Autonomisierung[144]) angewiesen. Ein Projekt wird mit dem Ziel einberufen, etwas zu leisten, was nicht mithilfe der Unternehmensroutinen und -strukturen zu leisten ist. Es muss sich schon in der Anfangsphase über Differenz und Neuanfang definieren, denn nur so verkörpert es Veränderungs- und Innovationspotenzial. Eine zentrale Voraussetzung für beides ist Selbstbestimmung. Um eigenverantwortlich arbeiten zu können und sich im Kontext der diversen Abhängigkeiten zu behaupten, muss sich das Projekt als System von

---

143 Vgl. Homberg (2005; 550).
144 Zum Begriff der Autonomisierung siehe Hejl (2000; 41-43).

seiner Umwelt abgrenzen. Es muss einen geschützten Raum bilden, in dem es nicht nur erlaubt ist, fachgebietsübergreifend Ideen zu entwickeln, sondern auch, einen ungezwungenen hierarchieübergreifenden Dialog zu führen, Neues auszuprobieren und Fehler zu machen – ohne sich permanent gegenüber seinem Auftraggeber oder den Stakeholdern rechtfertigen zu müssen. Ein Projektteam, das nicht konsequent genug die Strukturen und Arbeitsweisen der Mutterorganisation hinterfragt, läuft Gefahr, die Defizite der Hierarchie zu reproduzieren. Darauf haben Peter Heintel und Ewald Krainz schon in den 1980er Jahren deutlich hingewiesen.[145]

Mit Abgrenzung einher geht die Notwendigkeit der Selbststeuerung. Ein Projekt muss die Freiräume besitzen, eigene Entscheidungen zu treffen. Gerade Gruppenentscheidungen sind jedoch zeitaufwändig, und etwas noch nie Dagewesenes zu machen, ist mit Rückschlägen verbunden. Dauert während der Startphase die Selbstdefinition zu lange oder bleiben während der Umsetzungsphase schnelle Ergebnisse aus, liegt es für den Auftraggeber nahe, Einfluss auf den Projektverlauf zu nehmen. Ein Projekt intensiv von außen zu steuern, ist jedoch prekär: Im günstigen Fall lässt sich ein fehlgeleitetes Projekt wieder auf Kurs bringen. Der leider häufigere Fall ist, dass die notwendige Selbstfindung und Autonomisierung des Projekts durch zu viel direkte Kontrolle abgewürgt wird. Das Unternehmen setzt dem Projekt ohnehin schon enge Grenzen, sowohl in zeitlicher Hinsicht (begrenzte Dauer) als auch in Ressourcenhinsicht (Budget, Teamgröße etc.) und im Hinblick auf die Zielvorgabe.

Für ein Projektteam ist es schon eine Herausforderung, innerhalb dieser Grenzen eine fachlich anspruchsvolle, kundenorientierte oder nachhaltige Erarbeitung des Projektauftrags zu leisten. Werden dann auch noch im Projektverlauf von außen wichtige Entscheidungen getroffen, empfindet das Projektteam diese Einflussnahme häufig als Willkür. Es fühlt sich um die Möglichkeit der Selbststeuerung gebracht und kann sich Erfolge nicht mehr selbst zurechnen. Entsprechend leidet die Motivation.

Bei aller gebotenen Eigenständigkeit darf das Projekt jedoch nicht die Sensibilität seiner Umwelt gegenüber verlieren. Bindet das Projekt seine Anspruchsgruppen nicht früh oder intensiv genug ein, droht gleich von zwei Seiten Ungemach: Zum einen sinkt die Bereitschaft externer Partner, dem Projekt wichtige Daten zu liefern oder Ressourcen zur Verfügung zu stellen: Arbeitskraft, Zeit, Budget. Zum anderen können Ablehnung und Widerstände bei Stakeholdern wie Betroffenen, Managementvertretern, der gesellschaftspolitischen Öffentlichkeit usw. entstehen, deren Kooperation für den Projekterfolg unverzichtbar ist. Auch

---

145 Vgl. Heintel / Krainz (2000; 5).

inhaltlich entstehen Differenzen an den Schnittstellen z.B. zwischen Arbeitspaketen des Projektteams und denen anderer Abteilungen oder des Kundenunternehmens. Die Folge sind Neukonzeptionen oder aufwändige Nacharbeiten. Mitunter passiert es Projektteams, dass ihre Arbeitsergebnisse überhaupt nicht gebraucht werden, z.b. weil sie zu viele Sonderfälle im Arbeitsumfeld der Zielgruppen nicht beachten, niemand sie bezahlen will oder weil sie aufgrund von Linieninteressen in der Schublade verschwinden. An dieser Stelle verweisen wir nochmals auf die Notwendigkeit, die Umsetzungsziele des Projekts stets an seinem Gesamtziel, dem Anwendungserfolg, zu messen.

4.9.3 Wandelfähigkeit

Auch hinsichtlich der Flexibilität während der Leistungserbringungsphase unterscheiden sich Projekte und Unternehmen. Unternehmen als auf Dauer angelegte Systeme ändern sich eher langsam und meist nur in Teilbereichen. Sie formulieren Teile ihrer Strategie neu, führen neue Produkte ein, ändern ihre Organisationsstrukturen, entwickeln ihre Kultur oder expandieren ins Ausland. Nur sehr selten jedoch ändern sich alle Strukturen und Routinen des Unternehmens auf einmal. Das geschieht erst dann, wenn sich das Unternehmen am Rand seiner Existenz befindet und einen Neuanfang sucht. Radikale Umbrüche dieser Art sind nicht nur mit Unsicherheit verbunden und schmerzlich für viele Beteiligte. Sie gefährden auch die interne Leistungsfähigkeit. Wenn möglich, meiden Unternehmen als Ganzes daher den revolutionären Wandel.[146]

Beim Projekt ist das anders: In der Anfangsphase konstituiert sich ein Projekt als Gesamtsystem, zumindest was das Kernteam betrifft, und bei seinem Abschluss löst es sich als System wieder auf. Beides sind Erscheinungsformen radikalen Neubeginns bzw. Umbruchs. Und auch während der Leistungserbringung können Projekte von tiefgreifenden Veränderungen betroffen sein. Ursache können externe Ereignisse sein, z.B. der Abzug von Budget oder der Absprung eines Partners, oder einen internen Ursprung haben, wie z.B. personelle Veränderungen. So hat der Wechsel eines Projektleiters oft unmittelbare Konsequenzen für das Projektteam, während der Austausch eines CEO zwar unmittelbar sichtbar ist, sich in den Arbeitsabläufen jedoch erst mittel- und langfristig bemerkbar macht.

Auch ändern Projektteams häufiger ihre Größe und Gestalt. Je nach Umsetzungsphase kommen neue Mitglieder hinzu oder scheiden bisherige Beteiligte

---

146 Vgl. Gersick (1991; 31), Hannan / Freeman (1984; 162).

aus. Bei Filmprojekten beispielsweise spielen Regisseur, Produzent, Drehbuch-
autoren, Produktionsleiter, Beleuchter, Darsteller, Catering, Cutter, Vermark-
tungsexperten und viele mehr in ganz unterschiedlichen Phasen eine Rolle. Sie
alle werden temporär in das Projektteam eingebunden. Dem unveränderlichen
Kernteam gehören beispielsweise nur der Regisseur und der Produzent an. Ein
Unternehmen demgegenüber mag zwar ebenfalls wachsen oder schrumpfen, aber
diese Veränderungen finden längerfristig statt und nicht, wie im Projekt, binnen
Monaten oder Wochen. Auch verkraftet das Unternehmen Veränderungen in seinem Umfeld oder personelle Fluktuationen strukturell besser. Zum einen besitzt
es Ressourcenreserven, zum anderen weist es deutlich mehr enge und lose Koppelungen auf, sowohl intern als auch an seine Umwelt. Unternehmen streben
nach Nachhaltigkeit und Sicherheit: Sie suchen sich mehrere Lieferanten, anstatt
nur auf einen zu setzen, oder gehen wie in der Automobilbranche Beziehungen
ein, bei denen sich zwei Partner ihre Prozesse sehr eng miteinander verzahnen
und sich so langfristig aneinander binden. Auf Kundenseite finden sich entweder
dieselben engen Koppelungen, oder es werden Risiken durch einen größeren
Kundenstamm bzw. diversifizierte Produkte und Leistungen vermindert. Kurz –
ein Unternehmen ab einer bestimmten Größe kann Störungen besser auf Teilbereiche beschränken und dort assimilieren. Es muss sich nicht bei jeder Veränderung komplett neu konstituieren. Wie bereits erwähnt, strebt es auch nicht
danach, sich wieder aufzulösen. Stattdessen versucht es, seine Ziele immer wieder und immer besser zu erreichen.

Stellen temporäre Systemmitgliedschaften für das Projektteam schon eine
anspruchsvolle Steuerungsaufgabe dar, so sind Veränderungen im Kernteam erst
recht eine Herausforderung. Da aufgrund begrenzter Ressourcen im Projektkern-
team jeder mehrere Aufgaben gleichzeitig übernimmt, vereint sich viel Kompetenz und einzelfallbezogenes Wissen in einer Person. Scheidet diese aus dem
Projektteam aus, droht nicht nur ein enormer Know-how-Verlust. Es kann auch,
einem durchtrennten Knoten gleich, eine wichtige Kommunikationsschnittstelle
nach außen verschwinden. Schließlich ist auch ein ‚sozialer‘ Funktionsverlust
möglich. Umgangsformen, Vertrauen, Gemeinschaftsgefühl und eine gemeinsame Geschichte – in all das muss sich der Nachfolger erst hineinfinden. Die Bedeutung einzelner Personen ist im Projektmanagement manchmal so groß, dass
Kundenunternehmen die Auftragsvergabe davon abhängig machen, dass ausgewählte Fachleute dauerhaft dem Umsetzungsteam angehören oder ein bestimmter
Experte die Projektleitung übernimmt.

Änderungen in den Projektzielen bzw. im Leistungsumfang des Projektauftrags schließlich müssen vor dem Hintergrund der Ressourcensituation beurteilt

werden. Während Unternehmen angesichts neuer Aufgaben intern ihre Budgets und Arbeitskräfte innerhalb gewisser Grenzen umschichten können, haben vor allem kleinere Projekte diese Kapazitäten oft nicht. Bei allen inhaltlichen Nachforderungen seitens des Kunden bzw. Auftraggebers ist deshalb genau zu prüfen, ob sie sich im vorgegebenen Zeit- und Kostenrahmen realisieren lassen. In der Softwareentwicklung beispielsweise sind Prüf- und Freigabeprozesse definiert, mit denen geklärt wird, ob ein Feature- oder Änderungswunsch des Kunden zum vereinbarten Leistungsumfang gehört oder eine Sonderleistung darstellt. Gegebenenfalls muss der Projektleiter nachverhandeln.

4.10.   Konsequenzen für die Projektkommunikation

4.10.1 Kommunikationsaufgaben bei der Leistungserbringung

Während der Umsetzungsphase wird Projektkommunikation zu einer Regelaufgabe. Sind die Verantwortlichkeiten zugeteilt, erste Strukturen und Routinen etabliert und ist das informelle Ringen um Einflussbereiche ausgefochten, gleichen sich die Anforderungen an Projektkommunikation und Unternehmenskommunikation einander wieder an. Projektkommunikation findet zunehmend geplant und strukturiert statt. Die Gestaltungsmöglichkeiten schränken sich mit dem Projektverlauf immer weiter ein. Grund dafür sind Verständigungsroutinen und sukzessive Entscheidungen, die Orientierung geben. Aufgrund des dynamischen Umfelds und der vielfältigen Abhängigkeiten erreichen Projekte allerdings kaum den Strukturierungsgrad von Unternehmen. Zu unübersichtlich ist die Informationssituation bzw. mit zu viel Risiko ist es verbunden, zentrale Fragen zu Inhalten und Verlauf des Projekts einmalig erschöpfend zu beantworten. Die Unsicherheit des Projektumfelds erfordert, dass Themen wie die Systemgrenze und die Schnittstellen nach draußen, externe Erwartungen und eigene Qualitätsansprüche, Abstimmungsnotwendigkeiten oder die Anschlussfähigkeit des Projektergebnisses immer wieder aufs Neue im Team diskutiert werden. Kommunikation bleibt so auch während der Umsetzungsphase als Instrument wechselseitiger Orientierung gefragt. Abstimmungen erfolgen zu einem guten Teil ad hoc, Koordination findet begleitend zur Leistungserbringung statt (Improvisation).

Im Unternehmen bieten zum Teil ähnliche Themen regelmäßigen Kommunikationsanlass (Koordination der internen Einzelaktivitäten im Hinblick auf übergeordnete strategische Ziele, Positionierung gegenüber Kunden und Lieferanten, Beziehungspflege zu den Stakeholdern), zum Teil aber auch projektuntypische Themen (Vermittlung eines ‚Big picture' des gesamten Unternehmens z.b. in Bezug auf Aktivitäten, Organisationen und Märkte). Außerdem ist in Unternehmen der Horizont langfristig, sind die Verantwortlichkeiten und Vorgehensweisen stärker institutionalisiert und reguliert. Koordinationserfolge und Kooperationsverhalten werden strukturell abgesichert. In erster Linie betrifft das die interne Organisationskommunikation, doch auch Public Relations und Marktkommunikation pflegen langfristige externe Beziehungen zu Öffentlichkeiten, Kunden und Lieferanten. Heute betreffen Unsicherheiten und Umfelddynamik nicht mehr nur Projekte, sondern zunehmend auch ganze Unternehmen. Im Unterschied zu Projekten stellen sich Unternehmen diesen Herausforderungen jedoch auf der Basis bereits etablierter, bereichsbezogenen Prozesse und Verantwortlichkeiten. Im Bereich der Unternehmenskommunikation bedeutet das, dass bisherige Routinen um neue Aufgaben ergänzt werden. Hierfür setzt die Unternehmenskommunikation ergänzende Projektarbeit ein. Für den Umgang mit Unsicherheit sind die Vertreter der Unternehmenskommunikation jedoch prinzipiell gut gerüstet. Oft haben sie eine fundierte Kommunikationsausbildung und reichhaltige Praxiserfahrungen im Management von Kommunikation. Was die aktuellen Entwicklungen am Medien- und Themenmarkt betrifft, halten sie sich ebenfalls auf dem Laufenden. Beides haben sie ihren Kollegen aus dem Projektmanagement, die meist einen fachlichen Hintergrund haben, voraus. Allerdings sind diese aufgrund ihrer Projektausbildung und -erfahrung geübter im Umgang mit unübersichtlichen und dynamischen Situationen. Mit Improvisieren und Ad-hoc-Entscheidungen sind sie eher vertraut, ebenso mit projektspezifischen Kommunikationsschwierigkeiten.

4.10.2 Abgrenzung und Offenheit als Dauerkonflikt

Die Positionierung des Projekts in seiner Umwelt stellt die vierte große Kommunikationsaufgabe dar.

Um neue Ideen generieren und weiterentwickeln zu können, müssen sich Projekte von ihrer Umwelt abgrenzen und sich selbst steuern können. Das Abgrenzungsverhalten hat eine soziale und eine inhaltliche Erscheinungsform, und bei beiden spielt Kommunikation eine Rolle. Projekte sind auf motivierte Mitarbeiter angewiesen, denen ein überdurchschnittliches Engagement abverlangt wird. Die Bereitschaft, sich einzubringen, steigt an, wenn das Projekt als Team funktioniert, andere sich erkennbar beteiligen und man sich auf einander verlassen kann. Voraussetzung dafür ist, dass sich die Projektmitglieder als Gemeinschaft empfinden, als ein Team, dem eine besondere, anspruchsvolle Aufgabe zur Lösung übertragen wurde. Gemeinschaftsbildung wird durch die formale Projektteammitgliedschaft begünstigt, vor allem, wenn die Beteiligten in Vollzeit ins Projekt eingebunden sind. Aber Teamidentität beruht auch auf Abgrenzung, und hier spielt wieder Projektkommunikation eine Rolle. Einem Unternehmensbereich vergleichbar entwickeln Projekte mit der Zeit als Systeme eine eigene Identität. Zum System gehört, wer sich zu dem gemeinsamen Ziel bekennt und für die anderen sichtbar darauf hin arbeitet, d.h. einen signifikanten eigenen Beitrag leistet und seine Handlungen mit denen der anderen abstimmt. Gruppenentscheidungen, die auf einem offenen Dialog beruhen und Erfolgserlebnisse, die als Teamleistung wahrgenommen und gewürdigt werden, festigen den Zusammenhalt. Je weniger intensiv jemand in die Kommunikation des Projektteams eingebunden ist, umso kleiner wird die Basis, sich mit ihm zu identifizieren.

Auf inhaltlicher Ebene ist die Schlüsselfrage die Trennung in projektinterne und -externe Kommunikation. Projektteams müssen die Hoheit über ihre innovativen Gedanken behalten, um sie weiterentwickeln können. Zwischen Idee und Prototyp wie auch zwischen Problemstellung und qualifiziertem Lösungsvorschlag liegt ein Entwicklungszeitraum. Die Beteiligten benötigen ihn, um ihr eigenes Ziel auszuformulieren, die Marschrichtung festzulegen und ihr Ergebnis überzeugend nach außen argumentieren zu können. Kennen die Umfeldvertreter jede Idee und jeden Zwischenschritt des Projektteams, können Irritationen entstehen. Erklärungen werden verlangt und in der Folge können Interventionen von außen stattfinden. Zu starke Außensteuerung behindert jedoch den Selbstfindungsprozess. Externe Instanzen, die ein berechtigtes Interesse am Gelingen des Projekts haben, sollten im Projektteam repräsentiert sein und direkt an der teaminternen Kommunikation teilhaben. Darüber hinaus ist ihr Einfluss aber zu begrenzen und zu kanalisieren. Damit das gelingt, muss das Projektteam für sich klären, welche Informationen zu welchem Zeitpunkt nach draußen gelangen dürfen und wer dazu befugt ist. Während innerhalb des Projektteams alle Arbeitsdaten möglichst frei zirkulieren sollten, auch vorläufige und erklärungsbedürftige, dürfen nach außen nur gezielt Daten weitergegeben werden. Bei manchen Projekttypen wie z.B. Merger und Akquisitionen, Outsourcing-Deals oder Angebotsprojekten unterliegt die externe Kommunikation in der Anfangs- und Vorbereitungsphase ohnehin einer strengen Regulierung. Nur ausgewählte Personen sind beteiligt, und nach außen sind die Kommunikationsparameter (Schnittstellen, Zeitpunkte, Inhalte) verbindlich definiert.

In Unternehmen ist das grundsätzlich ebenso: Die Ausarbeitung der Unternehmensstrategie findet in der Regel nicht öffentlich statt. Über neue Produktentwicklungen spricht man nicht außerhalb der Bereichs- und erst recht nicht der Unternehmensgrenzen. Personalbelange unterliegen dem Datenschutz und damit außerhalb des Human-Resources-Bereichs der Geheimhaltung. Das begünstigt die inhaltliche und soziale Abgrenzung. Im Gegensatz zu Projekten haben Unternehmen zudem den Vorteil, dass in Form von Bereichen einzelne soziale Teilsysteme bereits etabliert sind und in der Kommunikation respektiert werden. Kommunikationsschnittstellen und -pflichten sind klarer definiert, Abhängigkeiten und Möglichkeiten der Einflussnahme stärker formalisiert und hierarchisch abgesichert. Die Aufgabe des Bereichs Unternehmenskommunikation ist es eher, diese Grenzen zu überwinden, als sie aufrecht zu erhalten. Ebenso sollte er stets daran arbeiten, ein grundlegendes Verständnis für Zusammenspiel, Einfluss- und Abhängigkeitsbeziehungen der verschiedenen Unternehmensbereiche zu schaffen.

Auch ein Projekt sollte sich seine Abhängigkeiten von projektexternen Instanzen (Auftraggeber, Linienmanager, Kunde etc.) intern bewusst machen. Herrscht hier keine Offenheit, vermuten die Beteiligten leicht eine ‚hidden agenda' und fühlen sich nicht mehr als alleinige Gestalter des Projektergebnisses. Sind hingegen die Einflussbereiche und -möglichkeiten externer Akteure bekannt, kann das Projektteam bewusst mit ihnen umgehen und sie gezielt steuern. Denn bei allen Abgrenzungsbestrebungen wäre es für ein Projekt fatal, sich nicht um die Interessen seiner Anspruchsgruppen zu kümmern. Zum einen setzt es seine Ressourcenzuflüsse aufs Spiel – finanziell und materiell ebenso wie informational – und zum anderen gefährdet es den Erfolg des Projektergebnisses.

Das Projektteam muss folglich sehr sensibel gegenüber den Erwartungen seiner Umwelt bleiben, und hierin unterscheidet es sich kaum von einem Unternehmen. Voraussetzung für die Sensibilität gegenüber der Umwelt ist, dass das Projekt geeignete Möglichkeiten der Umwelt- und der Selbstbeobachtung besitzt sowie eine Plattform, um diese Beobachtungen intern zu thematisieren und zu interpretieren. Ist eins von beidem nicht vorhanden, (z.B. weil aus Zeitgründen kaum Kontakt zum Auftraggeber möglich ist oder Jours fixes nicht eingehalten werden), so drohen Konflikte. Externe Ansprüche zu kennen und zu steuern ist als Stakeholdermanagement bekannt.

Im Kern geht es beim Stakeholdermanagement um die Planung und Steuerung von Kommunikationsbeziehungen zu externen Anspruchsgruppen des Projekts. Zwei Richtungen lassen sich unterscheiden. Einerseits strebt das Projekt danach, die Erwartungen und Ansprüche seiner Stakeholder zu kennen (Outside-in-Perspektive). Andererseits versucht es, sein Umfeld in seinem Sinne zu beeinflussen (Inside-out-Perspektive). Der Outside-in-Ansatz steht für Beobachtung, Sich-informieren, Zuhören und Reagieren, d.h. die Rezeptionsseite der Kommunikation. Der Inside-out-Ansatz erfordert Sichtbarkeit, aktives Argumentieren, Verhandeln und Überzeugen, d.h. die Produktionsseite von Kommunikation (Kommunikationsofferte). Für beide Perspektiven müssen die Voraussetzungen geschaffen werden, sowohl auf Inputseite (Ressourcenbeschaffung) als auch auf Outputseite (,Absatz' des Projektergebnisses).

Basis der Outside-in-Perspektive ist die Umfeldanalyse. Sie erfasst sämtliche Instanzen, die in irgendeiner Form Erwartungen an das Projekt haben oder von ihm betroffen sind. Zu den wichtigsten Stakeholdern zählen der Auftraggeber, der Leistungsabnehmer oder Kunde sowie die Kooperationspartner, die über das Projektteam hinaus an der Leistungserbringung beteiligt sind. Ihre Ansprüche wiegen am stärksten. Unklarheiten oder Divergenzen sollten von Anfang an systematisch beseitigt oder geklärt werden. Alle übrigen Erwartungen an das Projekt werden ebenfalls mit den Projektzielen verglichen und in projektförderliche und projektkritische differenziert. Auf dieser Basis definiert das Projekt seine Kommunikationszielgruppen.

Kunden des Projekts haben ein erklärtes Interesse an dessen Ergebnis. Mitunter geht das Projekt sogar auf ihre Initiative zurück. Entsprechend müssen sie von Anfang an intensiv in die Projektkommunikation eingebunden werden. Der Fokus liegt darauf, die Nutzenerwartung des Kunden an das Projekt zu konkretisieren. Das kann den Arbeitsschritt einschließen, den Kunden selbst zu einer Umfeldanalyse seiner Anspruchsgruppen zu bewegen. Die Nutzenerwartung sollte sich das Projektteam stets präsent halten, denn aus ihr leiten sich die Projektziele und die Projektplanung ab.

Während der Umsetzung kommen weitere Projektkommunikationsaufgaben hinzu. Zum einen sind die Schnittstellen zwischen der eigenen Projektarbeit und der Projektarbeit des Kunden bzw. seinem Geschäftsmodell möglichst klar zu definieren. Das erfordert eine immer feinere Abstimmung. Parallel dazu sollte sich das Projektteam regelmäßig vergewissern, dass die ursprünglichen Annahmen der Beteiligten angesichts neuer Erkenntnisse oder Umfeldentwicklungen noch stimmen. Bleibt dieses Hinterfragen aus, läuft das Projekt Gefahr, sein Ergebnis an den Erwartungen des Kunden vorbei zu produzieren.

Während also die Outside-in-Perspektive die Stakeholder identifizieren und verstehen hilft, verfolgt die Inside-out-Perspektive der Projektkommunikation das Ziel, das Projektumfeld zu beeinflussen. Um Erfolg zu haben, sollte das Projektteam seine Kommunikation jedoch anschlussfähig an die Erkenntnisse der Outside-in-Wahrnehmung gestalten. So gilt es, Projektbeteiligte sowie potenzielle Kooperationspartner zu Beginn und während der Umsetzung vom Nutzen des

Projekts zu überzeugen. Das Projekt muss für sie sichtbar werden und ihnen als sinnvoll und machbar erscheinen. Vor allem aber muss es positive Auswirkungen auf das Umfeld der Stakeholder versprechen, damit sie es aktiv unterstützen. Entsprechende Argumente zu formulieren und bei den Stakeholdern zu platzieren, ist Aufgabe des Projektmarketing. Zu Beginn steht die Attraktivität des Projektziels im Vordergrund. Projektmarketing wird hier von vielen persönlichen Gesprächen und Verhandlungen des Projektleiters flankiert. Während der Umsetzungsphase wird es wichtig, allen Unterstützern den Projektfortschritt zu verdeutlichen. Das erfordert regelmäßige Statusberichte z.b. in Form von Projektreporting oder Meilensteinsitzungen. Bei Projektabschluss werden die Ergebnisse vorgestellt und gegenüber dem Adressatenkreis vermarktet. Bei Projekten, die nur einen Kunden haben, entfällt diese Aufgabe.

Zu den Pflichten der Projektkommunikation gehört auch, Stakeholder, die dem Projekt kritisch gegenüber stehen, zu neutralen Akteuren zu machen. Das gelingt, indem man sich sichtbar mit ihren Bedenken auseinandersetzt, sie zerstreut oder ihnen Kompromissvorschläge unterbreitet. Ist es nicht möglich, die Meinung der Projektkritiker zu ändern, sollte versucht werden, ihren Einfluss zu begrenzen. Anspruchsgruppen, die dem Projekt bereits wohlgesonnen sind, können schließlich als Promotoren und Unterstützer gewonnen werden. So ist es für ein Projekt in der Regel hilfreich, sich des Rückhalts eines hochrangigen Managementvertreters zu vergewissern, der das Projektziel gegenüber anderen Linieninteressen vertritt und aufwertet. Mit dieser Unterstützung im Hintergrund kann das Projektteam überzeugender in der Kommunikation auftreten.

Stellt man die externe Unternehmenskommunikation der externen Projektkommunikation gegenüber, so überschneiden sich die Aufgaben im Bereich der PR weitgehend. Große Unterschiede gibt es jedoch im Bereich der Marktkommunikation. Im Gegensatz zu Unternehmen kommunizieren die wenigsten Projekte mit einem Markt. Wo vor allem privatwirtschaftliche Unternehmen ihre Absatzmärkte in Segmente gliedern und diese zu einem Großteil mit Instrumenten der Massenkommunikation nachhaltig bearbeiten, haben Projekte oft nur einen Auftraggeber und einen Kunden. Statt auf One-to-many-Kommunikation setzen sie auf One-to-one-Beziehungen, statt Breitenwirksamkeit und Skaleneffekten steht die einzelne, konkrete Kundenbeziehung im Vordergrund. Die Umsetzung der externen Projektkommunikation gegenüber dem Kunden hat dann mehr mit einer Vertriebsbeziehung zu tun als mit Marketing.[147]

---

147 Natürlich gibt es auf beiden Seiten auch Ausnahmen: Projekte mit einem großen Adressatenkreis bzw. vielen Betroffenen, z.B. Organisationsentwicklungs- oder IT-Implementierungsprojekte, können auch Medien der Massenkommunikation sinnvoll einsetzen. Und Unternehmen, die in erster Li-

Vergleicht man nun das Bedürfnis des Projekts, sich von seiner Umwelt sozial und informational abzugrenzen, mit seinem Bestreben, externe Stakeholder über Kommunikationsbeziehungen als Unterstützer zu gewinnen, so offenbart sich ein Dilemma: Das Projektteam ist auf möglichst umfassende und detaillierte Informationen von außen angewiesen, um sich nahe an den Erwartungen seines Umfelds zu halten. Manche Informationen lassen sich durch ausgefeilte Beobachtungswerkzeuge wie Marktforschung oder das Scannen von Medienangeboten erschließen, andere durch geschicktes Networking, wieder andere durch das Zusammenführen verschiedener Perspektiven. An viele weitere Informationen gelangt das Projektteam jedoch nur, wenn ihm die potenziellen Kooperationspartner wohlgesonnen sind. Kooperations- und Auskunftsbereitschaft beruhen auf Vertrauen und vor allem Reziprozität. Aufgrund der kreativen und sozialen Notwendigkeit, sich inhaltlich eine Zeit lang abzukapseln, überwiegt beim Projekt jedoch zu Beginn der Informationshunger über die Auskunftsbereitschaft. Fragt das Projektteam nun viele Informationen nach, ohne selbst Daten nach außen weiterzugeben, so besteht die Gefahr, dass die potenziellen Kooperationspartner diese Diskrepanz wahrnehmen und misstrauisch werden. Verstärkt wird diese Tendenz noch, wenn sich das Projektteam nach außen als eine geschlossene, soziale Gruppe positioniert.

Sein Ziel, sich umfassend zu informieren, kann das Projekt folglich nur dann erreichen, wenn es sich seiner Umwelt informational und auch sozial teilweise wieder öffnet. Diese Offenheit macht es jedoch anfällig für externe Einflussnahme. Der Umgang mit diesem Dilemma ist ein Grundproblem der externen Projektkommunikation und kann nicht ohne die Unterstützung des Umfelds gelöst werden.

4.10.3 Änderungsmanagement und Ressourcenspielräume

Die großen Belastungen, denen sich ein Projektteam bei Beginn und Auflösung des Projekts sowie bei personellen Veränderungen im Kernteam ausgesetzt sieht, stellen eine besondere Kommunikationsaufgabe dar. Projekte haben eine begrenzte Größe und besitzen enge Sozial- und Kommunikationsbeziehungen. Beides erlaubt ihnen, (Re-)Strukturierungsaufgaben im Team zu diskutieren. Die Komplexität und der ganzheitliche Anspruch des Projektauftrags erfordern sogar

---

nie Großkunden im B2B-Markt betreuen, setzen eher auf Relationship Management denn auf Werbung und absatzfördernde Kommunikation. Häufig organisieren diese Unternehmen ihre Aufträge aber auch in Form von Projekten.

die intensive Einbindung aller Beteiligten. Anders im Unternehmen: Hier werden Veränderungen zentral geplant und gesteuert und sind zudem auf einen längeren Zeitraum ausgerichtet. Ausgewählte Akteure, meist der HR-Bereich zusammen mit den Führungskräften und unter Schirmherrschaft des Top Management, versuchen, den Wandel zu steuern und ihn zu einem vorher festgelegten Ergebnis zu führen. Eine Selbstorganisation der Mitarbeiter z.b. auf dem Wege des Dialogs kommt, wenn überhaupt, nur sehr begrenzt und unter Vermittlung der Führungskräfte zum Einsatz. Wandel wird von den Mitarbeitern des Unternehmens daher meist als Maßnahme verstanden, zu der man sie von außen bewegen oder inspirieren möchte. Das Initiieren einer Veränderung läuft im Unternehmen prinzipiell so ab wie bei der Strategiedefinition. Da sich jeder Teilbereich des Unternehmens auf die Beobachtung eines Ausschnitts der Unternehmenswirklichkeit (intern oder extern) spezialisiert hat, erhält er auch einen qualifizierten Einblick in etwaigen Veränderungsbedarf innerhalb dieses Bereichs. Darüber erstattet er die Hierarchie hinauf Bericht. Die Führungsebenen entscheiden, ob sie bereichsintern eigene Maßnahmen aufsetzen oder – sofern Veränderungen über ihren Verantwortungsbereich hinaus gehen – ob sie weitere Ebenen einbinden. Einen Gesamtüberblick über bereichsübergreifende Veränderungsimpulse erhalten folglich nur die oberen Führungskräfte. Wie auch bei der Strategiefindung vergleichen sie die Informationen und entscheiden – nicht nur darüber, ob und in welchem Maße die Veränderungen notwendig sind, sondern auch, was bzw. wie etwas diesbezüglich ins Unternehmen zurück kommuniziert wird. Wie auch bei der Strategiekommunikation hängt der Bereich der Unternehmenskommunikation in Bezug auf mögliche Veränderungen im Unternehmen inhaltlich stark von der Unternehmensspitze ab.

Innerhalb des Projekts besteht die Chance zu einer ganz anderen Offenheit. Zwar leiden die Teammitglieder wie auch die Mitarbeiter des Unternehmens unter mangelnder Kommunikationsbereitschaft einzelner Unternehmensbereiche. Im Gegensatz zu einem Unternehmensbereich besitzen sie dank ihrer heterogenen Zusammensetzung jedoch einen weitaus besseren Einblick in alle Facetten ihres Projektauftrags, und zwar über die einzelnen Fachgebiete hinaus. Sie haben mit dem gemeinsamen Ziel den Anlass und mit dem Projektteam die Basis, sich themenorientiert (nicht fachbereichsbezogen) informieren zu können. Der begrenzte Fokus und die flachen Hierarchien erlauben, schneller auf Unvorhergesehenes zu reagieren und in der eigenen Arbeit aufzugreifen. Regelmäßiger Dialog hat noch einen weiteren Vorteil: Für ein Projekt ist es nicht immer sinnvoll, Entscheidungen von langer Hand vorzubereiten oder umfassende Planungen anzustellen. So manche Entscheidung muss ad hoc und nach informeller Rücksprache mit den wichtigsten Beteiligten getroffen werden. Hierfür eignen sich persönliche Besprechungen. Zeigen sich Nachteile einer Entscheidung, kann und darf improvisiert werden. Der Freiraum ist vorhanden. Dank dieser Flexibilität kann ein Projekt nicht nur schnell Fahrt aufnehmen, was den Beteiligten angesichts Termin- und Ressourcenknappheit entgegen kommt. Auch während der Umsetzung ist noch eine kurzfristige Um- oder Neuorientierung möglich. Das macht Projekte im Allgemeinen wandlungsfähiger als Unternehmen.

Die Dynamik hat jedoch ihren Preis: Dokumentiert und damit dauerhaft verfügbar sind meist nur die formalen Projektdaten. Informelle Absprachen lassen sich im Nachhinein nur schwer nachverfolgen. Widmen sich Projektteams nicht ausreichend der Dokumentation ihrer Prozesse, Entscheidungshintergründe oder Zwischenergebnisse, geht dieses Wissen schnell verloren. Das geschieht nicht nur bei der Auflösung des Projekts, sondern mitunter schon während der Umsetzung, wenn sich Projekte z.B. in eine neue Richtung entwickeln oder sich die Zusammensetzung des Teams ändert. Die Folge sind Mehrfacharbeiten, Informationssuche und aufwändige Rekonstruktion von Entscheidungen. Ansprechpartner murren, wenn sie von unterschiedlichen Personen wiederholt zu denselben Themen befragt werden, und Kunden zeigen sich irritiert. Im Projektteam muss daher ein Bewusstsein für die Notwendigkeit der Dokumentation geschaffen werden, und zwar auch die wichtigsten informellen Ergebnisse.

Das Projekthandbuch und Pläne zu pflegen, Dokumente strukturiert abzulegen, Versionen zu aktualisieren sowie Protokolle der Besprechungen anzufertigen sind Aufgaben des Projektbüros. Das Projektbüro bereitet auch das formale Projektreporting vor, das den Auftraggeber und die wichtigsten Stakeholder auf dem Laufenden hält. Die elektronische Kommunikation macht es einfach, mehrere Personen gleichzeitig von Entscheidungen in Kenntnis zu setzen. Im Anschluss an mündliche Absprachen empfiehlt sich eine schriftliche Zusammenfassung. E-Mail-Kommunikation lässt sich prinzipiell archivieren, erfordert allerdings eine konsequente Ablagesystematik. Überhaupt ist es sinnvoll, über einen ausgewogenen Mix an Push- und Pull-Instrumenten zu verfügen, der sowohl die Selbst- als auch die Fremdorientierung während der Leistungserbringung ermöglicht. Hierin unterscheiden sich Projekt und Unternehmen kaum. Da sich ein Projekt mit der Zielerreichung allerdings strukturell und sozial wieder auflöst, erfordert es zusätzliche Formen der Wissenssicherung. Ein entsprechendes Wissensmanagementsystem sollte bereits projektbegleitend aufgebaut werden. Von den damit verbundenen Kommunikationsaufgaben wird im nächsten Abschnitt die Rede sein.

Auch in Unternehmen kann sich Bedarf an Wissensmanagement ergeben, vor allem in Bereichen, die sich häufig ändern (z.b. wechselnde Kunden, hohe Fluktuation, häufige organisationale Veränderungen etc.). Generell ist in Unternehmen jedoch ein höherer Dokumentationsgrad anzutreffen. Für die zentralen Arbeitsvorgänge existieren Arbeitsanweisungen, Leitfäden und Formulare. Prozesse sind klarer definiert, ebenso die Verantwortungsbereiche sowie Art und Umfang der Hierarchien, die vor einer Entscheidung einzubinden oder von ihr in Kenntnis zu setzen sind. Wichtiger noch: Aufgrund der vorherrschenden Routinen und der längerfristigen Bereichszugehörigkeit ist das Wissen in den Köpfen dauerhaft vorhanden. Man hat das meiste schon mal mitgemacht, kennt seine Aufgaben und kann seinen Interaktionspartnern deutlich machen, was man von ihnen erwartet. Wissen ist permanent in Gebrauch und an verschiedenen Stellen abrufbar. Neue Mitglieder in einem Unternehmensbereich haben deshalb zu Beginn vor allem damit zu tun, ihr Umfeld zu beobachten und es zu verstehen. Bei hoher Spezialisierung eines Fachbereichs kann diese Einarbeitung eine gewisse Zeit in Anspruch nehmen. Dem Neuankömmling kommt jedoch zugute, dass es eine Vielzahl von Anknüpfungspunkten zur Selbstorientierung gibt und eine Reihe qualifizierter Kollegen, die die Angemessenheit der Wirklichkeitskonstruktion bestätigen. Jeder neue Mitarbeiter arbeitet sich sozusagen in ein Geflecht vorhandener und formal abgesicherter Kommunikationsbeziehungen hinein, um es anschließend gegebenenfalls weiterzuentwickeln.

Bei größeren Projekten ist es ressourcenbedingt nicht immer möglich, alle Beteiligten im gleichen Maße in das Projektteam und dessen Kommunikationsbeziehungen einzubinden. Gehören Projektbeteiligte nur eine überschaubare Zeit zum Team bzw. leisten sie lediglich einen marginalen Beitrag, dürfte ihr Informationsbedarf geringer sein. Anstatt sie an der inhaltlichen Wissensentwicklung zu beteiligen oder in Projektteamentscheidungen einzubeziehen, sollte es genügen, ihnen ihre spezifische Aufgabe sowie die Schnittstellen zu den übrigen Aufgabenpaketen zu erläutern. Das erfordert seitens des Kernteams eine detaillierte Projektplanung, um die Berührungspunkte zu kennen. Notwendig ist auch, diesen Plan zu pflegen und Zwischenergebnisse sowie Abweichungen festzuhalten. Für jeden Beitrag eines temporären Projektmitglieds bzw. eines Lieferanten sollte es einen Verantwortlichen im Kernteam geben, der die Kontinuität wahrt. Was die Kernfragen des Projektauftrags betrifft, sollte es teamweit einen Grundkonsens geben, um neuen Mitgliedern die Einarbeitung zu erleichtern. Selektivität in der Kommunikation und der Projektdaten-Bereitstellung ist jedoch ein zweischneidiges Schwert. Denn auch wenn sie inhaltlich gerechtfertigt erscheint, ist sie als soziales Signal fragwürdig oder zumindest erklärungsbedürftig. In sozialer Hinsicht darf ein Projektteam temporäre Mitglieder nämlich nicht benachteiligen. Auch temporäre Mitglieder wollen sich von den permanenten Teamkollegen akzeptiert und in ihrem Beitrag gewürdigt fühlen. Nur dann sind sie zu Kooperation und einem hohen Engagement bereit. Dass die Wertschätzung, die ein Projektleiter dem Team oder die Teammitglieder einander entgegenbringen, nicht unerheblich von der Offenheit der Kommunikation abhängt, macht die Verzwicktheit der Lage deutlich. Hier sind Lösungen gefragt, die Neuankömmlinge Offenheit spüren zu lassen, ohne sie in alle Prozesse aktiv einzubinden. Über Schnittstellendefinition und Leistungsanforderung hinaus könnte der temporär Beteiligte beispielsweise Zugriff auf grundlegende Projektinformationen erhalten, etwa die gemeinsame Projektdatenablage oder Projektgeschichte.[148] Außerdem sollten temporäre Projektteammitglieder vollwertig an der informellen Kommunikation teilhaben.

Änderungen in den Projektzielen oder zusätzliche Anforderungen seitens des Kunden müssen sorgsam bewertet werden, bevor das Projektteam ihnen entspricht. Bei der externen Projektkommunikation sollte daher die Regel gelten, dass Zusagen eines Projektteammitglieds erst nach Prüfung durch den Projektleiter erlaubt sind. Der Projektleiter bindet im Zweifelsfall das Projektteam und ggf. weitere Stakeholder ein. Inhaltliche Änderungen sind notwendig, um z.B. geänderten Rahmenbedingungen zu entsprechen. Schließlich muss das Projekt ein Anwendungserfolg und nicht nur ein Abwicklungserfolg werden. Für den Projektleiter ist es deshalb sehr wichtig, sich stets über das Umfeld seines Projekts zu informieren und auch seine wichtigsten Unterstützer im Bilde zu halten. Dieses Stakeholdermanagement lohnt sich auf lange Sicht. Denn manche Kundenanforderungen bedeuten einen Mehraufwand, der das Erreichen der Projektziele gefährdet, und manche Umfeldentwicklung macht das Projektergebnis komplett überflüssig. Solche Risiken müssen vom Projektleiter erkannt und gegenüber dem Auftraggeber offen angesprochen werden. Ein Projektleiter, der die Unterstützung seines Auftraggebers oder eines hochrangigen Managementvertreters im Rücken hat, kann ganz anders auftreten. Und existiert auf Unternehmensseite ein projektübergreifendes Programmmanagement, das über die Entwicklungen auf Projektebene regelmäßig informiert ist, kann es Ressourcen projektübergreifend umschichten, Know-how vernetzen und auf Veränderungen reagieren, indem es Zusatzprojekte ins Leben ruft.

---

148 Regelmäßige Bestandsaufnahmen vorzunehmen und sie allen zugänglich zu machen bzw. eine fortlaufende Projektgeschichte zu schreiben hat nicht zuletzt den Vorteil, dass bei kurzfristigem Ausfall eines Kernmitglieds die Kollegen dessen Aufgaben leichter übernehmen können.

4.11. Das Projektende: Wissenssicherung und ein sozialer Abschluss

Unternehmen schließen einzelne Maßnahmen, Kampagnen oder Aufträge ab. Sie lösen sich jedoch nicht als Gesamteinheit auf. Projekte hingegen hören als Systeme auf zu existieren. Ihre Komponenten, die Projektteammitglieder, wechseln in neue Projekte oder übernehmen Linienaufgaben. Die Abschlussphase eines Projekts stellt deshalb wie auch die Anfangs- und die Umsetzungsphase eine besondere Managementaufgabe dar. Das Projekt muss inhaltlich und sozial beendet werden. Dokumentation und Wissenssicherung, projekteübergreifendes Lernen sowie Staffing und Karriereperspektiven sind hier wichtige Handlungsfelder.

4.11.1 Entwicklungspotenzial

Ein Projekt als Einzelvorhaben besitzt nur begrenztes Entwicklungspotenzial. Es kann nicht unter vergleichbaren Rahmenbedingungen wie ein Unternehmen oder ein Bereich eine evolutionäre Entwicklung vollziehen. Zwar ist es auch innerhalb eines Projekts möglich, Verfahren oder Teilbereiche zu optimieren, allerdings ist der zeitliche Rahmen dafür begrenzt. Von der Grundidee ist ein Projekt dazu da, ‚etwas zum Laufen‘ zu bringen. Ergebnisorientierung, nicht Prozessoptimierung lautet die Maxime.

Erst in dem Maße, indem ein Projekt über eine längere Zeit läuft und wiederkehrende, abgrenzbare Arbeitspakete erbringt (z.B. mehrere Events zum gleichen Thema an verschiedenen Orten zu veranstalten oder verschiedene Standorte auf eine neue IT-Infrastruktur umzustellen), kann es sinnvoll sein, Abläufe und Strukturen sukzessive zu optimieren. Nur in diesem Fall und auch dann nur im Verlaufe der späteren Umsetzungsphase können Projekte eine ähnlich ausdifferenzierte und bis in Einzelaufgaben und -prozesse hineinreichende Aufbau- und Ablauforganisation entwickeln wie sie die Bereiche eines Unternehmens besitzen.

Das bedeutet jedoch nicht, dass es im Projektmanagement keine Ansatzpunkte für Verbesserungen gibt. Auch wenn ein Unternehmen eher einzelfallspezifische oder zeitlich begrenzte Projekte betreut, kann es sein Projektmanagement weiterentwickeln. Optimierung findet dann jedoch weniger innerhalb des einzelnen Projekts statt als vielmehr auf Programmebene, d.h. von einem Projekt zum anderen. Optimiert werden der Projektentstehungs- und -abwicklungsprozess sowie das interorganisatorische Feld, aus dem Projekte hervorgehen. Ein interorganisatorisches Feld setzt sich zusammen aus einer Interorganisationskultur, d.h. einer langfristig aufgebauten, gemeinsamen sozikulturellen Basis sowie aus einer Kontextgemeinschaft, z.B. einer Gruppe potenzieller Projektteammitglieder, die diese Basis teilen.[149]

Ergebnis der Auseinandersetzung mit Projektmanagement über Unternehmens- und sogar Branchengrenzen hinaus sind Normen, Richtlinien und Methoden. Sie werden in Basiswerken des Projektmanagement wie dem PMBOK oder dem Projektmanagement-Kanon der GPM gebündelt und sind Teil der Ausbildung zum Projektmanager. Normen sollen Qualitätsstandards sicherstellen. Sie reichen von allgemeinen Vorgaben bis hin zu komplexen Projektmanagement-Reifegradmodellen. Qualitätsstandards einzuhalten, erfordert ein begleitendes Projektcontrolling. Aufgabe der Richtlinien und Methoden ist, Unterstützungs- und Begleitprozesse der Projektplanung und -abwicklung zu vereinfachen. Viele Unternehmen stellen zusätzlich eigene Best Practice des Projektmanagement zusammen, um erfolgreiche Fertigkeiten und Methoden über einzelne Projekte hinaus zu erhalten. Best Practice spiegeln Wissenssicherung und kontinuierliches Lernen wider. Ihre inhaltliche Ausgestaltung entwickelt sich mit der Professionalisierung des Projektmanagement weiter. Im Projekt- oder Programmbudget sollten daher stets Ressourcen für projektbezogenes Lernen zur Verfügung stehen. Eine abschließende Projektevaluation, die neben den üblichen Parametern Zeit und Kosten auch weiche Faktoren wie die Zufriedenheit des Kunden oder der Mitarbeiter erfasst, kann helfen, ein differenzierteres Bild des Projekterfolgs zu zeichnen.

4.11.2 Wissensmanagement

Was für die Projektmanagementkompetenzen und -fertigkeiten gilt, betrifft auch die inhaltlichen Ergebnisse des Projekts. Das erarbeitete Fachwissen muss dokumentiert werden. Nur so bleibt der Wissensfortschritt auch nach Projektabschluss verfügbar und es lässt sich später daran anknüpfen. Das Schlagwort lautet Wissensmanagement. In Unternehmen ist Wissensmanagement ebenfalls ein Thema, allerdings mit einem Unterschied: Hier geht es vor allem um die bereichsübergreifende Vernetzung von Wissen. Wissenspotenziale, die von einzelnen Praxisgemeinschaften in ihren Fachgebieten aufgebaut und angewendet werden, sollen auch in anderen Bereichen zum Einsatz kommen. Davon verspricht man sich Synergieeffekte wie Kosteneinsparungen oder einen Anstieg der Innovativität.

---

149 Vgl. Weber (1996; 137-140 u. 210).

Projekte hingegen haben aufgrund ihrer heterogenen Zusammensetzung prinzipiell weniger Probleme, bereichsübergreifendes Wissen zu bündeln. Zwar profitieren auch sie von lebendiger projektübergreifender Kommunikation, um von den Strategien anderer Projektkollegen zu lernen oder von deren ‚Blick von außen' zu profitieren. Die zentrale Aufgabe besteht jedoch darin, das im Projekt erarbeitete Wissen über die Zeit zu sichern. Bevor sich die Kompetenzgemeinschaft Projektteam wieder zerstreut, gilt es, Fach- und Prozesswissen zur späteren Verwendung verfügbar zu machen. Wissen zu dokumentieren und es damit von den Personen zu entkoppeln (was ohnehin nur bedingt möglich ist), stellt jedoch aus Sicht der Beteiligten gerade in Zeiten des Arbeitsplatzabbaus und des Outsourcing eine heikle und stark auf Vertrauen basierte Angelegenheit dar. Das gilt insbesondere für standardisierbare Tätigkeiten oder solche, die nicht zum Kerngeschäft gehören.

4.11.3 Sozialer Abschluss

Schließlich stellt auch die gezielte Auflösung des Projekts als Sozialsystem eine Aufgabe beim Projektabschluss dar. Um den Mitarbeitern über den Verlust ihrer temporären Heimat hinwegzuhelfen, bieten sich eine Reihe von Maßnahmen an. Zunächst ist es wichtig, Erfolge zu würdigen. Wird ein Projekt nicht emotional abgeschlossen, nimmt man den Beteiligten die Möglichkeit, auf ihre Leistungen stolz zu sein und bringt sie damit um eine wichtige Quelle, aus der sich zukünftiges Engagement speist. Umgekehrt ist es auch ratsam, negative Empfindungen bzw. das Scheitern eines Projekts zu thematisieren. Geschieht das nicht, droht die Gefahr, dass die Beteiligten ihre Eindrücke als ‚offene Rechnung' in zukünftige Projekte mitnehmen. Perspektiven für die Zukunft eröffnet ein zielgerichtetes Staffing. Es zeigt den Projektteammitgliedern Einsatzmöglichkeiten für die Zeit nach dem Projekt auf. Wichtig ist dabei, nicht nur die Skills sondern auch die Entwicklungsperspektiven und Karriereinteressen jedes Einzelnen zu berücksichtigen. Eine Projektmanagementcommunity als Basiselement des interorganisationalen Feldes kann Networking und zwischenmenschlichen Kontakt auch nach Projektende fördern.

Der Aufgabe, feststehende Sozialgefüge aufzulösen, stellt sich ein Unternehmen seltener. Steht allerdings eine Umstrukturierung an, trifft sie die Beteiligten in der Regel härter und erzeugt mehr Widerstände. Die Toleranz für Unsicherheit und die Flexibilität, die jeder Projektbeteiligte bereits kennt, ist für Linienmitarbeiter noch ungewohnt. Strukturelle Veränderungen erfordern in Unternehmen ein soziales Change Management. Es wird in der Regel im Rahmen eines Veränderungsprojekts aufgesetzt. Auch das Werben und Freisetzen von Mitarbeitern stellt im Unternehmen eine dauerhafte Aufgabe dar. Allerdings sind die Ein- und Austrittshürden hier bedeutend höher als im Projektmanagement. Mitarbeiter wie auch Unternehmen binden sich mit langfristigem Horizont aneinander. Aus diesem Grund ist auch Mitarbeiterentwicklung im Unternehmen ein Thema, auch wenn sich hier nicht dieselben vielfältigen Möglichkeiten der Einarbeitung in neue Aufgabenfelder bieten wie im Projektmanagement. Karrierewege sind im Unternehmen stärker konturiert, sie verlaufen parallel zur Hierarchie.

4.12. Konsequenzen für die Projektkommunikation

4.12.1 Projektübergreifende Standardisierung

Ergebnissicherung und die Ausrichtung auf Folgeaktivitäten prägen auch die Kommunikation in der Abschlussphase des Projekts. Mit Beginn des Projekts sind Kommunikationsbeziehungen und Abstimmungsroutinen entstanden, die sich im Verlauf des Projekts weiter ausdifferenziert und gefestigt haben. Das Projektteam hat Instrumente eingesetzt und Verfahren eingeübt, um seine Projektkommunikation zu steuern. Die Tauglichkeit dieser Methoden konnte es im konkreten Praxiseinsatz prüfen. Eventuell wurden auch eigene Tools oder Prozesse entwickelt. Diese Erfahrungen im Umgang mit Kommunikationsinstrumenten können ein nützlicher Fundus für zukünftige Projekte sein. Wird dieses Potenzial nicht erkannt, bleiben Erfahrungen an Individuen gebunden und werden nicht systematisch in zukünftigen Projekten genutzt.

Im Rahmen der Projektmanagementausbildung sollten deshalb neben dem obligatorischen Grundwissen über Kommunikationsaufgaben (Kommunikationsplanung, -umsetzung und -monitoring, Instrumenteneinsatz in Abhängigkeit des Kommunikationsziels, Zielgruppenkenntnisse etc.) immer auch konkrete Anwendungserfahrungen vermittelt werden. Hierfür bieten sich Fallbeispiele, Praxisaufgaben, Experten-Workshops oder auch Storytelling an.

Die Auseinandersetzung mit der konzeptionellen Wissensebene von Projektmanagement und Projektkommunikation kann immer nur einen Teil der Befähigung zum Projektmitarbeiter ausmachen. Projektübergreifende Methoden und Werkzeuge sowie Qualitätsansprüche und -standards in der Kommunikation zu kennen ist zwar die notwendige Voraussetzung, letztendlich jedoch geht es um die selektiv-einzelfallbezogene Umsetzung und Ausgestaltung dieser Rahmen und Richtlinien.

Die konzeptionelle Ebene des Projektmanagement regelmäßig an der operativen zu spiegeln ist hilfreich, um einer einseitigen Methodenorientierung und Bürokratisierung der Projektkommunikation entgegenzuwirken. Denn Kommunikation als weicher Faktor des Projektmanagement lässt sich immer nur in Teilbereichen formalisieren. Während die Aufgabenbereiche Berichtswesen, Dokumentation und (falls vorhanden) Kommunikationscontrolling in der Regel umfassend formalisiert und standardisiert werden können, sind Stakeholdermanagement und Projektmarketing nur noch zum Teil standardisierbar und für Aufgabenbereiche wie Kommunikationskultur und Transparenz, Motivation und Konfliktmanagement oder auch Führung durch Kommunikation lassen sich allenfalls Empfehlungen, aber keine verbindlichen Standards oder Prozessvorgaben festlegen. Die Unternehmenskommunikation mit vielen gleich bleibenden Zielgruppen und Themenfeldern hat es bei der Standardisierung und der formalen Absicherung ihrer Kernaufgaben etwas einfacher. Das erleichtert beispielsweise das Aufsetzen eines systematischen Kommunikationscontrollings. Doch Grenzen der Formalisierung gibt es auch hier. In der Unternehmenskommunikation wie auch im Projektmanagement ist es daher eine permanente Aufgabe, Kommunikation als umfassenden, vielgestaltigen und nur teilweise formalisierbaren Aufgabenbereich wahrzunehmen. Immerhin bleiben die erzielten Fortschritte im Unternehmen leichter erhalten, da Strukturen und Interaktionsbeziehungen mehr Konstanz aufweisen.

Jene Leistungen der Projektkommunikation, die sich nicht formalisieren lassen, etwa die gemeinsame Sprache mit ihren Verständigungsroutinen, Vertrauen und Gemeinschaftsgefühl, Erfahrungen im Mediengebrauch, Wissen um die Notwendigkeit von Feedback usw. können immerhin dem Potenzial des interorganisatorischen Feldes zugutekommen. Sie erweitern den Erfahrungsschatz der Projektmitglieder und damit ihr Handlungsrepertoire. Dasselbe gilt für kommunikative Skills, welche die Beteiligten in der Projektarbeit entwickelt haben. Diese individuellen Fertigkeiten betreffen Gesprächsführung, Moderation und Präsentation, Informationssuch- und -aufbereitungstechniken sowie Verhandlungs- und Konfliktlösungskompetenzen. Hier gilt es, die Stärken jedes Projektteammitglieds zu erkennen, um zukünftige Projektteams auf der Basis komplementärer Kompetenzen möglichst effektiv zusammenzustellen. Das eigene Kommunikationsverhalten bei Projektende zu bewerten, liefert auch Anhaltspunkte für zusätzliche Fortbildung.

Während einem Akteur in einem Unternehmensbereich also Kommunikationsfertigkeiten und eine bestimmte Kommunikationskultur von seinem Umfeld quasi mitlaufend vermittelt werden, müssen Projektkommunikationskompetenzen über einzelne Projekte hinweg aufgebaut, transferiert und weiterentwickelt werden. Eine zentrale Rolle in der Wissensvermittlung spielen hier zweifellos Mitarbeiter mit Projekterfahrung, die in neuen Projekten eingesetzt werden.

4.12.2 Wissenssicherung und Dokumentation

Hat das Projekt sein Ziel erreicht, muss auch das inhaltliche Wissen dokumentiert und für Außenstehende nachvollziehbar gemacht werden. Geschieht das nicht, droht das erarbeitete Wissen mit der Auflösung des Projektteams und der Zuwendung zu neuen Aufgaben verloren zu gehen.

Bei unternehmensinternen Projekten ist es in diesem Zusammenhang wichtig, Ergebnisse zu veröffentlichen und gegenüber den Bereichen oder anderen Projekten zu präsentieren. So kann ein Ideentransfer stattfinden, der über das Projekt hinaus Lernerfolge anstößt. Auch die Leistungen der Projektteammitglieder werden herausgestellt und gewürdigt. Die Medien der Unternehmenskommunikation bieten eine geeignete Plattform, um Ergebnisse oder auch Zwischenergebnisse von Projekten unternehmensweit vorzustellen. Das ist im ureigenen Interesse des Bereichs Unternehmenskommunikation, der sich schließlich um Gesamtdarstellung des Unternehmens bemüht – strategieorientiert zwar, aber auf dieser Basis themen- und bereichsübergreifend. Die Medien der Unternehmenskommunikation müssen dem Unternehmen eine Plattform zur Selbstbeobachtung bieten, auf der es sich der Aufgaben und Kompetenzen seiner Teilbereiche gewahr wird. Projektergebnisse zu veröffentlichen gehört zu dieser Aufgabe. Parallel dazu sollte jedoch ein detaillierter Projektabschlussbericht erstellt und in eine zentrale Wissensdatenbank aufgenommen werden. Bei externen Projekten ist ein schwieriger Spagat zu meistern: Sollen Projektverlauf und -ergebnis umfassend dokumentiert werden, mit der Gefahr, dass die eigenen Kernkompetenzen gegenüber dem Kunden offengelegt werden? Oder sollte man sich in informationaler Zurückhaltung üben, um die eigene Leistung für Folgeprojekte zu empfehlen? Arbeiten Dienstleister und Kunde bei der Leistungserbringung eng zusammen, spricht das für die erste Strategie. Allerdings sollte ein Unternehmen von seinem Kunden dann eine vergleichbare Transparenz erwarten.

4.12.3 Soziale Perspektiven nach Projektende

Teil des sozialen Abschlusses eines Projekts ist es, eine Plattform zu besitzen, um sich nach Projektende gegenseitig Feedback zu geben. Projektbegleitend gibt es zu diesem Zweck bereits regelmäßige Jours fixes, die dem Projektleiter die Stimmung im Team widerspiegeln. Auch informell lassen sich manche emotionalen Themen bereits projektbegleitend klären. Zusätzlich empfiehlt sich ein Abschluss- bzw. Review-Workshop, der noch einmal genügend Zeit für die Selbstreflexion bietet. Positive und auch kritische Bemerkungen, für die während der Umsetzung keine Zeit war, können besprochen und geklärt werden. Das macht es den Beteiligten einfacher, mit einem positiven Gefühl auseinanderzugehen. Eine ähnliche Feedbackinstanz gibt es im Unternehmen mit dem zumeist jährlich stattfindenden Mitarbeitergespräch. Ansprechpartner ist hier in erster Linie die Führungskraft. Parallel dazu existieren natürlich auch im Unternehmen multiple horizontale und laterale informelle Kommunikationsbeziehungen. Abfedern lässt sich die ‚soziale Katastrophe Projektabschluss', indem Beschäftigungsperspektiven in Folgeprojekten explizit und rechtzeitig in der Projektkommunikation angesprochen werden. In der Pflicht steht hier der Projektleiter. Voraussetzung dafür ist ein Programmmanagement mit einer gezielten Personalpolitik. Im Rahmen der Projektmanagement-Community können Intranetforen und Networking-Datenbanken wie Wikis oder Blogs den Beteiligten helfen, den Kontakt zueinander aufrecht zu erhalten. Auch jährliche Präsenzmeetings der Community beleben alte und neue Kontakte. Nicht zuletzt qualifizieren bereits etablierte Kommunikationsbeziehungen und eine erfolgreiche gemeinsame Vorgeschichte ehemalige Projektmitglieder für eine erneute Teamzusammenarbeit.

Literatur

Amburgey, Terry L. / Kelly, Dawn / Barnett, William P. (1993): Resetting the clock: the dynamics of organizational change and failure. In: Administrative Science Quarterly, Vol. 38, No. 1, 51-73.

Baecker, Dirk (2007): Form und Formen der Kommunikation. Frankfurt/ M.: Suhrkamp, Reihe: Suhrkamp TB Wissenschaft, Bd. 1828, 1. Aufl.

Benner, Wilfried (1996): Kommunikation in Projekten. Von einseitigen zu ganzheitlichen Informations- und Kommunikationssystemen – eine empirische Analyse im Industrieanlagenbau (Udlab). Konstanz: multimedia GmbH, Dissertation Nr. 1840, Hochschule St. Gallen.

Benner, Wilfried (1999): Kommunikation in Projekten. Von einseitigen zu ganzheitlichen Informations- und Kommunikationssystemen – Empirische Analyse in Unternehmen des Industrieanlagenbaus (Udlab). In: Schwaninger, Markus (Hrsg.) Wissenschaftliche Jahrestagung der Gesellschaft für Wirtschafts- und Sozialkybernetik. Berlin: Duncker und Humblot, 253-266.

Bentele, Günter / Brosius, Hans-Bernd / Jarren, Otfried (2006): Lexikon Kommunikations- und Medienwissenschaft. Wiesbaden: VS, Studienbücher zur Kommunikations- und Medienwissenschaft, 1. Aufl.

Bohinc, Tomas (2006): Projektmanagement. Soft skills für Projektleiter. Offenbach: Gabal.

Brown, Shona L. / Eisenhardt, Katleen M. (1997): The art of continuous change: linking complexity theory and time-paced evolution in relentlessly shifting organizations: In: Administrative Science Quarterly, Vol. 42, No. 1, 1-34.

Burghardt, Manfred (2007): Einführung in Projektmanagement. Definition, Planung, Kontrolle, Abschluss. Erlangen: PUBLICIS KommunikationsAgentur, 5. Aufl.

Burkart, Roland (2002): Kommunikationswissenschaft. Grundlagen und Problemfelder; Umrisse einer interdisziplinären Sozialwissenschaft. Wien [u.a.]: Böhlau, Reihe: UTB Medienwissenschaft, Kommunikationswissenschaft, Bd. 2259, 4. Aufl.

Buschermöhle, Ralf / Eekhoff, Heike / Josko, Bernhard (2006): Success. Erfolgs- und Misserfolgsfaktoren bei der Durchführung von Hard- und Softwareentwicklungsprojekten in Deutschland. Oldenburg: Oldenburger Forschungs- und Entwicklungsinstitut für Informatik (OFFIS), http://www.offis.de/start.html (02.01.2010).

[Caltrans] Caltrans Office of Project Management Process Improvement (2003): Project Communication Handbook, http://www.dot.ca.gov/hq/projmgmt/documents/pchb/project_communication_handbook.pdf (14.04.2006).

Chiocchio, François (2007): Project Team Performance: A Study of Electronic Task and Coordination Communication. In: Project management journal, Vol. 38, No. 1, 97-109.

Cleland, David I. / Ireland, Lewis R. (2006): Project management. Strategic design and implementation. New York [u.a.]: McGraw-Hill, 5. Aufl.

Daft, R. L. / Lengel, R. H. (1984): Information Richness. A New Approach to Managerial Behavior and Organizational Design. In: Cummings L.L. / Staw, B.M. (Hrsg.) Research in Organizational Behavior, Vol. 6, JAI Press, Homewood, Illinois (USA), 191-233.

Daft, R. L. / Lengel, R. H. (1986): Organizational Information Requirements, Media Richness and Structural Design. In: Management Science, Vol. 32, No. 5, 554-571.

Debus, Christian (1999): Informationsaustausch in einer Projektorganisation. In: Industrie Management, Vol. 15, No. 4, 32-34.

DeMarco, Tom / Lister, Timothy (1991): Wien wartet auf Dich!. Der Faktor Mensch im DV-Management. München [u.a.]: Hanser.

Diethelm, Gerd (2001): Projektmanagement. Band 2: Sonderfragen. Personalmanagement in Projekten, Qualitätssicherung und Projektkontrolle, Besonderheiten des strategischen und internationalen Projektmanagements. Herne [u.a.]: Verl. Neue Wirtschafts-Briefe, Reihe: Betriebswirtschaft in Studium und Praxis, Bd. 2.

Dommert, Jürgen (1993): Mensch-Mensch-Kommunikation im Projektmanagement, Dissertation, TH Leipzig.

Fiedler, Stefan (1996): Bewältigung von Projektkrisen auf der Grundlage eines systemisch-konstruktivistischen Management-Ansatzes, Dissertation, Wirtschaftsuniversität Wien.

Geipel, Petra (2003): Der IT-Projektmanager. Arbeitstechniken, Checklisten und soziale Kompetenz. München [u.a.]: Addison-Wesley, Reihe: Die Unilog-Integrata-Qualifizierung.

Gersick, Connie J. G. (1991): Revolutionary change theories. A multilevel exploration of the punctuated equilibrium paradigm. In: Academy of Management Review, Vol. 16, No. 1, 10-36.

Gillard, Sharlett / Johansen, Jane (2004): Project management communication: A systems approach. In: Journal of Information Science, Vol. 30, No. 1, 23-29.

Glasersfeld, Ernst v. (1992): Konstruktion der Wirklichkeit und der Begriff der Objektivität. In: Foerster, Heinz von / Glasersfeld, Ernst von (Hrsg.) Einführung in den Konstruktivismus. München [u.a.]: Piper, 3. Aufl., 9-39.

Hannan, Michael T. / Freeman, John (1984): Structural inertia and organizational change. In: American Journal of Sociological Review, Vol. 49, No. 2, 149-164.

Hansel, Jürgen / Lomnitz, Gero (2003): Projektleiter-Praxis. Optimale Kommunikation und Kooperation in der Projektarbeit. Berlin [u.a.]: Springer, Reihe: Xpert Press, 4. Aufl.

Heintel, Peter / Krainz, Ewald E. (2000): Projektmanagement. Eine Antwort auf die Hierarchiekrise?. Wiesbaden: Gabler, 4. Aufl.

Hejl, Peter M. (1987): Konstruktion der sozialen Konstruktion. Grundlinien einer konstruktivistischen Sozialtheorie. In: Schmidt, Siegfried J. (Hrsg.) Der Diskurs des Radikalen Konstruktivismus. Frankfurt/ M.: Suhrkamp, Reihe: Suhrkamp TB Wissenschaft, Bd. 636, 303-339.

Hejl, Peter M. (2000): Das Ende der Eindeutigkeit. Einladung zum erkenntnistheoretischen Konstruktivismus. In: Hejl, Peter M. / Stahl, Heinz K. (2000) Management und Wirklichkeit. Das Konstruieren von Unternehmen, Märkten und Zukünften. Heidelberg: Auer, 1. Aufl., 33-64.

Hejl, Peter M. / Stahl, Heinz K. (2000): Management und Selbstregelung. In: Hejl, Peter M. / Stahl, Heinz K. (2000) Management und Wirklichkeit. Das Konstruieren von Unternehmen, Märkten und Zukünften. Auer, Heidelberg, 1. Aufl., 100-138.

Hejl, Peter M. (2003): Das adaptionistische Missverständnis. In: Bergmann, Gustav / Meurer, Gerd (2003) Kommunikations- und Markenmanagement. Neuwied: Luchterhand, 98-126.

Hillebrandt, Frank (2009): Praktiken des Tauschens. Zur Soziologie symbolischer Formen der Reziprozität. Wiesbaden: VS, 1. Aufl.

Hindel, Bernd / Hörmann, Klaus / Müller, Markus / Schmied, Jürgen (2004): Basiswissen Software-Projektmanagement. Aus- und Weiterbildung zum Certified Project Manager nach iSQI-Standard. Heidelberg: dpunkt, 1. Aufl.

Holmquist, Mikael (2003): A Dynamic Model of Intra- and Interorganizational Learning. In: Organization Studies, Vol. 24, No. 1, 95-123.

Homberg, Michael (2002): Profitable Projekt-Kommunikation. Wie das Projekt-Team immer optimal kommuniziert und so viel Zeit und Geld spart. Homberg, Weidenberg.

Homberg, Michael (2005): Erfolgsfaktor Information. Kommunikationsmanagement in Projekten. In: Hans-Dieter Litke (Hrsg.) Projektmanagement. Handbuch für die Praxis. Konzepte – Instrumente – Umsetzung. München [u.a.]: Hanser, 545-577.

Kerzner, Harold (2003): Projekt-Management. Ein systemorientierter Ansatz zur Planung und Steuerung. Bonn: mitp, 1. Aufl.

Keßler, Heinrich / Winkelhofer, Georg (2004): Projektmanagement. Leitfaden zur Steuerung und Führung von Projekten. Berlin [u.a.]: Springer, 4. Aufl.

Kieser, Alfred (2002): Konstruktivistische Ansätze. In: Kieser, Alfred (Hrsg.) Organisationstheorien. Stuttgart: Kohlhammer, 5. Aufl., 287-318.

Kuster, Jürg / Huber, Eugen / Lippmann, Robert / Schmid, Alphons / Schneider, Emil / Witschi, Urs / Wüst, Roger (2006): Handbuch Projektmanagement, Berlin / Heidelberg / New York: Springer

Lehner, Johannes M. (2001): Kommunikation im Projekt. In: Lehner, Johannes M. (Hrsg.) Praxisorientiertes Projektmanagement. Grundlagenwissen an Fallbeispielen illustriert. Wiesbaden: Gabler, 1. Aufl., 207-214.

Levitt, Barbara / March, James G. (1988): Organizational learning. In: Scott, W. Richard Scott / Blake, Judith (Hrsg.) Annual Review of Sociology, Bd. 14, Palo Alto, 319-340.

Litke, Hans-Dieter (2007): Projektmanagement. Methoden, Techniken, Verhaltensweisen; evolutionäres Projektmanagement. Hanser: München: 5. Aufl.

Lomnitz, Gero (2007): Der Projektvereinbarungsprozeß von der Projektidee zum klaren Projektauftrag. Sage mir, wie ein Projekt beginnt, und ich sage Dir, wie es endet. In: Schelle, Heinz / Reschke, Hasso / Schnopp, Reinhardt / Schub, Adolf (Hrsg.) Projekte erfolgreich managen, Loseblattsammlung, Kap. 2.5, Köln: TÜV, 1. Aufl., Stand: 29. Erg.-Lfg, 1-32.

Luhmann, Niklas / Baecker, Dirk (2004): Einführung in die Systemtheorie. Heidelberg: Auer, 2. Aufl.

Macomber, Hal (2007): Notes on The Underlying Theory of Project Management Is Obsolete. In: Reforming Project Management. The Magazine for the Project Age, http://www.reformingprojectmanagement.com/lenses/project-management-theory/notes-on-the-underlying-theory-of-project-management-is-obsolete/ (23.01.2010).

Madauss, Bernd J. (2000): Handbuch Projektmanagement. mit Handlungsanleitungen für Industriebetriebe, Unternehmensberater und Behörden. Stuttgart: Schäffer-Poeschel, 6. Aufl.

Maletzke, Gerhard (1998): Kommunikationswissenschaft im Überblick. Grundlagen, Probleme, Perspektiven. Opladen [u.a.]: Westdt. Verl.

Mast, Claudia (2002): Unternehmenskommunikation: Ein Leitfaden. Stuttgart: Lucius & Lucius.

Menz, Florian (2000): Selbst- und Fremdorganisation im Diskurs. Interne Kommunikation in Wirtschaftsunternehmen. Wiesbaden: DUV, Reihe: DUV Sozialwissenschaft.

Merten, Klaus (1977): Kommunikation. Eine Begriffs- und Prozeßanalyse. Opladen: Westdt. Verl., Reihe: Studien zur Sozialwissenschaft, Bd. 35.

Merten, Klaus (1994): Wirkungen von Kommunikation. In: Merten, Klaus / Schmidt, Siegfried J. / Weischenberg, Siegfried (Hrsg.) Die Wirklichkeit der Medien – eine Einführung in die Kommunikationswissenschaft. Opladen: Westdt. Verl., 1. Aufl., 291-328.

Merten, Klaus (1999): Grundlagen der Kommunikationswissenschaft. Münster [u.a.]: LIT., Reihe: Einführung in die Kommunikationswissenschaft, Aktuelle Medien- und Kommunikationsforschung, Bd. 1.

Milszus, Wolfgang / Rohwedder, Annegret (2003): Kommunikation. In: Rationalisierungs-Kuratorium der Deutschen Wirtschaft (Hrsg.) Projektmanagement-Fachmann: ein Fach- und Lehrbuch sowie Nachschlagewerk aus der Praxis für die Praxis in zwei Bänden, Bd. 2, Eschborn, 7. Aufl., 295-313.

Möller, Thor (2003): Projektmarketing. In: Bernecker, Michael (Hrsg.) Handbuch Projektmanagement. München [u.a.]: Oldenbourg, 123-147.

Motzel, Erhard (2006): Projektmanagement Lexikon. Begriffe der Projektwirtschaft von ABC-Analyse bis Zwei-Faktoren-Theorie. Weinheim: Wiley.

Ohlig, Joachim C. (2006): Sprache und Projekterfolg. In: PM aktuell, Vol. 17, No. 3, 38-40

Oltman, Iris (1999): Projekt-Management. Zielorientiert denken, erfolgreich zusammenarbeiten. Reinbek: Rowohlt, Reihe: Rororo Sachbuch, Bd. 60763.

Patzak, Gerold / Rattay, Günter (2004): Projektmanagement. Leitfaden zum Management von Projekten, Projektportfolios und projektorientierten Unternehmen. Wien: Linde, 4. Aufl.

Picot, Arnold / Reichwald, Ralf / Wigand, Rolf T. (2001): Die grenzenlose Unternehmung. Information, Organisation und Management; Lehrbuch zur Unternehmensführung im Informationszeitalter. Wiesbaden: Gabler, Reihe: Gabler-Lehrbuch, 4. Aufl.

Pritchard, Carl (2004): The project management communications toolkit. 100 powerful tools for effective project management. Ready-to-use documents and forms, project templates and reports, expert guidance. Boston, Mass. (USA) [u.a.]: Artech House, Reihe: Effective project management series.

Project Management Institute (2003): A guide to the project management body of knowledge. (PMBOK guide). Newtown Square, Pa. (USA): PMI, Reihe: PMI standard, Ausg. 2000, dt. Übersetzung 2003.

Reiß, Michael (1997): Instrumente der Implementierung. Kommunikationsinstrumente. In: Reiß, Michael / von Rosenstiel, Lutz / Hofmann, Laila M. (Hrsg.) Change-Management. Programme, Projekte und Prozesse. Stuttgart: Schäffer-Poeschel, Reihe: USW-Schriften für Führungskräfte, Bd. 31, 91-108.

Rice, R. E. (1992): Task analyzability, use of new media, and effectiveness: A multi-site exploration of media richness. In: Organization Science, Vol. 3, No. 4, 475-500.

Rommert, Frank-Michael (2002): Hoffnungsträger Intranet. Charakteristika und Aufgaben eines neuen Mediums in der internen Kommunikation. München: Fischer, Reihe: Internet research, Bd. 6.

Roth, Gerhard (1987): Erkenntnis und Realität: Das reale Gehirn und seine Wirklichkeit. In: Schmidt, Siegfried J. (Hrsg.) Der Diskurs des Radikalen Konstruktivismus. Frankfurt/ M.: Suhrkamp, Reihe: Suhrkamp TB Wissenschaft, Bd. 636, 229-255.

Roth, Gerhard (2003): Fühlen, Denken, Handeln. Wie das Gehirn unser Verhalten steuert. Frank furt/ M.: Suhrkamp, Reihe: Suhrkamp TB Wissenschaft, Bd. 1678, 1. Aufl.

Roth, Gerhard (2007): Persönlichkeit, Entscheidung und Verhalten. Warum es so schwierig ist, sich und andere zu ändern. Stuttgart: Klett-Cotta, 4. Aufl.

Rüegg-Stürm, Johannes (1998): Neuere Systemtheorie und unternehmerischer Wandel. Skizze einer systemisch-konstruktivistischen ‚Theory of the Firm'. In: Die Unternehmung, Vol. 52, No. 1, 3-17.

Rüegg-Stürm, Johannes (2000): Jenseits der Machbarkeit. Idealtypische Herausforderungen tiefgreifender unternehmerischer Wandelprozesse aus einer systemisch-relational-konstruktivistischen Perspektive. In: Schreyögg, Georg / Conrad, Peter (Hrsg.) Organisationaler Wandel und Transformation. Wiesbaden: Gabler, Reihe: Managementforschung, Bd. 10, 195-237.

Rüegg-Stürm, Johannes (2003): Das neue St. Galler Management-Modell. Grundkategorien einer integrierten Managementlehre. Der HSG-Ansatz. Bern [u.a.]: Haupt, 2. Aufl.

Rusch, Gebhard (1999a): Eine Kommunikationstheorie für kognitive Systeme. Bausteine einer konstruktivistischen Kommunikation- und Medienwissenschaft. In: Rusch, Gebhard / Schmidt, Siegfried J. (Hrsg.) Konstruktivismus in der Medien- und Kommunikationswissenschaft. Frankfurt/ M: Suhrkamp, Reihe: Suhrkamp TB Wissenschaft, Bd. 1340, 150-184.

Rusch, Gebhard (1999): Konstruktivistische Theorien des Verstehens. In: Rusch, Gebhard (Hrsg.) Wissen und Wirklichkeit. Beiträge zum Konstruktivismus. Eine Hommage an Ernst von Glasersfeld. Heidelberg: Auer, Reihe: Konstruktivismus und systemisches Denken, 1. Aufl., 127-160.

Rusch, Gebhard (2002): Kommunikation. In: Rusch, Gebhard (Hrsg.) Einführung in die Medienwissenschaft. Konzeptionen, Theorien, Methoden, Anwendungen. Wiesbaden: Westdt. Verl., 102-115.

Rusch, Gebhard (2003): Die Entkoppelung von Kommunikation und Rezeption. Verständigung in der Mediengesellschaft. In: Richter, Helmut / Schmitz, H. Walter (Hrsg.) Kommunikation – ein Schlüsselbegriff der Humanwissenschaften?. Münster: Nodus Publikationen, Bd. 5, 149-165.

Rusch, Gebhard (2003): Strategische Grundlagen der Unternehmenskommunikation. Das neue Paradigma. In: Bergmann, Gustav / Meurer, Gerd (Hrsg.) Best Patterns Marketing. Erfolgsmuster für Innovations-, Kommunikations- und Markenmanagement. Neuwied [u.a.]: Luchterhand, 291-311.

Rusch, Gebhard (2004): Konstruktivismus und Systemanalyse. In: Moser, Sibylle (Hrsg.) Konstruktivistisch forschen. Methodologie, Methoden, Beispiele. Wiesbaden: VS, 1. Aufl., 172-201.

Savioz, Pascal / Birkenmeier, Beat / Brodbeck, Harald / Lichtenthaler, Eckhard (2002): Organisation der frühen Phasen des radikalen Innovationsprozesses. In: Die Unternehmung, Vol. 56, No. 6, 393-408.

Schäfers, Bernhard (2000): Grundbegriffe der Soziologie. Opladen: Leske + Budrich, 6. Aufl.

Schelle, Heinz / Ottmann, Roland / Pfeiffer, Astrid (2005): ProjektManager. Nürnberg: GPM, 1. Aufl.

Schmidt, Siegfried J. (1987): Der Radikale Konstruktivismus: Ein neues Paradigma im interdisziplinären Diskurs. In: Schmidt, Siegfried J. (Hrsg.) Der Diskurs des Radikalen Konstruktivismus. Frankfurt/M.: Suhrkamp, Reihe: Suhrkamp TB Wissenschaft, Bd. 636, 11-88.

Schmidt, Siegfried J. / Zurstiege, Guido (2000): Orientierung Kommunikationswissenschaft. Was sie kann, was sie will. Reinbek: Rowohlt, Reihe: Rororo – Rowohlts Enzyklopädie, Bd. 55618.

Schmidt, Siegfried J. (2003): Geschichten und Diskurse. Abschied vom Konstruktivismus. Reinbek: Rowohlt, Reihe: Rororo – Rowohlts Enzyklopädie, Bd. 55660.

Schmidt, Siegfried J. (2003): Unternehmenskultur als Grundlage jeder Integration von Unternehmenskommunikation. In: Bergmann, Gustav / Meurer, Gerd (Hrsg.) Best Patterns Marketing. Erfolgsmuster für Innovations-, Kommunikations- und Markenmanagement. Luchterhand, Neuwied, 360-373.

Schmidt, Siegfried J. / Zurstiege, Guido (2007): Kommunikationswissenschaft. Systematik und Ziele, Reinbek: Rowohlt, Reihe: Rororo – Rowohlts Enzyklopädie, Bd. 55697.

Schulz von Thun; Friedemann (1981): Miteinander reden. Band 1: Störungen und Klärungen. Allgemeine Psychologie der Kommunikation. Reinbek: Rowohlt, Reihe: Rororo Sachbuch, Bd. 17489.

Simon, Fritz B. (1997): Die Organisation der Selbstorganisation. Thesen zum ‚systemischen Management'. In: Heitger, Barbara / Schmitz, Christof / Gester, Peter-W. (Hrsg.) Managerie-. Jahrbuch für systemisches Denken und Handeln im Management, Bd. 3. Heidelberg: Auer, 1. Aufl, 112-128.

Simon, Fritz B. (2007): Einführung in Systemtheorie und Konstruktivismus. Heidelberg: Auer, Reihe: Carl-Auer Compact, 2. Aufl.

Spreider, Marco (2004): Integratives Kommunikationsmanagement in Projekten. Konzept, Fallstudien, Gestaltungsempfehlungen. München [u.a.]: Hampp, Reihe: Schriften zum Management, Bd. 21, 1. Aufl.

Strohmeier, Helmut (2003): Das aktuelle Stichwort: Was ist eigentlich Projekterfolg?. In: PM aktuell, Vol. 14, No. 3, 29-32.

Strohmeier, Helmut (2007): Wann ist ein Projekt erfolgreich?. In: Schelle, Heinz / Reschke, Hasso / Schnopp, Reinhardt / Schub, Adolf (Hrsg.) Projekte erfolgreich managen, Loseblattsammlung, Kap. 2.5. TÜV, Köln, 1. Aufl., Stand: 30. Erg.-Lfg., 1-24.

Stüttgen, Manfred (1999): Strategien der Komplexitätsbewältigung in Unternehmen. Ein transdisziplinärer Bezugsrahmen. Bern / Stuttgart / Wien: Haupt.

Süß, Gerda / Eschlbeck, Dieter (2002): Der Projektmanagement-Kompass. So steuern Sie Projekte kompetent und erfolgreich. Braunschweig [u.a.]: Vieweg, 1. Aufl.

Vogt, Winfried (2009): Soziale Marktwirtschaft. Effizienz und Verteilung aus der Perspektive einfacher ökonomischer Modelle, http://www.wiwi.uni-regens-burg.de/vogt/Projekte/KAPITEL1.pdf (02.01.2010).

Watzlawick, Paul / Beavin, Janet H. / Jackson, Don D. (1982): Menschliche Kommunikation. Formen, Störungen, Paradoxien. Bern: Huber, Reihe: Wissenschaftliche Taschenbücher, 7. Aufl.

Weaver, Patrick (2007): Getting the ‚soft stuff' right – Effective communication is the key to successful project outcomes! Previewed as ‚Communicating for effect – the art of communicating successfully' – PMI Melbourne Chapter July 2007 event, Atlanta, Georgia (USA), http://www.mosaicprojects.com.au/PDF_Papers/P055_Getting_the_Soft_Stuff_Right.pdf (9.10.2007).

Weber, Burkhard (1996): Die Fluide Organisation. Konzeptionelle Überlegungen für die Gestaltung und das Management von Unternehmen in hochdynamischen Umfeldern. Bern [u.a.]: Haupt, Reihe: St. Galler Beiträge zum Integrierten Management.

Weick, Karl E. (1977): Organization Design: Organizations as Self-Designing Systems. In: Organizational Dynamics, Vol. 6, No. 2, 31-45.

Weick, Karl E. (1995): Der Prozeß des Organisierens. Frankfurt/ M.: Suhrkamp, Reihe: Suhrkamp TB Wissenschaft, Bd. 1194, 1. Aufl.

Weick, Karl E. / Westley, Frances (2001): Organisational Learning: Affirming an Oxymoron. In: Clegg, Stewart R. / Hardy, Cynthia / Nord, Walter R. (Hrsg.) Handbook of organization studies. New York: Sage Publications, 440-458.

Wenger, Etienne (1999): Communities of practice. Learning, meaning, and identity, Cambridge [u.a.]: Cambridge Univ. Press, Learning in doing: Social, cognitive, and computational perspectives, 1. Aufl.

Zerfaß, Ansgar (2004): Unternehmensführung und Öffentlichkeitsarbeit. Grundlegung einer Theorie der Unternehmenskommunikation und Public Relations. Wiesbaden VS / GWV: Fachverlage, 2. Aufl.

Zerfaß, Ansgar (2007): Unternehmenskommunikation und Kommunikationsmanagement. Grundlagen, Wertschöpfung, Integration. In: Piwinger, Manfred / Zerfaß, Ansgar (Hrsg.) Handbuch Unternehmenskommunikation. Wiesbaden: Gabler, 1. Aufl, 21-70.

Befähigen statt behindern –

Kommunikation begleitet Veränderung

Christiane Müller

1   Einleitung

Die Idee zur Formulierung einer Kommunikationsform, die Veränderungsprojekte von Anfang bis Ende oder in bestimmten Phasen begleitet, entstand in der Praxis: Zunehmend häufig kam es zu Anfragen, laufende Projekte durch Kommunikation wieder flott zu machen, nachdem es zu Spannungen im Projektteam oder in der Zusammenarbeit mit Kunden gekommen war. Hilferufe dieses Inhalts waren meistens von einer gewissen Atemlosigkeit begleitet, denn das Stocken eines Auftrags im dreistelligen Millionen-Euro-Bereich erzeugt gehörigen Druck auf den Leiter und das Team eines Projekts.

„Wir brauchen sofort einen Flyer, ein Event, eine Roadshow...". Schnell soll es gehen, wenn das Projekt stockt. Schnell soll dem Projektpartner gezeigt werden, dass die Störfaktoren erkannt wurden und Abhilfe auf dem Weg ist. Schnell soll das Team erfahren, dass arbeitserleichternde Maßnahmen eingeführt werden. Schnell. Klingt aktionistisch. Ist es auch. Es geht vordringlich um das Signal „wir tun etwas".

Die Zielgruppe nimmt die mit der Schnellaktion gezeigte gute Absicht in der Regel mehr oder weniger wohlwollend wahr. Ob sie eine längerfristige Wirkung hat, hängt von den Folgemaßnahmen ab. Und die müssen bei den Zielgruppen ankommen, auf ihre Bedürfnisse zugeschnitten sein und ihre Fragen beantworten. Sie müssen Perspektiven aufzeigen und zwischen den Projektbeteiligten, zwischen Auftraggeber und Auftragnehmer, zwischen Service-Provider und Service-Empfänger den Dialog wieder eröffnen, ihm ein zuverlässiges Fundament geben, das gegenseitiger Offenheit und Wertschätzung Raum gibt. Doch diese Wirkung lässt sich nur erreichen, wenn die vorherrschende Situation analysiert und eine auf die Erkenntnisse zugeschnittene Kommunikation konzeptioniert wurde.

Der kommunikative Schnellschuss kann durchaus als wichtiger Auftakt für eine Reihe von weiteren Maßnahmen bezeichnet werden. Ein Vorgehen, das ein ins Stocken geratenes Projekt erfolgreich wieder ins Laufen bringt, lässt sich zu der Empfehlung zusammenfassen: Setzen Sie eine Sofortmaßnahme professionell in Szene, konzeptionieren Sie parallel eine passende, nachhaltige Kommunikation und sorgen Sie Schritt für Schritt für deren Umsetzung.

1.1 Kommunikation – ein Wirtschaftsfaktor

Unternehmen erleiden regelmäßig herbe Verluste durch das Scheitern von Veränderungsvorhaben. Investitionen in mehrstelliger Millionenhöhe verlaufen im Sande, müssen eingestellt oder abgebrochen werden. Studien (siehe Quellen) belegen, dass die Gründe dieses Scheiterns nicht im technischen Bereich zu verorten und auch nicht auf eine mangelnde Qualifikation der beteiligten Personen zurückzuführen sind. Vielmehr wird die Ursache für das Scheitern an einer nicht ausreichenden Kommunikation festgemacht. Veränderungsvorhaben haben eine deutlich höhere Chance auf eine erfolgreiche Ziellandung, wenn sich die Beteiligten nicht nur auf ihre eigene Fähigkeit zu kommunizieren verlassen, sondern die Kompetenz von Kommunikationsexperten frühzeitig an Bord holen.

Ein Projekt hat wirtschaftliche Ziele. Niemand würde darauf vertrauen, dass zum Beispiel benötigte Soft- und Hardware zum richtigen Zeitpunkt einfach da sein wird und man sich schnell etwas einfallen ließe, sollte das nicht der Fall sein. Sondern es wird exakt geplant und festgelegt, wer wann was zu liefern und zu tun hat, welcher Aufwand gerechtfertigt ist, welcher Nutzen daraus resultieren muss. Ein Projekt folgt den vor dem Projektstart sorgfältig ausgearbeiteten Projekt-, Ressourcen- und Budgetplänen.

Hinsichtlich der Kommunikation hat sich leider die Einstellung verfestigt, dass sie schon klappen wird. Denn es reden doch alle miteinander. Jours fixes sind verabredet. Wochenberichte werden geschrieben. Sollte es ein Problem geben, wird es ein Flyer oder eine Roadshow schon richten. Oder doch nicht? Unternehmerisch denkende Projektleiter haben diesen Trugschluss erkannt und handeln anders. Um den Erfolg ihres Projektes zu sichern, beauftragen sie kompetente Kommunikationsexperten frühzeitig, also vor dem Projektstart, mit der Erarbeitung eines strukturierten Kommunikationsplans. Sie haben sich von der Wirksamkeit professionell eingesetzter Kommunikation überzeugt und nutzen Kommunikation als Instrument zur strategischen Steuerung ihres Projekts. Sie nehmen die Beratung von Kommunikatoren in Anspruch und wissen es zu schätzen, dass zielgruppenwirksame Kommunikation auf sorgfältiger, umfassender Planung inklusive Analyse und Konzeption beruht, bevor sie mit einem Mix an Maßnahmen an den Start geht.

Modelle, nach denen sich ihr Nutzen messen und dem Aufwand gegenüberstellen lässt, machen Kommunikation zunehmend zu einer kalkulierbaren Position in der Projektplanung.

1.2 Die Funktion von Kommunikation verstehen

Angesichts des enormen Kosten- und Zeitdrucks, dem Projekte in der Regel unterliegen, ist der Wunsch des Projektleiters nach rascher, gezielter Unterstützung verständlich. Zeit, Kosten und Transparenz im Vorgehen sind Eckwerte im Projektgesamtplan. Nach dem Projektstart verfolgt der Projektleiter an diesen Größen den zielgerichteten Verlauf aller Aktivitäten, steuert das Projekt auf Zielkurs und korrigiert nach Bedarf. Bei seiner Entscheidung für die Aufnahme eines Kommunikationsexperten in sein Projektteam orientiert sich der Projektleiter daher an zwei wesentlichen Dingen: Zum einen an einer nachvollziehbaren Beschreibung der Geschwindigkeit, in der ein Kommunikationsplan erarbeitet und umgesetzt wird, zum anderen an der Transparenz, mit der empfohlene Kommunikation hinsichtlich Zielgruppen, Informationsgehalt, Mix, Matrix, Aufwand und Nutzen messbar und zu einem Instrument für die Projektsteuerung wird.

Für die Aufnahme in große Projekte sollte der Kommunikationsexperte seine Leistung also verständlich und messbar machen. Leider gelingt es Kommunikatoren immer noch, fehlende Kompetenz in einem undurchsichtigen Nebel, mit dem sie Kommunikation umschleiern, zu verbergen. Dabei lässt sich die Arbeit eines Kommunikators und der Vorteil von Kommunikation klar und verständlich auf den Punkt bringen: Das tue ich, das erreichen wir; Klarheit im Auftreten; eine schlüssige und überzeugende Argumentation für die Notwendigkeit und das Ziel von Kommunikation.

Wer über die Kompetenz verfügt, diese Position einnehmen zu können, bereitet bei seinem potenziellen Auftraggeber den Boden für das Wachsen von Zutrauen in eine Kommunikationsempfehlung, die der Kommunikator speziell für eine Anforderung entworfen hat.

1.3 Definition einer neuen Kommunikationsform

Kommunikation kann den Erfolg von Veränderungsprojekten nachhaltig unterstützen. Um diesen Umstand ins Bewusstsein der Beteiligten zu bringen, braucht das Verfahren einen Namen, eine Verbreitung und eine Art Lobby.

So wurde eine projektbezogene Change Communication aus der Taufe gehoben, die sich auf die Unterstützung der in unterschiedlichen Unternehmensfunktionen an einer Veränderung beteiligten Menschen konzentriert. Es ist eine Kommunikation, die sich an die Anwender, die Ausführer, die Nutzer (engl. user) einer Veränderung richtet und direkte Unterstützung im jeweiligen Aufgabenbereich bietet. Und es ist eine Kommunikation, die von ihren Empfängern genutzt wird, um veränderte Anforderungen bewältigen zu können. Daraus abgeleitet lautet ihr Name User Communications (UserCom). Im weiteren Verlauf gibt dieses Kapitel einen Einblick,

- wodurch sich UserCom von anderen Kommunikationsformen unterscheidet,
- was UserCom zu einem wirtschaftlichen Faktor macht,
- welche Fähigkeiten ein UserCom-Kommunikator haben sollte.

2 Veränderung und Kommunikation gehören zusammen

2.1. Veränderung ist immer, Kommunikation ist alles

„Alles soll bleiben, wie es ist." Irgendwann im Leben wünscht sich jeder Mensch, dass ein Zustand zum ewigen Status quo wird. Man hält die Luft an und will, dass die Zeit stehen bleibt, obwohl wir alle wissen: Wir können die Zeit nicht anhalten. Und uns damit auch nicht der mit dem Vergehen der Zeit verbundenen Veränderungsdynamik entziehen.

Die stete Veränderung ist von universaler Bedeutung für das Leben. Ohne sie gäbe es kein Überleben.

Wir wissen es aus den Lehren von Philosophen der frühesten Zeit, von Naturwissenschaftlern und religiösen Bewegungen. Sei es das weithin bekannte

„panta rhei" (alles fließt) von Heraklit, seien es die Erkenntnisse von Darwin und Wallace, die zur Formulierung der modernen Evolutionstheorie führten, sei es der im Buddhismus verankerte Glauben an den fortwährenden Kreislauf des Lebens: Allem Denken und Handeln liegt die Erkenntnis zugrunde, dass nichts beständig ist, sondern sich stets im Wandel befindet. Ein Wissen, so alt wie der Mensch, weiter getragen und vertieft von Generation zu Generation. Trotzdem versucht der Mensch seit jeher, Veränderung abzuwehren, baut Widerstand auf, sucht dabei Wege, sich an Neues anzupassen, bildet unter dem Stress des Veränderungsdrucks neue Reaktionsmuster und sichert so sein Überleben.

Und von jeher geht Veränderung einher mit Kommunikation. Erfahrungen und Verhaltensweisen werden in der einen oder anderen Weise ausgetauscht, weitergegeben mithilfe von Sprache, Zeichen, Verhalten und Geräten. Die Ausprägungen, Motive und Motivation der Kommunikation werden zunehmend in interdisziplinären Projekten erforscht. Das hilft uns, besser zu verstehen, wie Kommunikation funktioniert. Aber neu erfunden wird sie dadurch nicht. Kommunikation ist eine Gegebenheit.

Veränderung und Kommunikation sind also keine Erfindungen der neueren Zeit. Als neu können wir allerdings gelten lassen, dass Veränderungen in zunehmend rascher Folge in allen Lebensbereichen stattfinden, gepaart mit dem Bestreben, sie auf das Erreichen gesetzter Ziele hin zu steuern – oder Neudeutsch: zu managen. Veränderung wird zu einem wirtschaftlichen Faktor, dessen Beschaffenheit messbar sein muss. Und damit erhält auch die Kommunikation eine neue, strategische Rolle.

2.2. Auslöser von Veränderung

Die Voraussetzung für selbst bestimmte Veränderung ist das Treffen einer Entscheidung. Sie löst einen an sie gekoppelten Prozess aus, durch den das beabsichtigte Ziel mit festgelegten Mitteln in einer definierten Zeit erreicht werden soll.

Täglich treffen die Menschen in Unternehmen Entscheidungen, sei es, um eine Marktposition zu festigen oder auszubauen, sei es, um den Fortbestand in der Zukunft zu sichern. So entscheidet das Management zum Beispiel den Ausbau des internationalen Vertriebs, das Verlagern von Produktionskapazität in Niedriglohnländer, das Verkürzen von Prozessen. Oder es fällt die Entscheidung für das Auslagern (Outsourcen) von bisher unternehmensintern erbrachten IT-Services an einen Dienstleister, verbunden mit dem gleichzeitigen Einführen neuer Services wie zum Beispiel der IT-gestützten Rückverfolgung des Entstehungsweges von Produkten, um den Kunden damit eine neue Informationsquelle zu bieten.

Der Fülle von Veränderungsentscheidungen sind keine Grenzen gesetzt. Sie
speist sich aus dem Spektrum der menschlichen Vorstellungskraft.

Ist die Entscheidung für eine Veränderung getroffen, folgt unweigerlich der
zur Zielerreichung erforderliche Veränderungsprozess. Betroffene Abläufe werden beleuchtet, ihre Vernetzung wird zerlegt, neu strukturiert: Einige Prozessschritte entfallen, die (IT-)Infrastruktur wird an die neuen Bedürfnisse angepasst,
neue Schnittstellen entstehen, neue Teilprozesse werden integriert.

Da Unternehmen während einer Umorganisation oder dem Ausbau ihrer
Aktivitäten nicht einfach für einige Zeit die Türen zusperren können, werden die
Vorhaben parallel zum laufenden Geschäft als Projekte angelegt und an einem
festgelegten Stichtag oder Zug um Zug in den so genannten Regelbetrieb überführt.

Wie Projekte funktionieren, wie ihre Struktur und Organisation angelegt
sein müssen, wie eine auf kurze Zeit begrenzte soziale Gemeinschaft entsteht,
das sind für das Gelingen des Vorhabens wichtige und spannende Fragen. Diesen
Themenkreis klammert die weitere Beschreibung jedoch aus. Der Fokus dieses
Kapitels liegt auf der Kommunikation, die Veränderungsvorhaben begleitet.

Veränderungen zur Existenzsicherung eines Unternehmens sind in der Regel mit hohen Investitionen verbunden. Aber nicht die finanziellen Mittel führen
ein Vorhaben zum Erfolg, sondern Menschen. Sie schaffen aus einem Veränderungsvorhaben mit ihren Kompetenzen und ihrer Tatkraft, mit ihrem Willen und
ihrer Motivation eine neue Wirklichkeit. Sie erreichen das gesetzte Ziel aufgrund
dieses Potenzials – und mit klarer, passender und ausreichender Kommunikation
erreichen sie es innerhalb der geforderten Zeit und des verfügbaren Budgets. Und
das bedeutet: Das Veränderungsvorhaben findet einen wirtschaftlich erfolgreichen Abschluss.

2.3. Erfolgsgarant Kommunikation

Manager sind sich der Bedeutung von Kommunikation für das Gelingen von
Veränderungsvorhaben bewusst. Studien und Umfragen belegen das: 72 (!) Prozent des befragten Managements von 250 börsennotierten Unternehmen in
Deutschland sagen, dass die Kommunikation sehr wichtig ist, damit ein Wandel
im Unternehmen erfolgreich verläuft.

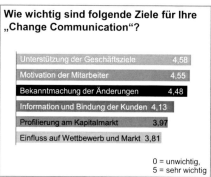

Abb. 1: Dem Management großer und mittelgroßer Unternehmen ist die Bedeutung von Kommunikation für den Erfolg von Veränderungsprojekten gleichermaßen bewusst. (Peakom 2005)

Rund ein Fünftel ihrer Arbeitszeit widmen Chefs der Kommunikation, in erster Linie mit Führungskräften und Mitarbeitern (40 Prozent). Dem Kontakt zur Öffentlichkeit wird das gleiche Gewicht beigemessen wie dem zu den Kunden, jeweils etwa 20 Prozent. Für manchen möglicherweise überraschend: Beide Gruppen liegen damit noch vor den Investoren, die auf 17 Prozent der kommunikativen Aufmerksamkeit der Chefs kommen (siehe Literatur: Rolke).

Eine weitere Marktbefragung (siehe Literatur: Capgemini) kommt zu dem Ergebnis, dass offene und klare Kommunikation gleich hinter dem entschiedenen Eintreten des Managements für eine Veränderung und dem Setzen erreichbarer Ziele und deren Kommunikation rangiert.

Abb. 2: Für das Management ist Kommunikation einer der wichtigsten Faktoren für Erfolg. (Capgemini 2005)

Und trotz dieses Bewusstseins, dem Commitment zur Kommunikation, scheitern Veränderungsprojekte und damit Großinvestitionen an ‚nicht ausreichender' Kommunikation. Bei der Integration von neuer IT-Infrastruktur liegt die Rate des Scheiterns bei etwa 50 Prozent. Ermittelt hat dies unter anderen eine Studie der University of Dublin. Ein niederschmetterndes Ergebnis.

Abb. 3: ‚Nicht ausreichende Kommunikation' führt zum Scheitern von Veränderungsvorhaben und damit oftmals zum Verlust von Groß-Investitionen. (University of Dublin 2005)

Was also läuft falsch mit der Kommunikation? Denn sie findet ja statt, sogar in beträchtlichem Ausmaß:

- Jeder, der sich zum Projektmanager entwickelt, findet in seinem Aus-bildungsprogramm ein zunehmend großes Kapitel, das der ‚Kommunikation' gewidmet ist.
- Projektleiter planen bei der Organisation ihrer Projekte Schnittstellen zur Unternehmenskommunikation ein. Handbücher und Bedienungsanleitungen sind mittlerweile Standard bei der Integration neuer Systeme und IT-Applikationen. Und über die Bedeutung eines Veränderungsprojekts informieren im Unternehmen E-Mails des Managements, Intranetportale und Newsletter.
- Die Aufgabe des IT-Verantwortlichen, dem Chief Information Officer (CIO), weitet sich mit zunehmender Bedeutung der Informationstechnologie (IT) für die Unternehmensprozesse aus: vom Hüter der Informationstransfers und Rechenzentren, zu einer unternehmensstrategischen Verantwortung. Zu ihr gehören die Mitbestimmung bei Investitionsentscheidungen und Untersuchungen von Machbarkeit bzw. IT-Integration von Veränderungsvorhaben ebenso wie die Kommunikation von technischen Inhalten an Zielgruppen mit nicht-technischen Aufgaben. Folgerichtig installieren CIOs ihre neue Verantwortung für Kommunikation immer häufiger als feste Funktion in ihrem direkten Umfeld.

Das große Feld der Kommunikation wird also ohne Zweifel intensiv bearbeitet. Zu Recht stellt sich die Frage: An welchen Schrauben muss gedreht werden, wo ist anzusetzen, damit die Kommunikation ausreicht und ein Veränderungsprojekt zum Erfolg für das Unternehmen werden kann?

2.4. Neue Dimension User Communications

Eine Antwort findet sich in User Communications, der neu definierten Form einer projektbegleitenden Change Communication.

Ursprünglich wurde UserCom in Projekten zur Integration neuer Infrastrukturen und Prozesse im Umfeld der Informations- und Kommunikationstechnologien (ICT) eingesetzt, bei denen die von der Veränderung betroffenen Nutzer (User) neuer Arbeitsplatzsysteme (Desktop), Anwender (User) neuer Software-

Applikationen und geänderter IT-gestützter Prozesse sind. Der Bedarf an User-Com erstreckt sich mittlerweile auch auf Projekte ohne IT-Bezug. Nicht nur in IT-Projekten, sondern in jedem Veränderungsvorhaben brauchen die Beteiligten eine Kommunikationsform, die ihnen hilft, Wissen auszubauen, neue Kontakte zu knüpfen und ihre Rolle in einem Wandel zu erkennen.

Kunde	Projekt	
Weltweit führender Automobilzulieferant	2009	Betrieb der IT-Infrastruktur und Einführung neuer Services des User Help Desks bei Neuaufstellung der IT Service Provider beim Kunden
Multinationaler Energie- und Petrochemiekonzern	2008/2009	Konzeption und Umsetzung der Kommunikation zum Kunden (reference pack) und Unterstützung der Account internen Kommunikation
IT-Tochter eines internationalen Versicherungskonzerns	2007	Outsourcing IT-Services mit Integration von Mitarbeitern in neue Prozesse in den Phasen Transition, Transformation und Betrieb
Multinationaler Post- und Logistikkonzern	2007/2008	Quality and Communications Push Program zur signifikanten Verbesserung der Servicequalität-Wahrnehmung
	2005/2006	Outsourcing IT-Services und Implementierung eines Online-Auftrags- und Abrechnungssystems für IT-Services
T-Systems	2009	Go2Market Sales – Rollout des Sales-Prozesses
	2008	Einführung von SixSigma und neuem Prozessmodell
	2007	Rollout neue IT-Infrastruktur

Abb. 4:   Einsatz von User Communications in IT- und Nicht-IT-Projekten.
(T-Systems 2009)

So wurde UserCom auch in Nicht-IT-Veränderungsprojekten erfolgreich einge-setzt, zum Beispiel bei der Einführung der Vorgaben des Sarbanes-Oxley Acts (S-OX) ebenso wie bei der Einführung der SixSigma-Methode als neues Tool des Qualitätsmanagements.

Beide Projekte führten unternehmensweit zu Veränderungen. In beiden Pro-jekten gab es Betroffenen-Gruppen mit unterschiedlichstem Informationsbedarf, und beide Projekte profitierten von der speziell auf sie zugeschnittenen User Communications.

Und daran lässt sich eine weitere Besonderheit von UserCom erkennen. Sie ist zum einen perfekt modular als Change Communications im Change Manage-ment einzusetzen. Zum anderen stellt UserCom in den zahlreichen Vorhaben, die ohne Change Management durchgeführt werden, obwohl sie zu weitreichenden Veränderungen führen, eine Art projektbezogene Change Communications dar.

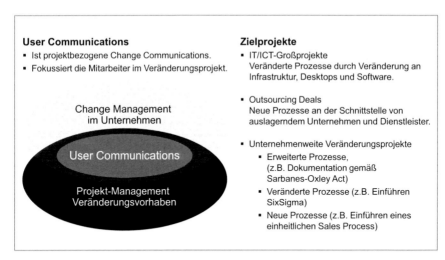

Abb. 5:   User Communications ist eine Kommunikationsform speziell für Veränderungsvorhaben und schließt die Lücke ‚nicht ausreichender Kommunikation'. (T-Systems 2008)

3   Kommunikation hat Struktur und einen klaren Prozess

3.1. Kommunikation für drei Zielbereiche

Die Kommunikation in Projekten lässt sich in drei Bereiche unterteilen:

1. *Reporting* ist die Bericht erstattende Kommunikation innerhalb des Projekts an die Steuerungsgremien und Schnittstellen ins Unternehmen.
2. *Projekt-PR* ist die vermarktende Kommunikation zur Positionierung des Projekts und zu seiner Akzeptanzförderung.
3. *User Communications* ist die befähigende, ‚möglich machende' Kommunikation: sie befähigt Betroffene, eine Veränderung durch verändertes Handeln in ihren Aufgabenbereich zu integrieren und damit den beabsichtigten Wandel aktiv zum Erfolg zu führen.

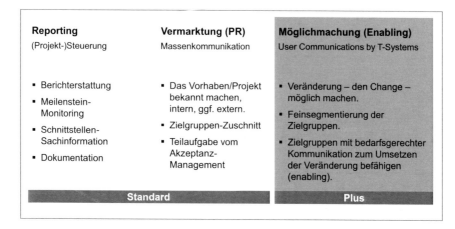

Abb. 6: User Communications ergänzt in der Projektkommunikation die Disziplinen Reporting und Vermarktung. (T-Systems 2008)

Das Reporting ist wesentlicher Bestandteil des Projektmanagements und lebensnotwendig für den geregelten und zielorientierten Fortgang eines Projektes. Das Vorgehen und angestrebte Ergebnis des Reportings unterscheiden sich grundlegend von denen der Projekt-PR und User Communications. In den folgenden Betrachtungen klammert dieses Kapitel die Kommunikationsform Reporting aus.

Im Weiteren geht es also um die zwei Bereiche Projekt-PR und User Communications. Sie haben im Herangehen und in den Phasen Zieldefinition, Analyse, Konzeption und Umsetzung einiges gemeinsam, unterscheiden sich jedoch in Tiefgang und Spektrum.

Die Projekt-PR kann als eine auf Zielgruppen fokussierte Massenkommunikation bezeichnet werden. UserCom konzentriert sich dagegen auf die individuelle Kommunikation fein detaillierter Zielgruppen und das Erfüllen ihrer differenzierten Informationsbedürfnisse.

Projekt-PR ist als erfolgreich zu bezeichnen, wenn sie ihr Anliegen an ihre Zielgruppen verteilt hat und Feedback-Kanäle das Signal zurückspielen, dass die Aussage angekommen ist, dass Zielgruppen die Notwendigkeit und den Ablauf einer geplanten Veränderung verstehen. Ihr Erfolg ist gegeben, wenn das interne und externe Image des Unternehmens von ihrer Arbeit profitiert.

UserCom ist als erfolgreich zu bezeichnen, wenn sie – mit ihrer Fokussierung auf das Befähigen – Zielgruppen veranlasst, durch die speziell auf sie zugeschnittenen Informationen Wissen aufzubauen und daraus die Bereitschaft zu

entwickeln, durch ein verändertes persönliches Vorgehen die Veränderungs-
absicht des Unternehmens Wirklichkeit werden zu lassen.

Die sorgfältig abgestimmte Kombination beider Kommunikationsformen ist
eine ideale Basis für erfolgreich verlaufende Veränderungsprojekte.

3.2. Prozess für strukturiertes Vorgehen

Beide Kommunikationsformen – Projekt-PR und UserCom – beginnen ihre Arbeit am gleichen Punkt, und zwar mit der Definition der Kommunikationsziele,
die das Erreichen des Projektziels unterstützen werden. Sind die Ziele klar, folgt
die Analyse der Gegebenheiten. Daran schließt sich als nächster Schritt die Konzeption eines Kommunikationsplans an und daran die Umsetzung der einzelnen
Maßnahmen.

Abb.7:   Beide Kommunikationsformen – User Communications wie auch Projekt-PR – strukturieren ihr Vorgehen durch einen gleichen, mehrphasigen Kommunikationsprozess.
(T-Systems 2008)

Was genau bedeutet nun die für UserCom notwendige tiefere Detaillierung von
Zielen, Zielgruppen, Informationsbedürfnissen? Was macht ein Kommunikator,
wenn er für die vermarktende Projekt-PR verantwortlich ist, und was, wenn es
um die befähigende UserCom geht? Das soll dieser Abschnitt im Folgenden
herausarbeiten.

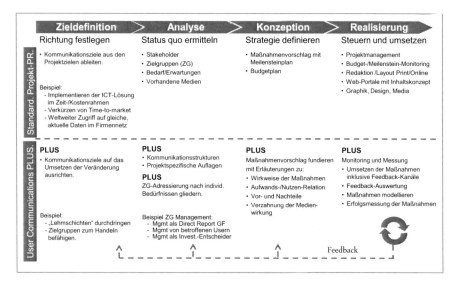

Zieldefinition	Analyse	Konzeption	Realisierung
Richtung festlegen	Status quo ermitteln	Strategie definieren	Steuern und umsetzen

Standard. Projekt-PR.
- Kommunikationsziele aus den Projektzielen ableiten.

Beispiel:
- Implementieren der ICT-Lösung im Zeit-/Kostenrahmen
- Verkürzen von Time-to-market
- Weltweiter Zugriff auf gleiche, aktuelle Daten im Firmennetz

- Stakeholder
- Zielgruppen (ZG)
- Bedarf/Erwartungen
- Vorhandene Medien

- Maßnahmenvorschlag mit Meilensteinplan
- Budgetplan

- Projektmanagement
- Budget-/Meilenstein-Monitoring
- Redaktion /Layout Print/Online
- Web-Portale mit Inhaltskonzept
- Graphik, Design, Media

User Communications PLUS

PLUS
- Kommunikationsziele auf das Umsetzen der Veränderung ausrichten.

Beispiel:
- „Lehmschichten" durchdringen
- Zielgruppen zum Handeln befähigen.

PLUS
- Kommunikationsstrukturen
- Projektspezifische Auflagen

PLUS
ZG-Adressierung nach individ. Bedürfnissen gliedern.

Beispiel ZG Management:
- Mgmt als Direct Report GF
- Mgmt von betroffenen Usern
- Mgmt als Invest.-Entscheider

PLUS
Maßnahmenvorschlag fundieren mit Erläuterungen zu:
- Wirkweise der Maßnahmen
- Aufwands-/Nutzen-Relation
- Vor- und Nachteile
- Verzahnung der Medienwirkung

PLUS
Monitoring und Messung
- Umsetzen der Maßnahmen inklusive Feedback-Kanäle
- Feedback-Auswertung
- Maßnahmen modellieren
- Erfolgsmessung der Maßnahmen

Feedback

Abb. 8:   User Communications weitet das Spektrum der Prozessphasen durch tiefergehende Ziel- und Zielgruppendifferenzierung, Nutzen und Wirkungsorientierung sowie durch das Messen von Kommunikationserfolg aus. (T-Systems 2008)

Die *Ziele* (siehe Abb. 8) der Kommunikation leitet der Kommunikator aus den Projektzielen ab. Geht es bei dem Veränderungsprojekt zum Beispiel um die Einführung einer neuen ICT-Lösung[1] und ist der Kommunikator für die vermarktende Kommunikation verantwortlich, heißen seine Ziele etwa: ‚Implementieren der ICT-Lösung im Zeit-/Kostenrahmen' oder ‚Weltweiter Zugriff auf gleiche, aktuelle Daten im Firmennetz' oder ‚Verkürzen des Time-to-Market-Prozesses'. Das Formulieren der Ziele orientiert sich an einem Produkt, einer Technik oder an Zeit-/ Kostenzielen.

Ein mit UserCom beauftragter Kommunikator nimmt diese Ziele ebenfalls ins Visier, da sie die Projektziele wiedergeben. Zusätzlich definiert er jedoch noch Ziele, die auf die Menschen in den Prozessen ausgerichtet sind. Da heißt es dann zum Beispiel: ‚Zielgruppen zum Handeln befähigen' oder ‚Motivation zum Mitmachen fördern' oder ‚Lehmschichten durchdringen', was zum Beispiel organisatorische Hemmnisse zu erkennen und zu überwinden bedeutet. Der User-Com-Kommunikator entwickelt also eine weitere Zieldimension.

---

1 ICT als englische Kurzform für Information and Communication Technology steht im Deutschen für Informations- und Kommunikationstechnologie.

In der *Analyse* (siehe Abb. 8) setzt sich die differenzierte Vorgehensweise fort. Der UserCom-Kommunikator wie auch der PR-Verantwortliche ermitteln die Stakeholder, definieren Zielgruppen, ergründen den Bedarf und die Erwartungen an Informationen und machen sich ein Bild von den vorhandenen Medien. Der UserCom-Verantwortliche betrachtet jedoch zudem die vorhandenen Kommunikationsstrukturen sowie die Unternehmenskultur.

Ein wesentlicher Unterschied zwischen beiden Kommunikationsformen zeigt sich bei der Definition der Zielgruppen. Definierte Gruppen wie ‚Anwender' oder ‚Führungskräfte' unterteilt UserCom in individuell anzusprechende Kleinstgruppen. So fragt UserCom zum Beispiel, ob ein Anwender einen neuen Service nutzt oder bestellt oder ob beides zutrifft. Mit nur einer Zusatzfrage werden so aus einer Zielgruppe drei Unterzielgruppen für drei Informationsinhalte.

Oder nehmen wir die Zielgruppe Führungskraft. Handelt es sich um eine Führungskraft, die an das oberste Management berichtet, ist sie also ein so genannter Direct Report? Oder führt die Führungskraft Mitarbeiter, die eine zentrale Leistungsrolle in der Veränderung zu erfüllen haben? Dann trägt sie eine besondere Verantwortung, zum Beispiel die Motivation der Mitarbeiter und Kollegen zu fördern. Oder bringt die Veränderung Personalreduzierungen im Bereich der Führungskraft mit sich? Dann braucht die Führungskraft eine ganz andere Unterstützung, um das Informations- und Kommunikationsbedürfnis ihrer Mitarbeiter zu erfüllen.

Die Liste der möglichen Untergliederung von Zielgruppen ist lang. Je kleiner die Gruppen geschnitten sind, desto individueller, stimmiger und produktiver kommen Informationsfluss und Dialog in Gang.

Die *Konzeption* (siehe Abb. 8) setzt auf den Analyse-Ergebnissen auf. Aus ihnen leitet der Kommunikationsverantwortliche den passenden Maßnahmen-Mix und einen Zeitplan für die Durchführung der Kommunikation ab. Die Konzeption zeigt auf, welche Information in welcher Aufbereitung über welche Medien an welche Zielgruppen zu welchem Zeitpunkt gehen soll.

Der Meilensteinplan dokumentiert die Zeitpunkte für das Erreichen von Teilzielen, der Ressourcen- und Budgetplan zeigt transparent und übersichtlich die erforderlichen Aufwände. Dafür stellt der Kommunikator zusammen, welche fachlichen Qualifikationen in welchem Umfang für die Umsetzung der geplanten Maßnahmen benötigt werden, also ob Umsetzungskonzeptioner, Texter, Graphiker, Veranstaltungsmanager, Messebauer, Programmierer für Onlinemedien oder zum Beispiel Drucker für Printmedien erforderlich sind.

Rekrutiert sich der Personalbedarf aus dem eigenen Unternehmen, wird die erforderliche Einsatzdauer in Personaltagen (PT) und daraus resultierenden Personalkosten ausgewiesen. Für einzukaufende Leistungen werden die Angebotspreise in die Budgetkalkulation übernommen. In der Regel ist die Konzeption für den Projekt-PR-Verantwortlichen hier beendet.

Unter dem Aspekt, wie Veränderung möglich gemacht werden kann, ergänzt der UserCom-Kommunikator seine Medienplanung um eine Effizienzbetrachtung. Er zeigt auf, welcher Nutzen dem geplanten Aufwand gegenübersteht und gibt einen Überblick, in welcher Weise die Medien bei den ausgewählten Zielgruppen wirken sollen und wie er die Wirkweise messen, also nachweisen wird.

Als hilfreich und zeitsparend erweist sich, wenn der Kommunikator auf einen gut gefüllten Werkzeugkasten zurückgreifen kann. Da ein Rad nicht mehrmals neu erfunden werden muss, hat er in seiner Toolbox für jede Maßnahme eine Übersicht mit Hauptzielgruppe, Einsatzsituation, Wiederholungshäufigkeit, Aufwand, Nutzen usw. erstellt.

Abb. 9:   Ein mit erprobten Medien gefüllter Maßnahmenkatalog ist ein hilfreicher Werkzeugkasten bei der Erarbeitung von Kommunikationsplänen. (T-Systems 2008)

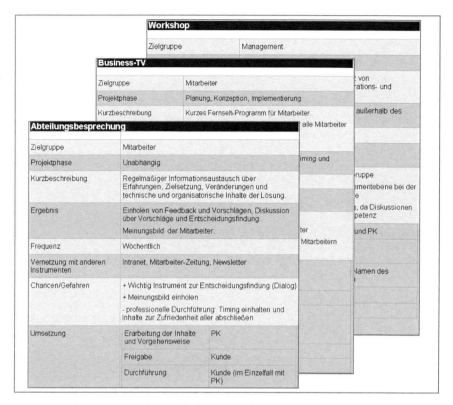

Abb. 9a: Schematisches Beschreiben der Medien vereinfacht das Zusammenstellen projektindividueller Maßnahmenpläne.
(T-Systems 2008)

In der *Umsetzungsphase* (siehe Abb. 8) zeigt sich der Unterschied zwischen Projekt-PR und UserCom durch das Erbringen eines Wirknachweises: Die eingesetzten UserCom-Medien werden mit Messmitteln ausgestattet (mehr dazu im Abschnitt 4.).

Das darüber erhaltene Feedback wird ausgewertet und beim Gestalten, Texten und Umsetzen der Folgemedien berücksichtigt. Sind Medien bereits seit längerer Zeit im Einsatz, signalisiert sich über das Nutzer-Feedback gegebenenfalls ein neuer Aspekt, der zu einer erneuten Analyse und Konzeption mit Überarbeitung des Medien-Mixes führen kann.

4 Kommunikation ist in ihrer Wirkung messbar

4.1. Die Wirkung von Kommunikation messen

Für das Messen, wie eine Information ankommt und ob daraus Kommunikation, also Austausch und Dialog, entsteht, ist das Einholen von offenem Feedback ein bewährter Weg. Zahlreiche Möglichkeiten bieten sich dafür an, zum Beispiel das Beilegen einer Antwortpostkarte zu versandten oder ausgelegten Printmedien, das Verlinken eines per E-Mail verteilten Newsletters mit einem Online-Fragebogen oder das Verteilen eines Feedback-Blattes mit den Handouts bei Veranstaltungen. Finden regelmäßig Zufriedenheitsbefragungen – bei Mitarbeitern oder Kunden – statt, lassen sie sich in der Regel um Fragen zur wahrgenommenen Kommunikationsqualität ergänzen.

Einerlei für welches dieser Verfahren der Kommunikator sich entscheidet, er sollte stets beachten, dass die Befragung den geringstmöglichen Zeitaufwand bei der Zielgruppe verursacht. Daher sollte er zum Beispiel den Fragebogen im Multiple-Choice-Verfahren mit optionalen Kommentarfreifeldern aufbauen. Und – ganz wichtig – der Rücklauf der Antworten muss gemäß den Vorschriften des Datenschutzes die Anonymität der Teilnehmer wahren.

Als weitere Feedback-Kanäle bieten sich Expertenblogs ebenso wie Plattformen für den offenen Dialog mit dem Management und Kollegen an. Der entsteht zum Beispiel, wenn sich an die Sendung von Video-Clips, in denen das Management Stellung zu aktuellen Entwicklungen bezieht, eine Online-Diskussion mit Führungskräften und Mitarbeitern anschließt.

Vor dem Einsatz von Online-Feedback muss der Kommunikator sicherstellen, dass die anvisierten Zielgruppen durchgängig über Online-Anschlüsse verfügen. Das mag im heutigen von Medien begleiteten Leben verblüffen, aber es gibt eine Reihe von Aufgaben – zum Beispiel im Pflegebereich, in Auslieferungslagern, in der Fließbandproduktion – für deren Erledigung die Mitarbeiter (noch) keinen eigenen Online-Anschluss benötigen. Sie haben nur Zugang zu Gemeinschaftsterminals, über die sie Informationen je nach ihrem Bedarf abrufen können.

Die Liste attraktiver Feedback-Kanäle wächst stetig, zum einen durch die Möglichkeiten der Medien und zum anderen durch den zunehmend geübten Umgang der Zielgruppen mit den Medien. Da gibt es das Stimmungsbarometer und den Stimmungsalarmgeber, die regelmäßigen Kurzbefragungen à la Pulsmessung, zahlreiche Varianten von Gewinnspielen und vieles mehr.

4.2. Das Spannungsfeld von Aufwand und Nutzen

Über welche Wege der Kommunikator Feedback abholt, wägt er bereits bei der Erarbeitung des Kommunikationskonzepts sorgfältig ab. Bei der Komposition des Maßnahmen-Mixes und beim Aufstellen des Ressourcen- und Budgetplans vergisst er eines nie: Jedes Feedback kostet die Zeit von Menschen und damit auch Geld.

Dauert das Beantworten eines Feedback-Bogens zum Beispiel pro Teilnehmer zwar nur fünf oder zehn Minuten, summiert es sich mit vielen Teilnehmern leicht zu einer großen Menge unproduktiv verbrachter Stunden. Dazu kommen noch Ausfallzeiten, die durch von der Befragung angeregte Diskussionen entstehen. Um grünes Licht für die Befragung zu erhalten, ist dem Kommunikator daher klar, dass er das Management von den Zielen und dem Ablauf der Aktion überzeugen muss. Seine durchdachte Kommunikationskonzeption hilft ihm dabei.

Als ressourcenschonend erweist sich das Beobachten von Verhalten. Nach dem Verteilen einer Information wird zum Beispiel festgehalten, wie häufig eine Intranet-/Web-Seite angeklickt und wie und wie lange sie genutzt wird. Oder wie das Anrufaufkommen bei einer Hotline hochschnellt oder wie es dauerhaft abnimmt, welche Probleme geschildert werden oder nicht mehr auftreten. Oder über die Bewegung der Maus wird beobachtet, wie schnell oder wie zögerlich ein – anonymisierter – User durch eine neue Anwendung klickt. Ohne explizit Fragen zu stellen, lassen sich also Daten über die Wirkung von Kommunikation zusammentragen.

Der Kommunikator muss immer mit Gegenwind zur Absicht des Feedback-Einholens rechnen. Mitunter kommt er vom Management, häufiger jedoch schalten sich Personalvertreter ein. Liegt den Sozialgremien in erster Linie der Schutz der Mitarbeiter-Interessen am Herzen, führt das Management – wie schon oben erwähnt – handfeste finanzielle Argumente ins Feld. Abwehr erzeugt aber auch Unklarheit darüber, mit welcher inhaltlichen und zeitlichen Verpflichtung das Management für das Beantworten des erhaltenen Feedbacks rechnen muss. Kritisch werden solche Befragungen angesehen, die ein Lieferant zur Verbesserung seines Services bei den Mitarbeitern des Auftraggebers durchführen will. Würde dadurch möglicherweise ein ungefiltertes Bild der unternehmensinternen Stimmung an Dritte gelangen?

Daher heißt die vordringliche Aufgabe des Kommunikators, Transparenz zu schaffen, wenn der Gegenwind den Wunsch nach Feedback-Einholung wegzufegen droht. Klar machen, welcher Nutzen aus dem errechenbaren Aufwand er-

wächst. Aufklären, dass Dialog und Aufgreifen von Ideen zum Aktivieren brach-
liegenden Mitarbeiter-Potenzials beiträgt. Die Vorteile von Loslassen, Zulassen,
gemeinsamem Engagieren deutlich machen. Erläutern, wie ein – anonym – ab-
gegebenes Stimmungsbild konstruktiv ausgewertet werden kann. Aufzeigen, wie
das Auswerten von Feedback die Anonymität von Personen und die Vertraulich-
keit von Informationen wahrt und wie ein Unternehmen selbst entscheidet, in
welchem Umfang es Erkenntnisse der Befragung zum Beispiel an seinen Lieferanten gibt.

Durch Transparenz, Struktur und Zielorientierung gewinnt der Kommunikator das Vertrauen des Managements und der beteiligten Sozialpartner und erhält
in der Regel den von ihm gewünschten Auftrag, Zielgruppen via Feedback einzubinden. Mit diesem Auftrag legt er den Grundstein für die Nachweis-
erbringung von Wirksamkeit und Erfolg seiner empfohlenen Kommunikation
durch Messung. Damit hat er die Chance, der gefühlten Wirkung der Kommunikation, dem aus dem Bauchgefühl stammenden Urteil zum Erfolg oder der
Geringschätzung der Kommunikation, klare Fakten und belegbare Ergebnisse
entgegenzustellen.

Diese Überzeugungsarbeit müssen PR-Verantwortliche ebenso leisten wie
UserCom-Verantwortliche. Erneut wird hier deutlich, dass trotz verschieden ge-
steckter Ziele das Vorgehen beider Kommunikationsformen eine Parallelität
aufweist.

4.3. Verfahren, die Kommunikation messen

Für das Messen der Wirkung von Kommunikation gibt es verschiedene Verfahren. Sie liefern die Ergebnisse entsprechend der jeweiligen Mess-Anforderung.
Messziele, die die Effizienz der Kommunikation nicht beinhalten, lassen sich mit
relativ geringem Aufwand nachweisen. Soll also zum Beispiel festgestellt werden, dass 70 Prozent von 30.000 Empfängern bis zum 15. Oktober eine Information erhalten haben, ist der Nachweis über eine so genannte *Erfüllungsmessung*
über Verteilerlisten und Versanddatum schnell und unaufwändig ermittelt.

Soll die Messung nachweisen, dass 80 Prozent von 21.000 Empfängern die
gelieferte Information verständlich fanden, sie ihnen beim Erkennen der eigenen
Rolle geholfen und den Weg bei weiteren Fragen klar aufgezeigt hat, lassen sich
die Ergebnisse durch das Auswerten eingeholten Feedbacks ermitteln. Zudem
kann daraus eine Empfehlung für Folgehandlungen abgeleitet werden – wie zum
Beispiel Ändern der Formulierung, Wechsel von Print- zu Online-Medium, Aus-

tauschen oder Einstellen eines Mediums. Unter dem Strich ergibt diese Messung eine *Nutzenbilanz* der eingesetzten Medien (im Abschnitt 4.1 ist eine Auswahl an Feedback-Kanälen benannt.)

Lehnt ein Unternehmen eine eigens auf Kommunikation ausgerichtete Befragung ab, weil zum Beispiel die gleichen Zielgruppen schon regelmäßig Fragen zu anderen Themen erhalten und dafür Zeit aufwenden, dann lassen sich eventuell *Fragen zur Kommunikation in diese schon stattfindenden Befragungen integrieren*. Geklärt werden muss dafür, ob der Fragebogen flexibel belegbare Felder zulässt. Als Ergebnis liefert eine an andere Befragungen angeschlossene Messung vornehmlich Aussagen zur generellen Informationsbereitstellung. Feedback zu einer speziellen Kommunikationsmaßnahme lässt sich dann einholen, wenn die Befragung mit einer aktuellen Medienverteilung zusammenfällt und der Fragebogen auf die richtigen Zielgruppen zum richtigen Zeitpunkt trifft. Eine breite, zielgruppenungenaue Streuung der Befragung verwischt die Aussagekraft des Ergebnisses. Und eine spät nach dem Verteilen einer Kommunikationsmaßnahme durchgeführte Befragung führt ebenfalls zu wenig aussagekräftigen Ergebnissen. Vor dem Hintergrund, dass auf eine eigenständige Kommunikationsbefragung verzichtet werden musste, ist das Ergebnis jedoch immer noch besser, als gar kein Feedback zu erhalten und leistet einen Beitrag zur weiteren Mediengestaltung.

4.4. Forschungsprojekt zur Erfolgsmessung

Ein Novum unter den Verfahren zur Messung von Kommunikation ist das *Messen des wirtschaftlichen Kommunikationserfolgs*. Wegen der Komplexität und Vielschichtigkeit von Kommunikation als Messobjekt hat sich für diese Disziplin der Messung bisher noch nicht ‚die' Methode herauskristallisiert. Das Markt-Interesse daran ist groß und wächst mit der zunehmenden Forderung, Nutzen- und Erfolgsnachweise für eingesetzte Ressourcen zu erbringen, weiter an.

Im Rahmen der Einführung von UserCom haben T-Systems und das Institut für Medienforschung der Universität Siegen in einem gemeinsamen Projekt eine komplexe, projekt- oder themenbezogene Auswertungsmethode entwickelt. Sie wandelt eingegangenes Feedback über mathematische Formeln in Werte, die mit zuvor definierten Messpunkten, Key Performance Indicators (KPI) wie der Aneignungsgeschwindigkeit, dem vorherrschenden Klima oder der Einstellung zum Arbeitsprozess, verglichen werden. Über diesen Vergleich erhält die Wirksamkeit der Kommunikation eine wirtschaftliche Aussage. Das Ergebnis belegt, mit welchem Anteil Kommunikation zum Erfolg des (Veränderungs-) Projekts und zum Einhalten von Zeit- und Kostenbudgets beigetragen hat.

T-Systems setzt die entwickelte Methode in ausgewählten Projekten als Pilotanwendung ein. Dabei wird die Handhabung des Theoriemodells weiter vereinfacht und standardisiert.

Als besonders herausfordernd zeigt sich bei der Erfolgsmessung von Kommunikation das Erweitern des technisch-mathematischen Messumfelds durch die Integration sozialer und individueller Faktoren. Geht es bei der Technik eher um ja/nein, an/aus, wenn/dann, geht es auf der Wahrnehmungsebene um ‚ja und nein‘, ‚sowohl als auch‘ oder den ‚wind chill factor‘ der Beziehung, also welches (Kälte-) Empfinden der Umgang miteinander auslöst. Das führt dann zum Beispiel zu dem Ergebnis, dass ein Service als schlecht wahrgenommen wird, obwohl die Serviceerbringung in allen Messpunkten wie vertraglich vereinbart und als erfüllt nachgewiesen ist.

Ist das paradox? Nein. Der folgende Abschnitt wirft in aller Kürze einen Blick auf das Verhalten von Menschen in Veränderungsphasen und zeigt, wie sich diese scheinbare Widersprüchlichkeit auflöst.

5   User Communications befähigt Menschen

5.1. Der Mensch im Veränderungsvorhaben

Neben dem handwerklichen Können sollte der Verantwortliche für UserCom sich für das Verhalten von Menschen interessieren. Schon Johann Heinrich Pestalozzi sagte: „Ihr müsst die Menschen lieben, wenn ihr sie verändern wollt." Ergänzend dazu sollte der Kommunikator außerdem wissen, dass Menschen ihr Verhalten nach den Erkenntnissen von Neurobiologen und Hirnforschern nur in geringem Umfang verändern können und wenn sie es tun, dann nur, weil sie es selbst wollen. Wollen entwickelt sich, wenn ein Sinn und eine Notwendigkeit erkannt werden.

Für den Kommunikator bedeutet das, genau zu analysieren, in welchem Umfeld sich ein Veränderungsvorhaben abspielt. Herauszufiltern, welche Gruppen wie betroffen sind, welches Verhalten hier vorherrscht, auf welche Erfahrungshistorie er trifft.

Diese Betrachtung hilft ihm, die richtigen Fragen für die Zieldefinition und in der Analyse zu stellen. Auf dieser Basis komponiert er den facettenreichen Mix an Kommunikationsmaßnahmen, mit dem er die spezifischen Informationsbedürfnisse der in Feinsegmente untergliederten Zielgruppen anspricht. Auf diese Weise gelingt es ihm, das Zusammenspiel von Projekt-PR und UserCom optimal für das jeweilige Veränderungsvorhaben auszubalancieren.

5.2. Die Stimmungskurve

Bereits das Nachdenken des Managements über eine Veränderung löst eine Veränderung aus.

Da werden zum Beispiel über die übliche Berichterstattung hinausgehende Ergebnisberichte eingefordert. Oder es kommt zur Bildung einer Arbeitsgruppe, die eine Ausschreibung für das Auslagern von bisher unternehmensinternen Aufgaben vorbereiten soll. Trotz strenger Einhaltung von Vertraulichkeitsregeln zeigen sich im Unternehmen die Vorboten von Veränderungen. Auf ganz subtile Art: Da nimmt jemand nicht mehr an üblichen Regel-Meetings teil, weil er in ein Projekt berufen ist. Man sieht Menschen motiviert und geschäftig zusammen, deren Aufgabenbereiche sich bisher kaum berührten.

Werden diese unscheinbaren, nebensächlichen Kleinigkeiten wahrgenommen, verbreiten sich Ahnungen und Vermutungen als Gerücht in Windeseile über das ganze Unternehmen.

Wie das leichte Schlagen eines Schmetterlingsflügels Erdbeben auszulösen vermag, muss die Wirkung der Gerüchte keine ähnlich heftige Reaktion veranlassen. Eine Wirkung tritt aber in jedem Fall ein: Es entsteht eine verunsicherte Stimmung, die sich nicht zuletzt in einem Rückgang der Produktivität ausdrückt.

Damit ist die erste Strecke auf der – bei Kommunikatoren bestens bekannten – Stimmungskurve im Veränderungsprozess zurückgelegt.

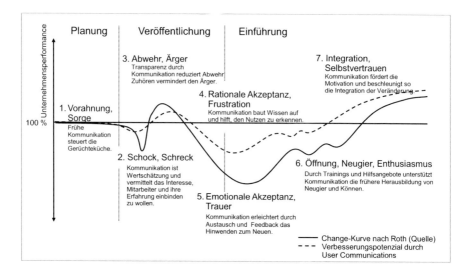

Abb. 10:   User Communications hat das Potenzial, in Veränderungsprojekten die tiefen Täler der Stimmungskurve abzuflachen, was zum Beispiel zur Reduktion von unproduktiv verbrachter Zeit führt.
(T-Systems 2008)

Bereits jetzt, wenn sich ein Veränderungsvorhaben noch im frühen Stadium der Idee befindet, muss der Kommunikator Zielgruppen identifizieren und eine passende Kommunikation für den unterschiedlich intensiven Informationsbedarf vorbereiten.

Während das Management die Idee in ein Vorhaben entwickelt, eine Auftragsausschreibung vorbereitet, eingehende Angebote prüft und verhandelt und erst mit der Unterzeichnung eines Vertrages einen öffentlichen Startschuss für die Veränderung geben will, muss der Kommunikator bei Bedarf jederzeit kurzfristig mit einer zielführenden, themenbegleitenden Kommunikation starten können.

Herrscht eine offene Kommunikationskultur mit klaren Aussagen, dann kennen die Mitarbeiter in der Regel die strategische Zukunftsausrichtung des Unternehmens. Sie wissen, dass das ständige Betrachten und Weiterentwickeln der Abläufe das erfolgreiche Fortbestehen des Unternehmens sichert. Auf spontane Fragen, die sie an eine zum Beispiel eigens dafür eingerichtete E-Mail-Hotline richten können, erhalten sie in kurzer Zeit eine informative Antwort. Vor diesem Hintergrund ist die Schnittstelle zwischen alltäglicher Unternehmenskommunikation und aktiver Veränderungskommunikation flexibel zu terminieren. Schnellen allerdings die Hotline-Anfragen mengenmäßig nach oben und zeigen die Fragen Verunsicherung und Unruhe, besteht die Gefahr, dass Gerüchte lauter und bissiger durch das Unternehmen ziehen. In diesem Fall gilt es, ganz schnell auf eine Kommunikation umzuschalten, die speziell auf die anvisierte Veränderung ausgerichtet ist.

5.3. Veränderung hat keine Anhänger

Erfahrungsgemäß reagieren die wenigsten Betroffenen erfreut auf das Ankündigen einer Veränderung. Nach einer Akzeptanzmatrix von Mohr (siehe Literatur: Mohr/Wöhe) sind beim Start eines Veränderungsvorhabens 95 Prozent der Betroffenen als potenzielle Gegner einzustufen. Davon seien allerdings nur 15 Prozent dem massiven Widerstand zuzuordnen.

Erfahrung und Untersuchungen lassen Mohr davon ausgehen, dass sich der weitaus größere Teil aus Zweiflern und Bremsern zusammensetzt. Während die einen den Erfolg und Nutzen der angekündigten Veränderung mit Bedenken wie „ein ähnliches Vorhaben hat vor zwei Jahren auch schon nicht geklappt" bremsen, zweifeln die anderen die Veränderung aus persönlichen Bedenken an. Sie beschäftigen sich mit Fragen wie „Schaffe ich das?", „Wie verändert sich meine Aufgabe?" oder „Muss ich wegen der Umstrukturierung in einen anderen Ort ziehen?" und sind dadurch für positives Interesse blockiert.

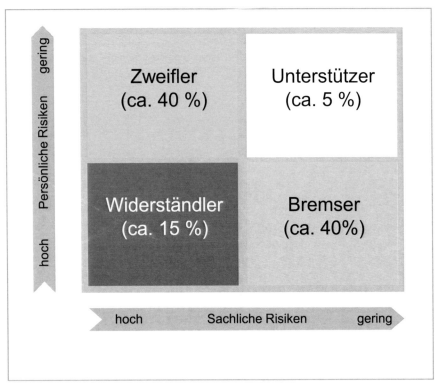

Abb. 11: Akzeptanz muss erarbeitet werden. Zu Beginn eines Veränderungsprojektes müssen 95 Prozent der Beteiligten als potenzielle Gegner eingestuft werden. (Mohr / Woehe 1998)

Mittels Stakeholder-Analyse hat der Kommunikator frühzeitig die Akteure auf dem Spielfeld der geplanten Veränderung identifiziert. Die spezifische Akzeptanz-Landschaft setzt er aus Gesprächen mit Projektleiter, Führungskräften und Leistungsträgern des zukünftigen Projektes zusammen. Außerdem wertet er dazu ihm zugängliche Ergebnisse früherer Zufriedenheitsumfragen aus und addiert sein Wissen um historische, politische und kulturelle Positionen im Unternehmen. Nicht zuletzt fügt er natürlich seine Erfahrung aus vorangegangenen Projekten hinzu.

Damit seine Kommunikation die Ziele der Veränderung erfolgreich unterstützt, legt der Kommunikator seine Strategie fest. Konzentriert er sich darauf, die Widerständler zu bekehren? Die praktische Erfahrung ist, dass es sich als erfolgreich und gleichzeitig ressourcenschonend erweist, die Zweifler und Bremser mit einfühlsamer Argumentation ins Boot zu holen. Und auf jeden Fall die Unterstützer, die sogenannten ‚early adopter', frühzeitig einzubeziehen. Mit Informationen und Wissen ausgestattet, implantiert diese für Veränderungen aufgeschlossene Gruppe ihre Neugier und Motivation in ihre Kollegenkreise und fördert so deren Bereitschaft zum Mitmachen.

5.4. Menschen verhalten sich, wie sie sich verhalten

Neben der Frage nach Sinn und Notwendigkeit, die sich Menschen im Veränderungsprozess stellen, muss sich der Kommunikator auf angstbasierte Reaktionen seiner Zielgruppen vorbereiten.

Jeder Mensch trägt seinen emotionalen ‚Eisbergbauch' mit sich herum. In ihm speichert er alles, was er in seinem Leben positiv wie negativ erlebt hat. Während sich positiv Abgespeichertes in Aufgeschlossenheit und motiviertem, engagiertem Vorgehen zum Ausdruck bringt, versteckt sich negativ Erfahrenes oftmals hinter ausweichendem, lustlosem oder aggressivem Verhalten.

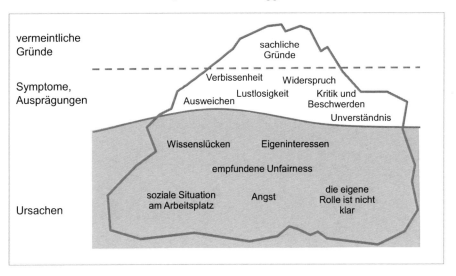

Abb 12: Die Ursache für Verhalten liegt unter der Oberfläche. Jede(r) trägt einen emotionalen Eisbergbauch mit sich. (T-Systems 2008)

Ursache dafür können die Erinnerung an ein in ähnlicher Situation als unfair empfundenes Vorgehen sein oder die Angst, durch die Veränderung entstehende Wissenslücken nicht füllen zu können. Wie ist damit umzugehen, wenn in Kürze unternehmensweit nur noch Englisch oder Spanisch gesprochen wird? Reichen die Kenntnisse aus oder lassen sie sich so schnell zufriedenstellend ausbauen? Oder die Unsicherheit, ob mit der Veränderung ein Umzug in eine andere Stadt oder gar ein Arbeitsplatzverlust verbunden sein könnte. Was passiert einer gestandenen Kraft, die ihren über Jahrzehnte gewachsenen Handzettel- und Zurufprozess plötzlich in einen softwaregesteuerten Ablauf übertragen vorfindet? Kann sie davon ausgehen, dass sie um ihrer Erfahrung willen integriert wird oder nicht? Die Kinder haben sich gerade in einem freundlichen Hort eingelebt. Müssen sie wegen eines Umzugs in eine andere Stadt dort wieder rausgerissen werden oder lässt sich der Standortwechsel durch familienunfreundliches Pendeln leben? Die Gründe für Angst, Ablehnung, Vorbehalte sind so individuell und vielfältig wie die Anzahl der von einer Veränderung betroffenen Menschen.

Der Kommunikator muss akzeptieren: Menschen verhalten sich, wie sie sich verhalten. Punkt.

Neben den persönlichen Gründen für die Zurückhaltung gegenüber Veränderung gibt es Fragen, die – bleiben sie unbeantwortet – die Motivation aller Beteiligten drücken. Vorrangig geht es hier um fehlendes Wissen hinsichtlich der eigenen Rolle im Veränderungsprozess und in der anschließenden Normalsituation. Wie verändert sich meine Aufgabe, was muss ich tun, an wen muss ich berichten, wen kann ich fragen?

Auch wenn die Kommunikation in einem wirtschaftlich orientierten Vorhaben nicht auf die seelische Verfassung Einzelner zugeschnitten werden kann, befähigt das Wissen um das Vorhandensein dieser individuellen Befindlichkeiten in den Zielgruppen den Kommunikator, Informationen und Medien inhaltlich und zeitlich passend zu gestalten.

5.5. Abholen – woher, wohin und wie

Klarer Fall: Das Abholen der Menschen – im übertragenen Sinn – ist eine vordringliche Aufgabe des Kommunikators. Aber was bedeutet dieser zum Schlagwort gewordene Begriff ‚Abholen' eigentlich? Woher, wohin und wie will man abholen? Damit der geplante Weg eingeschlagen wird, niemand von ihm abweicht oder Gefahren unterwegs umgangen werden? Weil man beschützen oder steuern will? Was, wenn ein ‚Schützling' auf einen anderen, schnelleren Weg abbiegen will? Findet er Gehör oder ist dafür keine Zeit? Das ‚Abholen' birgt fürsorgliches, wertschätzendes Vorgehen genauso in sich wie kalkuliertes, datenbasiertes Steuern durch einen Projektplan. Wie immer, ist auch hier die Balancierung das Erfolg versprechende Vorgehen.

Der Satz „Es gibt keinen Fortschritt ohne die Bejahung des Bestehenden" von Antoine de Saint-Exupéry ist Denkanstoß und Handlungsanleitung zugleich. Sollen Menschen zu verändertem Verhalten und Handeln bewegt werden, müssen sie erleben, dass die Entwicklungshistorie und Verflechtung ihrer Aufgabe in der Unternehmensorganisation als Ausgangspunkt für Veränderung akzeptiert ist.

Und wodurch erleben Menschen die Akzeptanz ihres Standortes? Zum Beispiel durch die Möglichkeit, Fragen zu stellen, durch transparente Darstellung von Ergebnissen, durch verständliche Antworten, durch Beschreibung ihrer Tätigkeit und Verantwortung im angestoßenen Veränderungsprozess. Die von UserCom praktizierte feine Untergliederung von Zielgruppen ermöglicht die dafür maßgeschneiderte Kommunikation. Ihre Maßnahmen sind zum Beispiel:

- Verteilen von Informationen, die Wissen und Vertrauen aufbauen
- Plattformen, wie Roadshows, Hausmessen oder interaktives Business TV und Online-Medien, die den Austausch und Dialog untereinander und mit dem Management fördern
- Trainings, die Fähigkeiten ausbauen
- Stimmungsbarometer und Zufriedenheitsbefragungen, die Meinungen abfragen
- Aufgreifen von Fragen und Feedback als Impulse für neue Informationsinhalte

UserCom baut eine wertschätzende Verbindung zu den Betroffenen auf und fördert auf partnerschaftlichem Weg ihre Bereitschaft, sich abholen zu lassen. Sie löst Neugier auf das Entdeckenwollen von Sinn und Chancen in der Veränderung aus und trägt so zum erfolgreichen Verlauf der Veränderung bei.

6 Was einen guten UserCom-Kommunikator ausmacht

Zunächst einmal sollte er – wie dies auch für den PR-Kommunikator gilt – sein Handwerk beherrschen: Kommunikationsziele definieren, Konzeptionen erstellen und mit Maßnahmenplänen hinterlegen, Zeitpläne mit Meilensteinen sowie

Budgetpläne aufbauen, die Umsetzung von Maßnahmen steuern, sich selbst operativ zum Beispiel beim Verfassen oder Redigieren von Texten oder beim Designen und Gestalten von Online-Medien einbringen, dann natürlich auch das Einhalten seiner Zeit- und Kostenkalkulation beobachten und nachweisen. Und er sollte die Entwicklung seines Unternehmens im Blick haben: die Strategie wiedergeben können und die Politik verstehen, die Positionierung im Markt mit seinen Mitteln unterstützen und bereit sein, die Notwendigkeit seiner Aufgabe ‚Kommunikation' immer wieder zu diskutieren und nachzuweisen. Denn im Falle von Sparmaßnahmen wird gerade das Budget für Kommunikation als ‚nice to have, but not necessary' oft unverantwortlich reduziert.

Ein guter Kommunikator arbeitet in dem Bewusstsein, dass er immer Teil seiner Kommunikation ist. Um eine glaubwürdige Kommunikation produzieren zu können, sollte er sich mit den Zielen des Vorhabens identifizieren, sollte sie verstehen, mittragen und zielgruppengerecht in Worte, Bilder und Hilfsangebote übertragen.

Er macht das Vorhaben zu seiner Sache, blickt in jeder Aufgabenstellung genau auf die Zeichen vermeintlichen Widerstands, meidet Blaupausen und Patentrezepte und erstellt für jedes Projekt eine passende Kommunikationskonzeption. So hält er seine Kommunikation lebendig, zielgruppenpassend und wirksam.

Ergänzend dazu sollte sich der für UserCom verantwortliche Kommunikator nicht nur für Zielgruppen, sondern für Menschen interessieren. Einfach gesagt heißt das: Er sollte Menschen mögen, in all ihrer Komplexität, ihrer Verschiedenartigkeit, ihrem Beharren auf Bekanntem, ihren Ängsten, ihrem explosivem Tatendrang, ihrem Wunsch nach Anerkennung, ihrer Hingabe an Aufgaben, ihrer Zuverlässigkeit, ihrem Stolz, ihrer Hilfsbereitschaft, ihrer Begeisterungsfähigkeit.

UserCom fokussiert ganz klar das wirtschaftliche Gelingen eines Vorhabens. Sie beschreitet dafür den Weg, von Veränderung betroffene Menschen mit all ihren Fähigkeiten und Potenzialen zum Mitmachen zu motivieren. Sie beschränkt sich nicht auf das Verteilen von Informationen und das Messen, ob eine ausreichende Prozentzahl der Betroffenen die Information erhalten hat. Für UserCom bedeutet Kommunikation Austausch von Wissen, Ausbau von Fähigkeiten, Heben von Potenzialen, Förderung von Motivation mit dem Ziel, Menschen zu befähigen, eine Veränderung Wirklichkeit werden zu lassen. Denn: Nicht Techniken sind innovativ, sondern der Mensch ist es.

Literatur

Capgemini (2005): Veränderungen erfolgreich gestalten. Change Management 2005. Bedeutung, Strategien, Trends.
http://www.de.capgemini.com/m/de/tl/Change_Management_2005.pdf (18.11.2009).

McDonagh, Joe (2001): Not for the faint hearted: Social and organizational challenges in IT-enabled change. In: Organization Development Journal. Ohio/ USA: Development Institute, http://findarticles.com/p/articles/mi_qa5427/is_200104/ai_n21471662/?tag=content;col1 (25.11.2009).

Mohr, Niko / Woehe, Jens Marcus (1998): Widerstand erfolgreich managen. Professionelle Kommunikation in Veränderungsprojekten. Campus Verlag.

Müller, Christiane / T-Systems (2007/8): User Communications: Kommunikation als strategisches Werkzeug in Veränderungsprojekten. Manuskript.

Peakom GmbH (2005): Erfolgreicher Wandel durch Kommunikation. Herausforderungen und Perspektiven für die Transformation von Unternehmen.
http://www.peakom.de/pdf/change_communication_studie.pdf (01.12.2009).

Rolke, Lothar / Freda, Melanie (2007): Chefkommunikation in Deutschland 2006/7 (Studie). Manuskript.

Roth, Stephan (2000): Emotionen im Visier: Neue Wege des Change Managements. In: OrganisationsEntwicklung, Heft 2. Düsseldorf: Fachverlag der Verlagsgruppe Handelsblatt GmbH.

Lesestoff

Adler, Alfred: Grundlagen der Individualpsychologie. Menschenkenntnis. Wozu leben wir?.

Baecker, Dirk: Form und Formen der Kommunikation.

Fromm, Erich: Die Kunst des Liebens.

Hüther, Gerald: Biologie der Angst, Wie aus Stress Gefühle werden.

Schulz von Thun, Friedemann: Miteinander Reden 1-3, Allgemeine Psychologie der Kommunikation.

Scott-Morgan, Peter: The Unwritten Rules of the Game. Master them, shatter them, and break through the barriers to organizational change.

Sprenger, Reinhard: Mythos Motivation. Wege aus der Sackgasse.

Watzlawick, Paul / Beavin, Janet H. / Jackson, Don D.: Menschliche Kommunikation.

User Communications als Erfolgsfaktor in ICT-Projekten bei T-Systems

Thomas Spreitzer

1   Einleitung

Warum spielt User Communications eine wichtige Rolle? Da die IT-Branche noch relativ neu ist, existieren erst seit wenigen Jahren Werbe- und PR-Agenturen, die sich auf die Belange dieser jungen Branche spezialisiert haben. Bis heute sind allerdings noch keine Agenturen vorzufinden, die ihren Fokus auf die Kommunikation(sformen) mit den Endanwendern von IT-Dienstleistungen richten. Besonders bei der Einführung neuer IT-Systeme und -Anwendungen rückt diese jedoch in das zentrale Blickfeld. Sie kann eingesetzt werden, um Change-Prozesse zu beschleunigen und zugleich die Zufriedenheit sowie Motivation der von diesem Wandel betroffenen Akteure zu erhöhen.

Die nachfolgenden Kapitel sollen aufzeigen, wie wichtig und effektiv Kommunikation gerade an dieser neuralgischen Schnittstelle zwischen Endanwender und IT-Dienstleister sein kann.

2   Faktoren für das Scheitern von IT-Projekten

Warum scheitern IT-Projekte häufig? Einer Studie der University of Dublin zufolge werden 50 Prozent aller IT-Projekte am Ende als Fehlschlag eingestuft.[1]

---

1 McDonagh, Joe (2001)

Laut Chaos Report 2003 werden nur knapp mehr als ein Drittel aller IT-Projekte als echter Erfolg verbucht.[2] Eine Studie von Capgemini, Ernst & Young und der Universität Trier kommt zu ähnlichen Ergebnissen.[3] Warum ist das so?

Projekte sind per se schwierige soziale Konstrukte (siehe Rusch, Kap. 2 *(IT-) Projekt-Kommunikation – Kommunikation in Prozessen sozialer Strukturierung, soziotechnischen und multiplexen Systemen)*[4], bei denen der Ergebnis- und Zeitdruck eine holistische Integration von Zielen, Ressourcen und Menschen – besonders im Hinblick auf eine zwischen ihnen zu generierende Vertrauensbasis – extrem erschwert. Gerade bei der gemeinsamen Zielsetzung unterliegen die Beteiligten oft Konsensillusionen und das sowohl in Bezug auf die Ziele selbst als auch in Bezug auf den Weg, der zu diesen Zielen führt.

Der Gartner Analyst Dane S. Anderson bringt es auf den Punkt: „Miscommunication and misunderstanding are the most common reasons why organizations are dissatisfied with their application outsourcing deals."[5] Natürlich sind die Gründe für das Scheitern nicht in einer Ursache allein zu suchen (vgl. Abb. 1). Neben den bereits erwähnten, sind häufig genannte Gründe für ausbleibenden Erfolg:

- unzureichender Einbezug der Enduser,
- Wechsel der Verantwortlichen in Kunden- und Lieferantenorganisation,
- schlechtes Ressourcenmanagement,
- fehlende Governance oder
- unterschiedliche Auslegung der Service Levels und
- technische Gründe wie etwa unvorhersehbare Probleme, fehlende Messbarkeit und unklare Ausgangssituation (Performance Benchmarking).

2 Pressemeldung (2003)
3 Capgemini, Ernst&Young, Universität Trier (2001)
4 In diesem Buch.
5 Anderson, Dane, S.(2006)

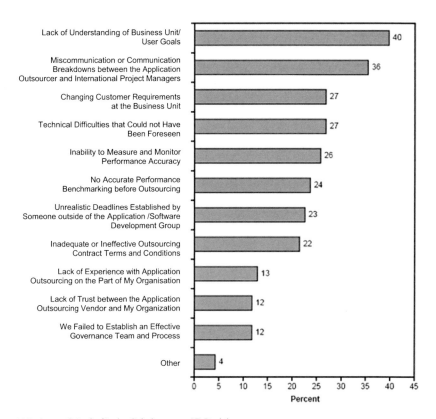

Abb. 1: Gründe für das Scheitern von IT-Projekten
(Anderson 2006)

Über klassisches Projektmanagement und Governance-Guidelines wird und wurde in der Fachliteratur bereits viel geschrieben. Auch Benchmarking, Vertragswesen und vergleichbare Themengebiete sind Gegenstand vieler Beraterdossiers, Analystenempfehlungen und Erfahrungsberichte. Bisher weniger beleuchtet wurden jedoch zwei Faktoren, die einen eher indirekten Einfluss auf den Erfolg von IT-Projekten haben:

1.   Der ‚Enabler'-Faktor, also die sich wandelnde Bedeutung von Informations- und Kommunikationstechnologie (ICT) weg von rein technik- hin zu einer businessorientierten Disziplin, die dem Kerngeschäft neue Impulse und Chancen ermöglicht.

2. Der Faktor Kommunikation in seiner ganzheitlichen Bedeutung, von soziopsychologischen über sprachliche bis hin zu machtpolitischen Aspekten.

2.1. Der Enabler-Faktor

Vor dem Hintergrund einer ICT, die sich aktuell eher am gesamten Business orientiert und nicht mehr ‚nur' auf die technischen Aspekte beschränkt ist, kommen besonders zwei Punkte zum Tragen. Erstens ist der User meist einer Business-Organisation (Vertrieb, Delivery, Human Ressources etc.) zugehörig, zeitgleich aber auch als IT-Nutzer erfahren. Zweitens muss IT grundsätzlich stärker den Businessnutzen für die Organisation bedienen, um sich erfolgreich gegen das bestehende Negativimage – hervorgerufen eben durch diese mangelnde Aufklärung über den Nutzen der IT-Maßnahmen – durchzusetzen.

In Bezug auf den Businessnutzen ist festzuhalten, dass die Zeiten, in denen ein Chief Information Officer (CIO) ein SAP-Projekt designt, entscheidet und ausrollt und der User brav an Schulungen teilnimmt, um dann weiterhin seinen Job zu tun, vorbei sind.[6] Heute wird bereits ein Großteil der SAP-Projekte von der Business-Seite initiiert, und nicht nur beim Design, sondern selbst bei der Auswahl der Zulieferer, muss sie entsprechend eingebunden werden. Außerdem sehen IT-User heutzutage nicht mehr ein, warum sie ihre Arbeitsabläufe nur wegen eines neuen IT-Systems ändern sollen, vor allem wenn es ihnen keine Zeitersparnisse bringt. Zudem ist, wie bereits im ersten Punkt angesprochen, aufgrund der zunehmenden Versiertheit der Enduser im Umgang mit IT-Systemen der Anspruchslevel wesentlich geprägt durch die Dienstleistungen (Ebay, Amazon, Online-Konfiguratoren, Xing etc.) inkl. Hard- und Software (Einfachheit und Schnelligkeit der privat genutzten i-Phone, MS-Windows, Internet-Browser usw.).

Neben der unzureichenden Betonung des Businessnutzens wird das negative Image von ICT auch durch ihre aktuell noch relativ starke Technikdominanz geprägt; dies ist ein grundsätzliches Problem vieler CIO-Organisationen, genauso

---

6 Die Produkte des Softwareherstellers SAP dienen – stark verallgemeinert gesprochen – dem zentralen Zugriff auf diverse Geschäftsdaten. Da die verschiedenen Unternehmensbereiche zumeist auch unterschiedliche SAP-Systeme zur Bearbeitung dieser Daten nutzen, ist eine entsprechende Schulung der Mitarbeiter unerlässlich. Im Gegensatz zu früheren Einführungen neuer SAP-Projekte werden die User mittlerweile jedoch aktiver in die Gestaltung dieser Projekte eingebunden, wodurch letztlich der Businessnutzen zu einem früheren Zeitpunkt im Projektverlauf bereits deutlicher herausgestellt werden kann.

wie für IT- oder Telekommunikations-Unternehmen im Business-to-Business-Umfeld. Zu den klassischen Vorstellungen gehört vielerorts noch, dass IT-Manager introvertierte Techies sind – oder weniger respektvoll ‚birkenstock-tragende Kellermenschen‘, die sich absichtlich missverständlich und technologisch ausdrücken, um den ‚Laien‘ von lästigen Fragen – wie etwa „Warum kann ich das nicht so machen, das funktioniert bei Windows auf meinem Home-PC doch auch?" – abzuhalten.

Auch das Thema Budget erhöht den Druck auf die Organisationen und die gesamte Branche. „IT-Organisationen sind Millionengräber" oder „Verkaufe ich mit ICT mehr von meinen Produkten?" sind kritische Anmerkungen, die sich IT-Anbieter oft anhören müssen. Die Frage nach dem Nutzen der IT für das Kerngeschäft wird zwar in der Branche seit mehr als 3 Jahren diskutiert, aber wirkliche Fortschritte sind hier nur sehr vereinzelt zu sehen.

Und doch müssen wir uns eines bewusst machen: *Die Gesellschaft der Zukunft wird durch ICT erst ermöglicht.*[7] Gesellschaftliche Megatrends wie die zunehmende Individualisierung (von Konsum, Leben und Arbeiten), Mobilität oder Öko-Business werden die Gesellschaft verändern und ICT wird dabei eine Enabler-Rolle spielen. Warum?

Drei Beispiele sollen dies konkretisieren. Betrachten wir zunächst den Trend zu ökologischen Produkten und Wirtschaftsformen. Hier geht es darum, dass Konsumenten ein höheres Umweltbewusstsein haben und mehr soziale und ethische Verantwortung fordern. Der pure Kapitalismus, das reine Profitstreben wird abgelöst werden durch eine nachhaltigere Betrachtung, welche Ökologie, Ethik und soziale Verantwortung als wesentliche Faktoren beinhaltet. Unternehmen müssen sich deshalb darüber Gedanken machen, wie sie dem Rechnung tragen, ohne sich wirtschaftlich ins Aus zu manövrieren. Ob es um die Nutzung von neuen Energiequellen, Wasserstoff-betriebenen Autos oder Brennstoffzellen geht, um die Bedeutung von Bionik und Neurotechnologien im klassischen Maschinenbau oder um den Nutzen eines kontrollierten Anbaus von Kaffeebohnen: Unternehmen stehen vor großen Herausforderungen und der Innovationsdruck steigt ständig. In all den genannten Beispielen wird es notwendig sein, dass z.B. die produzierenden Unternehmen nachweisen können, wie der Entstehungsprozess eines jeden Produktes ist – und zwar lückenlos. RFID und andere Technologien (z.B. Smart Labels, Near Field Communication, NFC) sind zwingend erforderlich, um eine solche Lieferkette transparent darstellen zu können. Verkehrs-

---

7 In Anlehnung an die Wortkreation „Web 2.0" kann in diesem Zusammenhang von einer gesellschaftlichen Entwicklung zu einer „Society 2.0" gesprochen werden; an dieser Stelle kann jedoch lediglich auf diesen Aspekt hingewiesen werden.

ströme müssen berücksichtigt werden, um CO_2-Reduktionen durch Stau-
umgehungen zu erzielen u.v.m. Wann immer Unternehmen oder ganze Branchen
vor solch großen Herausforderungen stehen, wird der Druck größer, Grundlagen-
forschung bzw. Komponentenentwicklungen und ähnliches unternehmensüber-
greifend anzugehen. Aber wie können große multinationale Konzerne gemeinsam überhaupt an solchen Entwicklungen arbeiten, ohne Intellectual Property
und andere Sicherheitsbereiche zu gefährden? ICT-Infrastrukturen und -
Lösungen sind wiederum die Grundlage dafür, dass Daten überhaupt sicher und
schnell ausgetauscht werden und Unternehmen trotz ihrer räumlichen Verteilung
zeitgleich daran arbeiten können.

Auch das Funktionieren technischer Konvergenz hängt von ICT-
Infrastrukturen und -Lösungen ab. Dass wir es hier mit einem deutlichen Trend
zu immer mehr Mobilität zu tun haben, muss man nicht mehr erläutern. Die
Deutlichkeit dieser Entwicklung lässt die Erwartungshaltungen steigen. Es geht
nicht mehr nur darum, E-Mails von zu Hause aus weiter bearbeiten zu können.
Vielmehr soll im Home-Office zeitgleich mit Entwicklern von Detroit bis Singa-
pur an 3D-CAD-Modellen gearbeitet werden; Kreativworkshops zu neuen Kampagnen sollen heute virtuell durchgeführt werden können. Außerdem wollen die
ICT-User zukünftig nicht mehr fünf verschiedene Geräte zum Telefonieren, für
die Autonavigation, das Musikhören, die Bearbeitung von E-Mails und das Erstellen von Powerpoints benutzen müssen. Verschiedene Standards und Technologien dämpfen diesen Trend gegenwärtig noch – aber nicht mehr lange. Und
wieder ist man bei der Enabler-Rolle von ICT. Daten unabhängig von ihrer Form
überall, auf allen Endgeräten (egal ob TV oder Handy) verfügbar und bearbeitbar
zu machen, ist eine wesentliche Voraussetzung für mobiles Arbeiten. Der Indivi-
dualisierungstrend entwickelte sich im 5. Jh. vor Chr. als eine Art Renaissance
des Denkens. Man kann den Sophisten Protagoras hier als Kronzeugen aufrufen:
„Omnium rerum homo mensura est" (Der Mensch ist das Maß aller Dinge).
Heutzutage nehmen Selbstverwirklichung, Individualisierung und Differenzierung einen immer höheren Stellenwert bei den Menschen ein. Das hat Konsequenzen für das Konsumverhalten. Produkte, die man kauft, definieren einen
Teil der Persönlichkeit und vice versa – man kauft nur Produkte, die den eigenen
Lifestyle reflektieren. Im Extremen heißt das, Konsumenten wollen am liebsten
solche Produkte, die individuell für sie produziert sind oder ihnen zumindest die
Möglichkeit geben, sichtbar ihre ‚Zugehörigkeit' oder Andersartigkeit auszudrücken. Zwar ist dieser Trend, wie erwähnt, nicht wirklich neu, aber dank ICT ist
es jetzt plötzlich möglich, Produkte weitgehend zu individualisieren. Personal
Fabbing oder Personal Fabrication, also das Produzieren auf individuellen

Wunsch, ist einer der absoluten Megatrends. Während man heute noch (nur) T-Shirts z.b. bei ‚www.spreadshirt.de' designen und für sich produzieren lassen kann, so sind es zukünftig wahrscheinlich sogar Möbel oder komplette Autos und nicht nur einzelne Ausstattungsvarianten. Um dies zu ermöglichen, müssen die Wünsche von Kunden in Echtzeit und mittels authentifizierter Daten überall in den Entwicklungs- und Produktionsprozessen und -systemen zur Verfügung stehen. Modulare Produkte und Produktionsplattformen sind nur dann wirklich möglich und effizient, wenn die dahinter liegenden Daten (z.b. Konstruktionszeichnungen, Stücklisten etc.) entsprechend strukturiert zur Verfügung stehen und im gesamten Verbund mit Zulieferern und Händlern geteilt werden können.

Natürlich stellen diese Beispiele nur einen Ausschnitt dar und sind zugegebenermaßen auch simplifiziert. Aber der grundsätzlichen Aussage, dass ICT die Gesellschaft maßgeblich prägen bzw. eine entscheidende Rolle als ‚Enabler' spielen wird, tut dies keinen Abbruch.

Umso wichtiger ist es, dies bereits im Kleinen und heute zu berücksichtigen. Wenn bei einem Logistikdienstleister ein neues IT-System eingeführt wird, dann muss dem Enduser erklärt werden, warum er damit besser Warenströme steuern kann und nicht, welche neuen technischen Features die Anwendung hat (vgl. Kap. 3.2).

Das heißt, IT muss vor allen Dingen beweisen, welchen Wertbeitrag sie für das Kerngeschäft des jeweiligen Unternehmens liefert. ‚Beweisen' impliziert, dass man diesen Beitrag messen kann. Aber wie lassen sich gestiegene Umsätze, schnellere Bearbeitungszeiten, niedrigere Lagerbestände und ähnliches ausschließlich auf den Effekt durch die ICT-Lösung zurückführen?

Oft ist es sehr schwierig, einen unangreifbaren Messansatz dafür zu entwickeln, wie die Einführung einer neuen IT-Lösung die Business-Performance verbessert hat. Es gilt die Erkenntnis, dass die Wahrnehmung der (internen) Kunden über Erfolg oder Scheitern entscheidet. Spätestens hier kommt Unternehmenspolitik zum einen und partnerschaftliche Zusammenarbeit mit Dienstleistern zum anderen ins Spiel. Der CIO braucht seine ‚operativen Businesskollegen', den Produktionsleiter, den Entwicklungschef, den Leiter Investmentbanking oder Lebensversicherungen. D.h. wiederum für den IT-Lieferanten, dass er es schwer haben wird, den CIO für eine gemeinsame Kommunikation innerhalb seines Unternehmens zu gewinnen, wenn es ihm nicht gelingt, eine ‚Business Impact of IT'-Story zu erzählen, also plausibel machen zu können, welchen Mehrwert die IT für das Kerngeschäft bringt.

Gelingt jedoch dieser Aufbau von Kommunikation, die den Endusern (z.B. in Produktion, Entwicklung, Investmentbereich o.ä.) schlüssig erklärt, was mit

IT besser ist als vorher, wird der CIO gerne bereit sein, seinen Namen und Titel dafür herzugeben. Resultat ist dann ein Win-Win-Effekt. Denn sind die User und die Business Executives zufrieden, dann wird der CIO auch zufrieden sein, und somit wird auch der IT-Lieferant keine Probleme bei der Umsetzung der geplanten Maßnahmen haben. Genau darum geht es bei dem ‚Enabler-Faktor'.

2.2. Der Faktor Kommunikation

Wie bereits an mehreren Stellen betont wurde, nimmt Kommunikation eine wichtige Rolle im Hinblick auf erfolgreiche Projektverläufe ein. Dabei sind neben soziopsychologischen und sprachlichen Aspekten besonders auch die machtpolitischen Verhältnisse in den Projekten relevant. Bevor auf die konkrete Bedeutung von Kommunikation in IT-Projekten eingegangen wird, soll im Folgenden zunächst ihre generelle Stellung innerhalb der ICT-Branche skizziert werden.

2.2.1   Die Bedeutung von Marketing und Kommunikation in der ICT-Branche

Marketing und Kommunikation ist weder eine anerkannte, noch eine geliebte Disziplin in der relativ jungen ICT-Branche. Dies wird durch folgenden VDI Artikel verdeutlicht:

> „Wie setzen aber IT-Unternehmen, die ihren Kunden unter anderem technologisch gestützte Marketinglösungen anbieten, ihr Marketing selbst um? Schließlich hat kaum eine andere Branche das Wirtschaftsleben so stark verändert wie die IT. Auch beflügeln Themen wie CRM, Networking, Online-, Multichannel- und Mobil-Marketing den Wettbewerb um die Kunden. Um das herauszufinden, hat das Deutsche Institut für Marketing (DIM) in einer empirischen Analyse das Marketing in 149 IT-Unternehmen untersucht. (…)Den Professor für Marketing und internationales Management an der Fachhochschule der Wirtschaft in Bergisch Gladbach überrascht am meisten, dass nur knapp die Hälfte der IT-Unternehmen überhaupt eine schriftlich formulierte Marketingstrategie haben. „Selbst wenn die Geschäftsführung eine Strategie festgelegt hat, stellt sie leider oft kein Budget zur Verfügung, um diese auch umzusetzen", so Bernecker. Die interne und externe Bekanntmachung der Strategie und der Politik des Unternehmens erfolge bei 91,3 Prozent durch persönliche Gespräche."[8]

Mit Softskills und Kommunikationseffekten des Marketings setzt man sich in der technologisch orientierten und vermeintlich rationalen Hightech-Welt nicht gern auseinander. Unter Marketing versteht man meist bunte Bilder und Events, unter

---

8 Bruckner, Werner (2007)

Kommunikation Intranetartikel und die Vermeidung negativer Presse. An dieser Situation sind die Marketingexperten aber zum Teil selbst schuld, da es bisher nicht gelungen ist, dem Management plausibel aufzuzeigen, welchen messbaren Mehrwert die Investitionen in Marketingressourcen bringen.

De facto wird Kommunikation in der logikdominierten ICT-Welt nicht als Wissenschaft, Disziplin oder echte Funktion verstanden, sondern vielmehr als persönliches Geschick und Beziehungsmanagement Einzelner.

2.2.2 Die Bedeutung und Anwendung von Change und Kommunikation bei IT-Projekten

Soziokulturelle, unternehmens- und machtpolitische, psychologische und kommunikative Aspekte spielen ergo bei der Problembehebung und in der Prophylaxe eine untergeordnete oder keine Rolle – zumindest nicht, wenn es darum geht, wie Ressourcen eingesetzt werden, um IT-Probleme zu lösen.

„IT-Experten sind Autisten, nehmen die reale Welt nicht wahr, sehen die Menschen hinter den Rechnern nicht." „Die Anwender stecken mitten in der ‚Matsche' und erwarten rettende Engel." „Change-Berater sind Soft-Fuzzis, sie bringen keine messbaren Ergebnisse."

Drei beispielhafte Zitate, die deutlich machen, dass das Zusammenspiel zwischen IT-Experten, Anwendern und Change-Beratern von schwieriger Kooperation und wechselseitigen Abwertungen gekennzeichnet ist.[9]

Die Wichtigkeit von Change Management und dessen Einfluss auf den unternehmerischen Erfolg wird von 79 Prozent der Topmanager erkannt. De facto versteht man unter Change Management aber eher die Einführung neuer Software, ohne dabei die notwendige kommunikative Ebene, wie sie etwa durch begleitende Maßnahmen dargestellt wird, zu berücksichtigen; diese ist jedoch ebenfalls ein bedeutsamer Aspekt des Change Managements. Und wenn begleitend kommuniziert wird, dann bedeutet dies, dass man seine Schuldigkeit getan hat, à la: „Wir haben jedem User ein 600-seitiges (!) Manual mit allen Details zur Verfügung gestellt und wir haben im Intranet dazu kommuniziert – was sollen wir denn noch tun?"

„Quantität ist nicht gleich Qualität" trifft es in diesem Fall wohl am besten. Betrachtet man jedoch die Ernsthaftigkeit des Ressourcen- und Skilleinsatzes im Bereich kommunikativer Maßnahmen, verwundert diese Betonung quantitativer Aspekte nicht weiter.

---

9 Doujak, Endres, Schubert (2004), 56

Würden Sie einen Automechaniker von der Straße weg als Chefdesigner engagieren oder Ihre Buchhaltung den Vertriebsmitarbeitern überlassen? Eher nicht. Die Kommunikation wird aber in vielen IT-Abteilungen und bei einer großen Anzahl von IT-Lieferanten dem Vertrieb, Consultants oder Halbtageskräften und Sekretärinnen überlassen. Denn kommunizieren kann schließlich jeder.

Die ICT-Branche begreift Kommunikation oft immer noch als physikalische Verbindung von Netzwerkkarte zu Netzwerkkarte, anstatt von einem komplexen Zusammenspiel von kognitiven, soziopsychologischen, kulturellen und vor allem politischen Vorgängen auszugehen. Dabei ist die Führung eines IT-Projektes eines der kompliziertesten Unterfangen. Erstens, da Führung in solchen Strukturen per se schwierig ist (vgl. Gebhard Rusch in diesem Buch) und zweitens, weil die Einführung einer IT-Lösung meist mit Veränderungen von Prozessen und – daraus folgend – Veränderungen für User einhergeht. Was dies bedeutet, hat wohl keiner schöner formuliert als Niccolò Machiavelli:

> „Dabei ist zu bedenken, daß für einen eben zur Herrschaft gelangten Fürsten nichts so schwierig zu betreiben, so unsicher im Hinblick auf den Erfolg und so gefährlich in der Durchführung ist als die Vornahme von Neuerungen. Er hat hierbei alle die zu Feinden, für welche die alte Ordnung vorteilhaft ist, und findet nur laue Verteidiger an denen, welchen die neue Vorteile bringen könnte. Diese Lauheit erklärt sich teils aus der Furcht vor den Gegnern, die die Gesetze auf ihrer Seite haben, teils aus dem Mißtrauen der Menschen, die an das Neue nicht glauben, wenn es eine lange Erfahrung für sich hat. So kommt es, daß die Feinde, sooft sich ihnen eine Gelegenheit bietet, die neue Ordnung voll Leidenschaft angreifen, während die andern sie nur lau verteidigen...“[10]

Die folgende Abbildung (vgl. Abb. 2) verdeutlicht die verschiedenen Stadien, die von den vom Wandel betroffenen Akteuren zu unterschiedlichen Zeitpunkten und mit je unterschiedlicher ‚Verweildauer‘ im Projektverlauf durchlebt werden. Die von Machiavelli beschriebene Angst vor Veränderungen gipfelt – projiziert man die Aussage auf IT-Projekte – meist im Widerstand von Endusern und Projektmitarbeitern.

---

10 Machiavelli, Niccolò (1974), 54f

FEAR!!

Commitment

Acceptance

Resistance

Anger

Exploration

Depression

SCOTT & JAFFEE CHANGE CURVE
Source: Scott & Jaffee

Courtesy of FGI Consultants
Montreal, Canada

Abb. 2: Stadien im Projektverlauf
(Scott & Jaffe)

Viele Manager vergessen dabei, dass dieser Widerstand von Endusern und Projektmitarbeitern – egal ob auf Kunden- oder Lieferantenseite – viel Geld, Qualität und Geschwindigkeit kostet. Denn je höher der Widerstand, desto niedriger die Produktivität. Das System, die Applikation, wird nicht genutzt, Potentiale nicht ausgeschöpft. Stattdessen werden kostspielige Workarounds gefordert, die in Wahrheit ein Zurück zum guten alten Prozess und bekannten System bedeuten. Die Einführung eines neuen IT-Systems heißt aber immer auch Veränderung der Prozesse und damit die Zerstörung alter Prozesse. Das Wort Zerstörung ist bewusst gewählt, denn hier ist Konsequenz gefragt. Um eine plakative Analogie zu wählen: „Ich kann im Fußball auch nicht eine Viererkette in der Abwehr spielen und aber dann doch noch einen Libero auflaufen lassen". Mit anderen Worten: Man muss auch mal alte Zöpfe abschneiden oder, um sich der Worte Nietzsches zu bedienen: „Wandel der Werte, – das ist Wandel der Schaffenden. Immer vernichtet, wer ein Schöpfer sein muß."[11]

---

11 Nietzsche, Friedrich (1964), 63

Diese schöpferische Vernichtung geht dabei einher mit diversen kommuni-kativen Maßnahmen. Diese gestalten sich in Abhängigkeit des entsprechenden Problemfeldes, haben jedoch vor dem Hintergrund des Gesamtziels ‚Projekter-folg' jeweils das Etappenziel ‚Akzeptanz und Einverständnis der Akteure' im Vi-sier (vgl. Abb. 2).

3   Lösungsansätze bei T-Systems

Kommunikation in ihrer ganzheitlichen Bedeutung (siehe Einstiegskapitel) wird in der IT-Branche noch nicht verstanden. In einer Welt, die von Ingenieuren ge-prägt ist, haben vermeintlich unwichtige Disziplinen wie Soziologie und Psycho-logie keinen Platz. Wenngleich gerade aufgrund der oftmals schlecht ausgepräg-ten Fähigkeit, eigene Erkenntnisse so zu vermitteln, dass es die Empfänger auch verstehen, gerade im Bereich des Ingenieurwesens der Bedarf besonders hoch ist.

Technologien an sich lösen aber keine Probleme. Erst eine stringent kunden- bzw. endanwenderorientierte Entwicklung und Anpassung macht aus den vorhandenen Technologien eine Problemlösung. Daher ist es immanent wichtig, bereits in der Frühphase des Projektes eine ganzheitliche Analyse (funk-tional, soziokulturell, ökonomisch etc.) der Endanwender durchzuführen. Ideal-erweise wird die Einführung komplett von einem Change- und Kommunikati-onskonzept begleitet – mit dem klaren Fokus auf den Endanwendern. Denn sie sind die wichtigste Instanz – wenn auch nicht im Bereich der machtpolitischen Entscheidungsfindung, so bestimmen sie doch faktisch über Erfolg oder Misser-folg jeder ICT-Lösung. Solange ein Anwender nicht nachvollziehen kann, war-um es eine neue Technologie gibt, wie er damit umgehen soll und – vor allem – welchen Nutzen sie ihm bringt, wird er sie sich nicht zu eigen machen oder sie sogar boykottieren.

T-Systems arbeitet daher an strategisch geplanten und gezielt umgesetzten Kommunikationsmethodiken. Sie sollen die Kundenzufriedenheit erhöhen und Nachbesserungsarbeiten minimieren. Das Ziel ist, die User rechtzeitig und um-fassend über den Einsatz und Nutzen von neuen Technologien (Hard-/Software, Prozesse) zu informieren – in der Sprache, die sie verstehen.

3.1. Zielsetzung von User Communications

User Communications bilden die Schnittstelle zwischen Projekt-Kommunikation, ICT Big Deal und Change Management im Kundenunternehmen. Sie unterstützen flankierend die Implementierungsprozesse und fördern die aktive Aneignung neuer ICT-Lösungen auf Seiten der Mitarbeiter im Kundenunternehmen.

User Communications bedienen sich aller zu Gebote stehenden Kommunikationsinstrumente. Sie reichen von Trainings- und Schulungsmaßnahmen über persönliche Kommunikation, Broschüren und Flyer bis hin zu Web- und Intranet-Angeboten, Help Desks und Hotlines.

Die Mitarbeiter im Kundenunternehmen – als Ziel der User Communications – werden partnerschaftlich in ihren Aneignungsbemühungen unterstützt, d.h. ihren Lernfähigkeiten und Lerngeschwindigkeiten gemäß begleitet und gefördert. User Communications verbessern so die Akzeptanz für Innovationen, die Verständlichkeit der neuen Systeme und Optionen sowie die Einsicht in mögliche Vorteile durch Innovation. Dadurch tragen sie wesentlich zur Prozessdefinition und zur Transparenz des Innovationsprozesses bei, zur Verkürzung und Flüssigkeit der Implementierungsphase, zur Verringerung von Widerständen und schließlich zu Kostensenkung und zur Erhöhung der Kundenzufriedenheit.

Damit lassen sich für die einzelnen Stakeholder vor allem folgende Ziele und Effekte festhalten:

Für das *Management im Kundenunternehmen* bedeuten User Communications

- Vertrauensaufbau bei den Mitarbeitern durch Transparenz und Glaubwürdigkeit,
- die frühestmögliche Bestätigung der Investitionsentscheidung,
- Zeitgewinne durch schnelleres Erreichen der Produktivitätsziele und dadurch
- Kostenersparnisse sowie eine zügige Produktivitätsentwicklung.

Für das *Management beim IT-Dienstleister* bedeuten User Communications

- Kundenzufriedenheit und Imagegewinn durch partnerschaftliches Arbeiten (Information und Austausch),
- Zeitgewinn durch Klarheit bei Ziel, Nutzen und Aufwand,
- Zeitgewinn durch beschleunigte Implementierung sowie

- Kostensenkung im internen Aufwand durch zielgruppengerechte und frühzeitige Kundenbindung.

Damit Imagesteigerung, Kosten- und Zeitersparnisse realisiert werden können, muss es der Kommunikation gelingen, Informationen richtig wirken zu lassen. Um gleich am Anfang Missverständnisse auszuräumen: Es geht bei diesen Informationen nicht um ein Intranetportal, zwei Mails vom Top-Management, ein Kick-off und eine Broschüre. Das alles sind Instrumente, die – wie diejenigen in der Hand des Arztes bei einer OP – zur Besserung oder zur Verschlechterung beitragen können. Entscheidend ist aber, WIE solche Instrumente zur Erreichung der operativen Kommunikationsziele genutzt werden.

3.2. Klassische Problemfelder und Lösungsansätze zu verschiedenen Dimensionen der User Communications

Um einen optimalen Einsatz der verschiedenen Kommunikationsinstrumente zu ermöglichen, steht auch in diesem Fall eine ausführliche Analyse der Ausgangssituation und des Zielbildes am Anfang aller Bemühungen. Nur so kann eine adäquate anwenderorientierte Kommunikation aufgebaut werden. Dabei tun sich einige Problemfelder auf, die im Folgenden näher beleuchtet werden sollen.

3.2.1   Dimension der Verständigung, Teil 1: Konsensillusion bei der Vertragsgestaltung

Die Konsensillusion entsteht auf verschiedenen Ebenen und in verschiedenen Phasen. Es würde zu weit führen, hierauf im Detail einzugehen, insbesondere nicht auf die technische und vertragsrechtsbezogene Gestaltung. Insofern konzentriert sich der nachfolgende Abschnitt vor allem auf die zwischenmenschliche Komponente – sowohl die von Individuum zu Individuum als auch von Unternehmen zu Unternehmen.

In der Angebotsphase finden sich der Vertrieb, die IT-Architekten und Supportfunktionen (Legal, Finance etc.) auf Seiten des Anbieters und IT- und funktionsorientierte Entscheider (Produktion, Entwicklung o.ä.) sowie Einkauf/Recht auf der anderen Seite wieder. Hier wird der Grundstein für das Gelingen (oder Scheitern) einer Zusammenarbeit gelegt. Denn wenn das von beiden Seiten häufig zitierte strategische Partnermanagement hier durch kurzfristige, egozentrische

Absichten ersetzt wird, kommt es zu den klassischen Phänomenen: Der Kunde stellt unrealistische Forderungen in Bezug auf Umfang, Zeit und Budget – nach dem Motto „Schauen wir mal, was kommt." Der Anbieter seinerseits will den Deal gewinnen und versucht, die volle semantische Interpretationsmöglichkeit der Ausschreibung zu nutzen – nach dem Motto „So kann das im Detail ja ohnehin nicht ernst gemeint sein." So einigen sich dann Vertrieb des Anbieters und Einkauf auf der Kundenseite auf ein ungefähres Zielbild. Dabei benutzen sie die gleichen Worte, haben aber komplett unterschiedliche Vorstellungen und Assoziationen dazu und lassen dies über ihre Rechtsabteilungen noch so verklausulieren und verkomplizieren, dass am Schluss beide Seiten den Vertrag nicht mehr für inhaltliche Diskussionen verwenden können.

Spätestens bei Dissensen begibt man sich dann aber doch auf die Suche nach dem Recht und landet beim Vertrag und Service Level Agreement (SLA). Problem ist dabei aber oft nicht die Nichteinhaltung von Verträgen, sondern Konsensillusion über den Inhalt und die Bedeutung der Vertragsklauseln.

Dies ist insbesondere dann der Fall, wenn der politische Buy-in von wichtigen Stakeholdern und Influencern etc. nicht funktioniert oder bei radikal schlechter Leistungserbringung.

Meistens aber ist die Ursache des Problems nicht rein technischer, sondern menschlicher Natur. Psychologie und Politik sind die Treiber und Ursachen, wenn es um Vertragsstreitigkeiten geht. Manager fühlen sich bei solchen Streitigkeiten häufig in die Ecke gedrängt, bangen um ihren Job und delegieren die Schuld daher nicht selten an die Zulieferer. Diese wiederum vermitteln dem Kunden häufig den Eindruck, sich nicht ernsthaft mit seinen Problemen auseinanderzusetzen, sondern nur auf kurzfristigen Profit ausgerichtet zu sein. Auf den Punkt gebracht, ist die Beziehung zwischen diesen Projektakteuren durch fehlendes Vertrauen gekennzeichnet. Auch wenn das sicherlich das Worst-Case-Szenario ist, ein bisschen davon ist in fast jedem Deal zu finden.

Der zweite Faktor, der selbst bei partnerschaftlichem Verständnis eine Herausforderung darstellt, ist die Berücksichtigung der unternehmenseigenen Kommunikationskultur.

Die Formulierung im SLA, welche bei dem einen Unternehmen sofort eine klare Struktur und Verantwortlichkeiten vorgibt, bedeutet bei dem anderen Unternehmen erstmal nur eine Willensbekundung, die es im Bezug auf Strukturen, Prozesse und Verantwortungen in unternehmenseigenen Termini zu definieren gilt. Daher sind gemeinsame Ursache-Wirkungs-Ketten zu diskutieren, wie dies etwa im Rahmen der Einführung von Balanced Scorecards durch professionelle (externe) Anbieter geschieht.

Diese Diskussionen sind gut geeignet, um Missverständnissen in gemeinsamen Workshops a priori auf die Spur zu kommen und Klarheit darüber zu erzielen, wer welche Verantwortung trägt und wie welche Ziele erreicht werden
sollen, so dass am Ende der maximale Businessnutzen der IT-Lösung erzielt
werden kann. Ein konkretes Umsetzungsbeispiel liefern Doujak, Endres, Schubert:

> „Auf Projektebene ist ein wesentlicher Ansatzpunkt das ‚Vorschalten' einer Strategiephase vor
> die Neu-Konzeption der Geschäftsprozesse und die Implementierung der IT-Lösung. Dies be-
> deutet, dass man nicht gleich in die IT-Umsetzung hineinspringt, sondern grundlegend über-
> legt, wie man z.b. die Kundenbeziehungen langfristig gestalten will. In dieser Phase erscheint
> es uns wichtig, dass alle relevanten Stakeholder (Topmanagement, Vertreter der unterschiedli-
> chen Geschäftsbereiche, Anwender, IT-Hersteller, Kunden, Lieferanten...) in einem gemein-
> samen Gestaltungsprozess zusammenarbeiten. Dies verschiebt zwar den Start des klassischen
> IT-Projekts nach hinten, kann aber eine bedeutende Reduzierung der Durchlaufzeit bewirken
> und sichert insbesondere die Businesswirkung der IT-Lösung ab."[12]

3.2.2   Die Dimension der Verständigung, Teil 2: Fehlende nutzenorientierte Kommunikation an die Enduser

Was für das mittlere Management gilt, ist auch für den Enduser gültig. Der Anwender möchte nicht fünf Seiten lesen, um zu verstehen, was das Projekt bringen
soll. Auch wird sich sein Interesse nicht gewinnen lassen, wenn man noch so be-
geistert und stoisch technische Features hervorhebt, ohne den eigentlichen Nutzen zu beschreiben (vgl. Kap. 2.1). Doch genau darum geht es: Welchen Nutzen
habe ich als Enduser vom neuen System und vom neuen Prozess? Was geht
schneller, einfacher? Und wenn es nicht für den Endanwender schneller oder einfacher geht, warum macht es trotzdem so viel Sinn, es in Zukunft genau auf diese Art und Weise zu machen? Wenn diese Fragen nicht in aller Einfachheit be-
antwortet werden können, wird man die Nutzer nicht erreichen.

Auch hier gilt es neben den inhaltlichen Aspekten, Form und Sprache adäquat zu verwenden, denn – wie bereits im vorigen Abschnitt beschrieben – müssen Wortgebrauch und Schwerpunktsetzung beim Anbieter und beim Kunden
nicht notwendigerweise identisch sein. Wichtig ist jedoch, dass die dahinter liegenden Botschaften zueinander passen, egal, ob sie an das mittlere Management
oder an Mitarbeiter gerichtet sind.

Es gibt verschiedene Kommunikationskanäle, die für User Communications
eine besondere Rolle spielen; sie werden im Abschnitt „Befähigen statt behin-

---

12 Doujak, Endres, Schubert (2004), 60

dern – Kommunikation begleitet Veränderung" (siehe Christiane Müller, Kapitel 4)[13] näher erläutert. Wichtig dabei ist vor allem, dass es um Kanäle mit Rückkanälen geht. Das kontinuierliche Feedback des Users hilft entscheidend dabei mit, die Adaptionsgeschwindigkeit zu verkürzen. Hierbei ist es allerdings oft erforderlich, sich sogenannter inattentiver Verfahren zu bedienen. D.h., der Anwender selbst hat keinen Mehraufwand, z.b. durch die Beantwortung eines Fragebogens, sondern bereits getätigte Kommunikation, wie z.b. User Help Desk Anfragen, wird qualitativ und quantitativ ausgewertet und liegt damit unter der Wahrnehmungsschwelle des Anwenders.

3.2.3   Die Dimension der Verständigung, Teil 3: Wenn Techniker und User kommunizieren. Oder: Die falsche Nutzung sprachlicher Mittel und unterschiedliche ‚Kommunikationsideale'

Es ist davon auszugehen, dass die Kommunikationsideale der an einem IT-Projekt beteiligten Akteure häufig konträr ausfallen. Techniker eint sehr oft das Streben nach effizienter, logischer und nüchterner Sprache.

Solange es sich ausschließlich um technische Belange und darin involvierte Akteure handelt, ist diese Art der Kommunikation in vielen Fällen sicherlich sehr hilfreich – in der interdisziplinären Teamkommunikation wird sie allerdings oft problematisch. Loben z.b. gehört im technischen Jargon frei nach dem schwäbischen Motto: „Net g'schimpft is scho g'nug g'lobt" zu den eher weniger erstrebenswerten Idealen. Zumindest wird es so kolportiert. Auch wird bei dieser Art der Kommunikation schnell auf Höflichkeitsformen (statt Konjunktiv werden Imperativ oder Präsens verwendet) und freundliche, sprachliche Gesten wie etwa Analogien und plastische Darstellungen zugunsten rein technisch orientierter Sprache verzichtet.

Die Kommunikation zwischen Technikern und Endusern ist nur ein mögliches Beispiel. Im Projektverlauf treffen unweigerlich die unterschiedlichsten Akteursgruppen aufeinander.

Ein Ziel funktionierender User Communications muss daher die Festlegung und die Einigung auf ein gemeinsam verwendetes Vokabular sein, um – wie bereits an anderer Stelle erwähnt – Missverständnisse von vornherein möglichst zu vermeiden, um damit langfristig den Projekterfolg gewährleisten zu können.

---

13 In diesem Buch.

3.2.4   Dimension der (Macht-) Politik: Kein konsequentes Einbinden der Stakeholder auf Kundenseite

Dieser Aspekt ist sicherlich kein spezifischer der ICT-Branche, sondern gilt für alle Vorhaben, die Veränderungen mit sich bringen (vgl. Machiavelli in Kap. 2.2.2). Hier soll insbesondere auf die kommunikative Bedeutung der Einbindung von Stakeholdern der Kundenseite eingegangen werden.

Dabei kommen wir zurück auf die Frage, wann ein ICT-Projekt als erfolgreich zu bewerten ist. Am Ende lautet die Antwort recht trivial: Wenn der Kunde zufrieden ist! Die Kundenzufriedenheit hängt wiederum nicht nur von der technischen Leistungserbringung ab, sondern auch davon, in welchem Grad es gelingt, die Erwartungshaltung des Kunden zu (über)erfüllen. Damit ist die generelle Zufriedenheit nicht zuletzt dem Umstand geschuldet, inwiefern es dem IT-Dienstleister gelingt, die kundeninterne IT-Abteilung beim Aufzeigen des Mehrwerts, den das Projekt generieren kann, zu unterstützen.

Da interne IT-Abteilungen selbst oft unter hohem Druck stehen, ist Transparenz und Meinungsbildung auch außerhalb des Bereiches sehr wichtig. Von dem Imageaspekt abgesehen, können Veränderungen nur dann erfolgreich implementiert werden, wenn es gelingt, Anwender wie Manager von dem Nutzen zu überzeugen. Besonderes Augenmerk muss dabei auf das mittlere Management – negativ oft als ‚Lehmschicht' bezeichnet – gelegt werden.

Die Einbindung dieser Klientel verlangt eine ähnliche Vorgehensweise wie bei der Vertragsgestaltung. Man muss die Ziele dieser Menschen kennen, um sie für die Sache zu gewinnen und man muss Transparenz schaffen. Denn von den machtpolitischen Motivationen abgesehen, sind es oft fehlende, falsche oder mangelnde Kenntnisse, warum ein bestimmtes Projekt durchgeführt wird, welchen Nutzen es bringen soll und warum man so vorgeht und nicht anders. Hierbei spielt das Konzept User Communications eine große Rolle. Denn nur wirklich zielgruppenspezifische Kommunikationsmaßnahmen können die angesprochenen Probleme lösen. Der Leser mag sich denken: „Das ist nun weder neu noch besonders innovativ, schließlich ist doch jede Kommunikation zielgruppenspezifisch".

Was wir hiermit meinen, ist aber wirklich eine tiefergehende Auseinandersetzung mit der Zielgruppe, die darauf gründet, diese überhaupt verstehen zu wollen. Es werden hierzu vor allem gemeinsame Treffen veranstaltet, die es ermöglichen, die Vorteile des IT-Projektes an die Bedürfnisse und Sprachverwendung der Zielgruppe anzupassen. Vielfach wird hier der Fehler gemacht, sich mit dem Versand eines Newsletters und eines 500-seitigen Manuals in dem Glauben zu wähnen, alle hätten den Inhalt gelesen und verstanden. Da aber wie bereits an anderer Stelle erläutert (vgl. Kap. 3.2.1) erstens der Inhalt denotativ klar sein mag, konnotativ aber nun nahezu beliebig viele Interpretationen/Assoziationen entstehen und zweitens der bloße Versand noch keine kognitive Aufnahme auf Empfängerseite darstellt, hat man seine Schuldigkeit als Sender nicht getan.

Die Partisanen gewinne ich nur dann auf meine Seite, wenn sich Inhalte für die Ziele dieser Menschen auszahlen – das heißt z.B. bei den Business-Entscheidern den eingangs beschriebenen Enabler-Gedanken entsprechend zu bedienen. Desweiteren muss die Sprache adäquat sein. Manager kommunizieren sehr oft anders als Mitarbeiter und werden von anderen Wörtern angesprochen, da Assoziationen und Denkprozesse (beeinflusst durch Risiko- und Chancenab-wägung) anders geprägt sind. Das kann z.B. bedeuten, dass bestimmte Wörter in einem Unternehmen oder für eine bestimmte Managementklientel negativ belegt sind und für Mitarbeiter nicht.

Ein weiterer Faktor dieser machtpolitischen Dimension ist die Berücksichti-gung des ,Not-Invented-Here'-Syndroms: Wurden die Inhalte einer Kommunika-tion gemeinsam mit ,Vertretern der Lehmschicht' entwickelt, so ist die Wahr-scheinlichkeit, Erfolg zu haben, signifikant höher als durch eine noch so profes-sionelle autarke Aufbereitung.

3.2.5   Dimension des Wissensmanagements: Intransparenz durch mangelnde Kommunikation

Vertrauen setzt Transparenz voraus. Auch hier kann man zwischen faktischer Transparenz und ,gefühlter' Transparenz unterscheiden. Außerdem gibt es ver-schiedene Dimensionen: Die Transparenz zwischen einem Dienstleister und der IT-Organisation auf der einen und die Transparenz für die Enduser auf der ande-ren Seite.

Beginnen wir mit der ersten Dimension – Transparenz zwischen Dienstleis-tern und IT-Organisation. Transparenz schafft man hier nicht, indem man wö-chentlich Roadmaps mit Maßnahmenplan und ähnlichem vorlegt – auch wenn dies ebenfalls wichtig sein kann – sondern, indem Kommunikation und Aktion stimmig sind. Was heißt das?

Es geht um Authentizität – vom Management oder Vertrieb des Dienstleis-ters kommunizierte Termine, Maßnahmen und Strategien müssen durch die Handlungen und Aussagen des Dienstleister-Teams bestätigt werden. Dies wie-derum setzt voraus, dass im Vorfeld eine klare Strategie formuliert und kommuniziert wird, was im Idealfall in Zusammenarbeit mit dem Dienstleister- und dem Kundenteam geschieht. Wenn die Handlungen nicht mit der Kommunikation übereinstimmen, wird dies schnell negativ interpretiert. Auch der zeitliche Aspekt spielt hier eine Rolle. Vergeht zu viel Zeit zwischen Erkenntnisgewinnen und deren Weiterleitung, entsteht schnell der Eindruck, der Sender nutzt den Informationsvorsprung zu seinem eigenen Vorteil aus. Die gegenteiligen Verhaltensweisen – Kongruenz von Handlungen und Kommunikation herstellen, zeitlich nahe Weitergabe aktueller Erkenntnisse etc. – generieren jedoch Transparenz und ermöglichen eine fundierte Vertrauensbildung. Wenn z.b. SLA-Erfüllungen nicht nur durch das Monitoring des eigenen Managements erfasst werden und auch nur diesem zugänglich sind, sondern man dem Kunden Zugriff auf die Management-Cockpits gibt, verliert man nicht wirklich etwas – gewinnt dabei aber viel.

Der zweiten Dimension – Transparenz zwischen IT-Organisation und Enduser – ist mindestens eine ebenso hohe Bedeutung beizumessen. Wenn z.B. der SLA bei der Hotline eine Rückrufzeit von 8 Stunden vorsieht und der User dies weiß, dann wird ihn dieser Umstand zwar nicht unbedingt freundlicher stimmen, seine Aggressionen werden sich aber in eine andere Richtung orientieren. Gleiches gilt in der Nutzenargumentation (vgl. Kap. 3.2.2): Werden hier bereits von Projektbeginn an klar die Vorteile, welche die Implementierung der geplanten IT-Maßnahmen mit sich bringen, an die Nutzer kommuniziert – und das in den im Verlauf dieses Artikels herausgestellten Modalitäten einer gemeinsamen Verständigungsebene – ist eine hochtransparente Ausgangssituation für alle Beteiligten geschaffen, die es wiederum ermöglicht, besser auf etwaige Probleme und Störfälle reagieren und damit umgehen zu können.

4 Fazit

Neue Informationstechnologien verändern Businessmodelle und Lebensweisen, aber sie verändern nicht das Bedürfnis nach zwischenmenschlicher Kommunikation. Genau hier entstehen die Dilemmata. Wir kommunizieren immer schneller und direkter und nehmen uns weniger Zeit, die richtigen Worte zu finden. Unsere Wünsche und Bedürfnisse werden von intelligenten Tools ‚erahnt' und uns werden die ‚richtigen' Produkte angeboten. Damit liegt die Hemmschwelle, neue Anwendungen und Tools zu lernen, um einiges höher, wenn dabei nicht sofort ein neuer oder größerer Nutzen erkennbar wird. User Communications ist ein Ansatz, der versucht, dem entgegenzuwirken und die ‚den Enduser befähigende'

Kommunikation als strategisches Instrument zu sehen. Ich bin der festen Überzeugung, dass dies kontinuierlich an Bedeutung und Anwendung gewinnen wird, ob unter dem Namen User Communications, Change Management oder einfach nur Kommunikation.

Literatur

Anderson, Dane S. (2006): Dealing With Dissatisfaction in Application Outsourcing. Gartner Report.

Bruckner, Werner (2007): Viele IT-Unternehmen betreiben Marketing „aus dem Bauch". Nur jede zweite IT-Firma hat eine schriftliche Marketingstrategie. http://www.vdi-nachrichten. com/vdi-nachrichten/aktuelle_ausgabe/akt_ausg_detail.asp?cat=&id=34204&doPrint=1 (22.07.2008).

Capgemini / Ernst & Young / Universität Trier (2001): Hindernisse in der Umsetzung der e-Business-Ambitionen in Deutschland. http://www.uni-trier.de/fileadmin/forschung/CEB/ ceb_Start/projekte/E-Transformationsstudie/eTransformation.pdf (04.12.2009).

Doujak, Alexander / Endres, Thomas / Schubert, Horst (2004): IT & Change mit Wirkung. In: OrganisationsEntwicklung, Vol. 23, No. 3, 56-67.

Machiavelli, Niccolò (1974): Der Fürst. Stuttgart: Reclam, erstmals erschienen 1532.

McDonagh, Joe (2001): Not for the faint hearted: Social and organizational challenges in IT-enabled change. Organization Development Journal. Ohio/ USA: Organization Development Institute. http://findarticles.com/p/articles/mi_qa5427/is_200104/ai_n21471662/ ?tag=content; col1 (27.11.2009).

Müller, Christiane (2011): Befähigen statt behindern. Kommunikation begleitet Veränderung. In: Freitag, Matthias / Müller, Christiane / Rusch, Gebhard / Spreitzer, Thomas (Hrsg.) Projektkommunikation. Wiesbaden: VS, 175-205.

Nietzsche, Friedrich (1964): Also sprach Zarathustra. In: Sämtliche Werke in zwölf Bänden. Band VI. Stuttgart: Alfred Kröner Verlag, erstmals erschienen 1883-1885.

Pressemeldung (2003): Latest Standish Group CHAOS Report Shows Project Success Rates Have Improved by 50%. http://www.allbusiness.com/technology/software-services-applications-information/5739196-1.html (10.12.2009).

Rusch, Gebhard (2011) (IT-) Projekt-Kommunikation – Kommunikation in Prozessen sozialer Strukturierung, soziotechnischen und multiplexen Systemen. In: Freitag, Matthias / Müller, Christiane / Rusch, Gebhard / Spreitzer, Thomas (Hrsg.) Projektkommunikation. Wiesbaden: VS, 49-85.

Autorenportraits

Matthias Freitag ist selbstständiger Kommunikationsberater und arbeitet regelmäßig für T-Systems. In wechselnden Projekten im Bereich der IT- und Change-Kommunikation sowie der Messe-Kommunikation betreute er die Konzeption und Umsetzung der Kommunikationsmaßnahmen. Neben seiner Berufstätigkeit hält er Lehrveranstaltungen an der Universität Siegen und promoviert seit 2006 bei Prof. Dr. Gebhard Rusch am Institut für Medienforschung der Universität Siegen.

Christiane Müller, beschäftigt bei T-Systems International, erarbeitet für Großprojekte Kommunikationskonzepte und sorgt für deren Umsetzung. Für die kommunikative Begleitung der Veränderungen, die das Integrieren neuer IT/ICT*-Lösungen für Anwender auslöst, formulierte sie mit UserCom eine spezielle Ausprägung von Change Communication.

* ICT als englische Kurzform für Information and Communication Technology steht im Deutschen für Informations- und Kommunikationstechnologie.

Gebhard Rusch, 1954 in Magdeburg geboren; Studium der Linguistik, Literaturwissenschaft, Geschichte und Philosophie in Bielefeld und Siegen, Promotion 1985, Habilitation in Medienwissenschaft 1998, seit 2004 Professor für Kommunikations- und Medienwissenschaft am Institut für Medienforschung der Universität Siegen. Zahlreiche Buch- und Aufsatzveröffentlichungen zur Kommunikations- und Medientheorie, Organisations- und Sicherheitskommunikation, darunter: Erkenntnis, Wissenschaft, Geschichte. Von einem konstruktivistischen Standpunkt. Frankfurt/M.: Suhrkamp 1987; „Verstehen verstehen. Ein Versuch aus konstruktivistischer Sicht" In: N. Luhmann & K. E. Schorr (Hg.). Zwischen Intransparenz und Verstehen. Fragen an die Pädagogik. Frankfurt/M.: Suhrkamp, 40-71; Einführung in die Medienwissenschaft. Opladen: Westdeutscher Verlag 2002; „Die kommunikative Performance von Unternehmen. Von den Instrumenten zum System der Internen Kommunikation" In: H.-J-. Berg, M. Kalthoff-Mahnke & E. Wolf (Hg.), Die besten Mitarbeitermagazine Deutschlands. Dortmund: Medienhaus, 24-28; Konstruktivistische Ökonomik. Metropolis: Marburg 2006.

Thomas Spreitzer, Jahrgang 1974, startete nach seinem Studium der internationalen Betriebswirtschaftslehre an der FH Augsburg und der Universitá di Modena (Italien) seine Karriere als Produkt Manager bei Siemens-Nixdorf in Augsburg. 1999 wechselte er in den internationalen Vertrieb zum debis Systemhaus (Sparte Systems Integration) und war für das Business Development der Länder Italien und Spanien zuständig. Seit der Gründung von T-Systems war er in unterschiedlichen Managementfunktionen tätig, u.a. leitete er die Business-Development-Bereiche für die Industry Line Manufacturing Industry (2001 – 2002) und Services & Finance (2002 – 2003), um 2004 ins Marketing zu wechseln. Dort verantwortete er den Bereich Marketing Communications, bevor er im Januar 2009 die neugeschaffene Rolle des Chief Marketing Officers übernahm.

Herr Spreitzer ist verheiratet, hat zwei Töchter und interessiert sich privat für Philosophie, Psychologie und Fußball. Er ist Autor von verschiedenen Buchbeiträgen und unterschiedlichen Publikationen zu ICT-Trends, ICT-Marketing und Change Management / Kommunikation.